法学求是前沿书系

# 国家监察体制改革研究

伊士国 尚海龙 等◎著

本成果受河北大学燕赵文化高等研究院学科建设经费资助

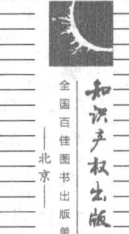

知识产权出版社
全国百佳图书出版单位
——北京——

图书在版编目（CIP）数据

国家监察体制改革研究/伊士国等著. —北京：知识产权出版社，2020.11
（法学求是前沿书系/孟庆瑜主编）
ISBN 978-7-5130-7253-3

Ⅰ. ①国… Ⅱ. ①伊… Ⅲ. ①监察—体制改革—研究—中国 Ⅳ. ①D630.9

中国版本图书馆 CIP 数据核字（2020）第 201892 号

#### 内容提要

本书以国家监察体制改革为研究对象，基本涵盖了国家监察体制改革所有重要问题，既包括国家监察体制改革的基本理论问题，也包括国家监察体制改革的实践问题，特别是对监察委员会、监察权、留置措施、监察委员会的监督制约机制等问题进行了专章研究，基本弄清了国家监察体制改革的自身问题，拓展了国家监察改革研究的广度与深度，为国家监察机制改革的顺利进行提供了理论依据和实践指南。

责任编辑：韩婷婷　　　　　　　　　　责任校对：王　岩
封面设计：博华创意·张冀　　　　　　责任印制：孙婷婷

### 国家监察体制改革研究
伊士国　尚海龙　等著

| | |
|---|---|
| 出版发行：知识产权出版社有限责任公司 | 网　址：http://www.ipph.cn |
| 社　　址：北京市海淀区气象路 50 号院 | 邮　编：100081 |
| 责编电话：010-82000860 转 8359 | 责编邮箱：176245578@qq.com |
| 发行电话：010-82000860 转 8101/8102 | 发行传真：010-82000893/82005070/82000270 |
| 印　　刷：北京建宏印刷有限公司 | 经　销：各大网上书店、新华书店及相关专业书店 |
| 开　　本：720mm×1000mm　1/16 | 印　张：15.75 |
| 版　　次：2020 年 11 月第 1 版 | 印　次：2020 年 11 月第 1 次印刷 |
| 字　　数：283 千字 | 定　价：78.00 元 |
| ISBN 978-7-5130-7253-3 | |

出版权专有　侵权必究
如有印装质量问题，本社负责调换。

# "法学求是前沿书系"编委会

**编委会主任**　孟庆瑜
**编委会成员**　（按姓氏笔画排序）
　　　　　　　苏永生　何秉群　宋慧献　陈玉忠
　　　　　　　周　英　郑尚元　赵树堂　袁　刚
　　　　　　　甄树清　阚　珂

# "法学求是前沿书系"
## 总序

习近平总书记反复强调:"历史是最好的老师。经验和教训使我们党深刻认识到,法治是治国理政不可或缺的重要手段。法治兴则国家兴,法治衰则国家乱。什么时候重视法治、法治昌明,什么时候就国泰民安;什么时候忽视法治、法治松弛,什么时候就国乱民怨。"但是,在中国搞社会主义法治建设,是一件前无古人的伟大创举,没有现成的道路可走,没有现成的模式可以借鉴,没有现成的理论可以遵循,其困难之大,超出想象。因此,我们只能坚持从中国实际出发,围绕中国特色社会主义法治建设中的理论和实践问题,把法治建设的普遍规律与中国的国情相结合,不断探索并形成中国特色社会主义法治道路、制度和理论。这就要求我们在全面推进依法治国的进程中,必须践行实事求是的思想路线,认清中国法治之真国情,探索中国法治之真道路,构建中国法治之真制度,探究中国法治之真理论,解决中国法治之真问题。唯有如此,我们才能穷中国法治之理、探中国法治之道。这也正是将本套丛书命名为"法学求是前沿书系"的目的和意义所在。同时,本套丛书的名称也暗合了河北大学"实事求是"的校训传统,体现了河北大学"博学、求真、惟恒、创新"的校风精神。

本套丛书以法治中国为目标图景,坚持建设性立场,聚焦法治中国建设中的理论与实践问题,探寻法治建设的中国之道,主要着眼于以下几个方面问题:

第一,中国法治之真国情。实践证明,任何国家的法治建设都必须立足本国国情,坚持从本国实际出发,而不能从主观愿望和想当然出发,不能从本本和概念出发,更不能照搬照抄外国的东西。在中国进行法治建设,必须要深刻揭示和正确认识中国的基本国情,并将之作为中国法治建设的出发点和落脚点。同时，中国的国情比较复杂，异于西方国家。因此，我们对中国国情的研究，必须要从多维度入手，既要研究地理意义上的中国，也要研究政治意义上的中国，更要研究文化意义上的中国。

第二，中国法治之真理论。中国的法治建设需要法治理论的支撑与指导。如果我们不能够从理论上将中国法治建设的性质、方向、道路、总目标、指导思想、基本原则、主要任务等阐释清楚，中国的法治建设就无从开展，也必然无法成功。为此，我们必须清楚地认识到，与中国法治建设的要求相比，我国远未形成与之相对应的中国特色社会主义法治理论。现有的西方法治理论既不能真正满足中国法治建设对法治理论的需求，难以引领中国法治的科学发展，也不能真正与中国的优秀文化传统相融合，难以实现传统与现代、本土与外来、国内与国际的有机统一。这就需要我们在中国法治建设的实践中，在借鉴西方法治理论的基础上，不断推进中国法治理论的探索和创新，并努力形成立足中国基本国情、总结中国法治经验、适应中国法治需求、体现中国法治规律、解决中国法治问题、彰显中国法治特色的中国特色社会主义法治理论，以为中国法治建设提供理论指导和学理支撑。

第三，中国法治之真道路。道路关乎前途和命运。法治道路是法治建设成就和经验的集中体现，是建设法治国家的根本遵循。中国法治建设之所以要坚持走中国特色社会主义法治道路，而不能照搬照抄别的国家的法治道路，是由法治与法治模式的不同决定的，也是由我国的基本国情决定的。尽管法治如同民主、人权一样具有普遍共识，但不同国家的基本国情决定了各国的法治模式不同，也决定了各国的法治建设道路不同。因而，努力探索并找到一条既不同于欧美资本主义国家又不同于其他社会主义国家，既遵循法治建设普遍原理又具有鲜明中国特色的社会主义法治道路，自然就成为中国法治建设的重要选择和任务。

第四，中国法治之真制度。法治制度既是法治建设的制度基础，也是法治建设的制度保障，集中体现了一国法治建设的特点与优势。中国的法治建设之所以要以中国特色社会主义法治制度为依托，是因为照抄照搬他国的法治制度行不通，会水土不服，会出现"橘生淮南则为橘，生于淮北则为枳"的尴尬局面。各国国情不同，每个国家的法治制度都是独特的，都是由这个国家的内生性因素决定的。只有扎根本国土壤、汲取充沛养分的法治制度，才最可靠，也最管用。因而，在中国的法治建设实践中，构建中国特色社会主义法治制度，既要坚持从国情出发、从实际出发，也要注重借鉴国外法治建设的有益成果；既要把握中国长期形成的历史传承，也要把握当前中国特色社会主义事业建设的现实需求，以实现历史和现实、理论和实践、形式和内容的有机统一。

  此外，这里还须说明的是，本套丛书的作者大多为中青年学者，囿于理论基础与实践能力，难以对中国特色社会主义法治建设中的重大理论与实践问题展开深入系统研究，故此，我们只能选取中国特色社会主义法治建设中的若干具体理论与实践问题展开研究，以求"积跬步，至千里"，"积小流，成江海"。同时，鉴于能力和水平有限，本套丛书中定然存在不足，乃至错误之处，恳请学界同人批评指正！

"法学求是前沿书系"编委会
2019 年 10 月

# 目录 contents

引　言 / 001

**第一章　国家监察体制改革的宪法学思考 / 004**
　　一、监察委员会的宪法定性 / 004
　　（一）监察委员会宪法定性的争议及其分析 / 005
　　（二）监察委员会宪法定性的界定及其分析 / 010
　　二、监察权的宪法定性 / 014
　　（一）监察权宪法定性的争议及其分析 / 014
　　（二）监察权宪法定性的界定及其分析 / 015
　　（三）监察权与其他国家权力之关系 / 017
　　三、监察委员会的宪法地位 / 022
　　（一）监察委员会与执政党的宪法关系 / 022
　　（二）监察委员会与人大及其常委会的宪法关系 / 024
　　（三）监察委员会与行政机关的宪法关系 / 028
　　（四）监察委员会与审判机关、检察机关的宪法关系 / 031
　　四、监察委员会的宪法约束 / 034
　　（一）执政党监督 / 034
　　（二）人大监督 / 036
　　（三）其他国家机关监督 / 039
　　（四）监察委员会自我监督 / 040

**第二章　监察委员会研究 / 044**
　　一、监察委员会的性质与地位 / 044

（一）监察委员会的性质 / 044
（二）监察委员会的地位 / 048

二、监察委员会的职责与职权 / 053
（一）监察委员会职责与职权概述 / 053
（二）监察委员会职权配置和职责行使的问题 / 058
（三）对监察委员会职权配置完善的建议 / 061

三、监察委员会的监察范围与管辖 / 064
（一）监察委员会的监察范围 / 064
（二）监察委员会的管辖 / 066

四、监察委员会的组织与运行 / 068
（一）监察委员会的组织 / 068
（二）监察委员会的运行 / 071
（三）对监察委员会组织和运行完善的思考 / 077

**第三章　监察委员会监督制约机制研究 / 082**

一、监察委员会监督制约机制概述 / 082
（一）监察委员会监督制约机制构建的必要性 / 082
（二）监察委员会监督制约机制构建的原则遵循 / 085
（三）监察委员会监督制约机制的具体设计 / 087

二、监察委员会监督制约机制存在的不足 / 091
（一）党委监督易发生错位、越位 / 092
（二）人大监督力度不够 / 094
（三）司法机关、执法部门与监察委互相制约难落实 / 096
（四）监察委员会内部监督不到位 / 099
（五）民主监督、社会监督和舆论监督乏力 / 100

三、监察委员会监督制约机制的完善 / 101
（一）坚持与改善党委监督 / 101
（二）加强人大监督 / 104
（三）强化司法机关和执法部门的监督与制约 / 108
（四）完善监察委员会内部监督 / 111
（五）加强民主监督、社会监督和舆论监督 / 113

# 第四章　监察留置措施研究 / 116

## 一、监察留置措施的概念及性质 / 116

（一）留置措施的概念界定 / 116

（二）监察留置措施的性质探讨 / 118

（三）监察留置措施的合法性与正当性 / 121

## 二、监察留置措施的适用 / 125

（一）监察留置措施的适用条件 / 125

（二）监察留置措施的适用对象 / 129

（三）监察留置措施的适用场所 / 131

（四）监察留置措施的适用期限 / 132

（五）监察留置措施的适用程序 / 133

## 三、监察留置措施适用中存在的问题 / 136

（一）对于严重职务违法与职务犯罪的适用标准过于统一 / 137

（二）与刑事诉讼程序衔接不畅 / 138

（三）对被调查人保障救济制度的缺失 / 140

（四）对监察留置措施的监督制约机制不健全 / 145

## 四、监察留置措施法治化之途径 / 145

（一）运用比例原则实现留置期限的分野 / 146

（二）完善与刑事诉讼程序的衔接机制 / 147

（三）健全监察留置措施下的保障救济机制 / 152

（四）加强对监察机关运用留置措施的监督与制约 / 156

# 第五章　政务处分研究 / 162

## 一、政务处分概述 / 162

（一）政务处分的概念及其辨析 / 163

（二）政务处分的特征 / 163

（三）政务处分的性质 / 167

## 二、政务处分的主体与对象 / 170

（一）政务处分作出的主体 / 171

（二）政务处分的对象 / 174

三、政务处分的种类与适用规则 / 178
  （一）政务处分的种类 / 178
  （二）政务处分的适用规则 / 181
四、政务处分的原则与程序 / 187
  （一）政务处分的原则 / 187
  （二）政务处分的程序 / 189
五、政务处分的救济与监督 / 192
  （一）政务处分的救济 / 192
  （二）政务处分的监督 / 195

**第六章　监察建议研究 / 197**
一、监察建议的基础性问题 / 197
  （一）监察建议的含义 / 197
  （二）监察建议的特征 / 200
  （三）监察建议与相关概念的区别 / 200
  （四）监察建议的类型与功能 / 203
  （五）监察建议的现状 / 204
二、合理框定监察建议的适用范围 / 205
  （一）适当拓宽惩戒型建议的适用范围 / 206
  （二）明确问责型建议的适用范围 / 207
  （三）科学划定整改型建议的适用范围 / 207
三、准确把握监察建议的主体与对象 / 210
  （一）监察建议的主体 / 210
  （二）监察建议的对象 / 211
四、严格规范监察建议的制发程序 / 212
  （一）动议及初审 / 213
  （二）听取意见 / 213
  （三）法制审核 / 214
  （四）集体研究 / 215
  （五）送达 / 216
  （六）抄送 / 216

（七）公开 / 217

**五、明确监察建议的内容与形式要求 / 217**

（一）监察建议的形式要求 / 217

（二）监察建议的内容要求 / 218

**六、构建监察建议救济与落实机制 / 219**

（一）建立监察建议的救济机制 / 219

（二）完善监察建议的落实机制 / 220

**参考文献 / 223**

**后　记 / 238**

# 引 言

国家监察体制改革涉及我国政权体制的重新构造，属于我国的重大政治体制改革，其目的主要在于有效整合现有的各种反腐力量和反腐组织，建立起一个独立权威高效的反腐机构，集中行使反腐权力，形成全面覆盖各级党组织、国家机关、企事业单位、基层群众自治性组织及其所有行使公权力人员的国家监察体系，构建"不能腐"的制度牢笼，克服我国传统反腐机制长期存在的"反腐力量分散、监察对象不全面"等弊端，从体制机制上根治我国的腐败问题。党的十九大提出构建集中统一、权威高效的国家监察体系，正如习近平总书记指出："一是有利于党对反腐败工作的集中统一领导。通过体制机制创新，我们把行政监察部门、预防腐败机构和检察机关反腐败相关职责进行整合，解决了过去监察范围过窄、反腐败力量分散、纪法衔接不畅等问题，优化了反腐败资源配置，实现了党内监督和国家监察、依规治党和依法治国有机统一。二是有利于对公权力监督的全覆盖。我们把所有行使公权力人员纳入统一监督的范围，解决了过去党内监督和国家监察不同步、部分行使公权力人员处于监督之外的问题，实现了对公权力监督和反腐败的全覆盖、无死角。"❶

但国家监察体制改革涉及大量宪法问题，需要我们从宪法的高度审视这一改革的合宪性、合法性问题，并对其中涉及的宪法问题予以一一回应。对此，法学界产生了种种争议，其中核心的争议在于国家监察体制改革是否必须有宪法依据？一方的观点认为，国家监察体制改革必须要有宪法依据，必须要先修宪，依宪设立监察委员会，依宪制定《中华人民共和国监察法》（以下简称《监察法》）等。❷ 主要理由有："监察体制改革是一项政治改革，直接关系宪法规定的国家机构体系，同时也涉及地方国家机构的调整，对整个

---

❶ 习近平：《在新的起点上深化国家监察体制改革》，载《求是》2019年第5期。
❷ 参见韩大元：《论国家监察体制改革中的若干宪法问题》，载《法学评论》2017年第3期；秦前红：《国家监察体制改革宪法设计中的若干问题思考》，载《探索》2017年第6期；童之伟：《宪法学研究须重温的常识和规范——从监察体制改革中的一种提法说起》，载《法学评论》2018年第2期。

宪法体制产生重大影响。从宪法体制的构造与功能看，应充分发挥全国人大的作用，使监察体制改革在宪法框架与程序内进行。如前所述，在创设新的国家机关时，无论是全国人大还是常委会都无权用'授权'方式赋予其合法性。按照宪法原理，要创设宪法没有规定的国家机关，需要全国人大积极运用宪法修改权为改革提供宪法依据。"❶ 另一方的观点则认为，国家监察体制改革不需要宪法依据，在不修宪的情况下，可以先行制定《监察法》、设立监察委员会等。主要理由有："第一，宪法并没有禁止设立监察委员会或者类似监察委员会性质的机构"；"第二，《宪法》第62条规定，全国人大有权制定国家机构方面的基本法律，立法法第7条也重申了宪法这一规定"；"第三，《宪法》第三章'国家机构'中虽然没有监察委员会这一国家机构，但上述《宪法》第62条的规定本身就在'国家机构'这一章中"；"第四，应当注意的是，《宪法》第62条有关全国人大可以制定国家机构方面基本法律的规定，并不意味着全国人大只有对宪法明确规定的国家机构才能立法"。❷ "最终是否需要修改宪法，仍是一个值得讨论的问题。从近期看，在不修改宪法的情况下设立国家监察委员会亦是可行的。因为根据宪法相关条文，国家一切权力属于人民，人民代表大会是人民行使权力的最高机关，人民代表大会可以制定有关国家机构方面的基本法律，等等。因此，人民代表大会授权或者通过制定《国家监察法》设立国家监察委员会也是可行的。"❸ 对此，笔者认为，国家监察体制改革无疑属于重大政治体制改革，属于对我国政权组织形式的重大变革，将使各级人大下的"一府两院"体制变革为"一府一委两院"体制，必须要有宪法依据，必须要先修宪，依宪设立监察委员会，依宪制定《监察法》。这既是"重大改革于法有据"的直接体现，也是依宪治国、依宪执政的必然要求。那种认为不需要修宪就可以设立监察委员会的观点无疑是站不住脚的。❹ 2018年3月11日第十三届全国人民代表大会第一次会议

---

❶ 韩大元：《论国家监察体制改革中的若干宪法问题》，载《法学评论》2017年第3期。

❷ 参见刘松山：《另一种观点：监察法（草案）在宪法上总体是站得住的》《制定监察法，建议慎重研究修宪与否的利与弊》，分别刊载于《中国法律评论》2017年11月17日和12月1日的微信公众号。

❸ 需要指出的是，马怀德教授认为，从长远来看，改变现行国家机构的设置体制，由"一府两院"改为"一府一委两院"，还是有必要修改《宪法》的。参见马怀德：《国家监察体制改革的重要意义和主要任务》，载《国家行政学院学报》2016年第6期。

❹ 具体理由详见童之伟：《宪法学研究须重温的常识和规范——从监察体制改革中的一种提法说起》，载《法学评论》2018年第2期。

修宪时，我们依宪设立了监察委员会❶，依宪制定了《监察法》，既是对上述争论的最终回应，也解决了监察委员会的合宪性问题，为国家监察体制改革提供了宪法依据和根本法保障。但是，国家监察体制改革中的一些问题，依然需要我们从宪法的高度准确界定，特别是监察委员会及其监察权的宪法定性问题、监察委员会的宪法地位问题、监察委员会的宪法约束问题等，以实现重大政治体制改革于宪有据，同时为国家监察体制的后续深入改革提供宪法依据和根本法保障。对此，秦前红教授曾指出："可以发现，与此前的行政监察机关和行政监察权有别的是，国家监察机关因改革而具有的宪法机关的地位，国家监察权亦由此成为一项宪定权力。如此一来，有关监察机关定位和监察权性质的讨论，在相当程度上便成了一个宪法学问题。"❷

---

❶ 为了贯彻和体现深化国家监察体制改革的精神，为成立监察委员会提供宪法依据，《宪法修正案（草案）》在《宪法》第三章"国家机构"第六节后增加一节，作为第七节"监察委员会"，就国家监察委员会和地方各级监察委员会的性质、地位、名称、人员组成、任期任届、领导体制、工作机制等作出规定。与此相适应，还作了如下修改。（1）将《宪法》第一章"总纲"第三条第三款中"国家行政机关、审判机关、检察机关都由人民代表大会产生"修改为"国家行政机关、监察机关、审判机关、检察机关都由人民代表大会产生"。（2）将《宪法》第三章"国家机构"第六十五条第四款"全国人民代表大会常务委员会的组成人员不得担任国家行政机关、审判机关和检察机关的职务"。修改为"全国人民代表大会常务委员会的组成人员不得担任国家行政机关、监察机关、审判机关和检察机关的职务"。（3）将《宪法》第三章"国家机构"第一百零三条第三款"县级以上的地方各级人民代表大会常务委员会的组成人员不得担任国家行政机关、审判机关和检察机关的职务"修改为"县级以上的地方各级人民代表大会常务委员会的组成人员不得担任国家行政机关、监察机关、审判机关和检察机关的职务"。（4）在《宪法》第三章"国家机构"第六十二条第六项后增加一项，内容为"选举国家监察委员会主任"；在《宪法》第六十三条第三项后增加一项，内容为"国家监察委员会主任"；在《宪法》第六十七条第六项中增加"国家监察委员会"；在第十项后增加一项，内容为"根据国家监察委员会主任的提请，任免国家监察委员会副主任、委员"。（5）将《宪法》第三章"国家机构"第一百零一条第二款中"县级以上的地方各级人民代表大会选举并且有权罢免本级人民法院院长和本级人民检察院检察长"修改为"县级以上的地方各级人民代表大会选举并且有权罢免本级监察委员会主任、本级人民法院院长和本级人民检察院检察长"；将《宪法》第一百零四条中"监督本级人民政府、人民法院和人民检察院的工作"修改为"监督本级人民政府、监察委员会、人民法院和人民检察院的工作"。（6）删去《宪法》第三章"国家机构"第八十九条第八项"领导和管理民政、公安、司法行政和监察等工作"中的"和监察"。删去《宪法》第一百零七条第一款"县级以上地方各级人民政府依照法律规定的权限，管理本行政区域内的经济、教育、科学、文化、卫生、体育事业、城乡建设事业和财政、民政、公安、民族事务、司法行政、监察、计划生育等行政工作"中的"监察"。作上述修改，反映了党的十八大以来深化国家监察体制改革的成果，贯彻了党的十九大关于健全党和国家监督体系的部署，也反映了设立国家监察委员会和地方各级监察委员会后，全国人民代表大会及其常务委员会和地方各级人民代表大会及其常务委员会、国务院和地方各级人民政府职权的新变化以及工作的新要求。参见《王晨向十三届全国人大一次会议作关于〈中华人民共和国宪法修正案（草案）〉的说明（摘要）》，载《人民日报》2018年3月7日，第6版。

❷ 秦前红：《我国监察机关的宪法定位——以国家机关相互间的关系为中心》，载《中外法学》2018年第3期。

# 第一章
# 国家监察体制改革的宪法学思考

"作为一项重大的政治改革，国家监察体制改革之关键正是宪法设计。"❶ 而我们要对国家监察体制改革进行宪法设计，首先就必须要从宪法学的高度弄清国家监察体制改革的几个核心问题，即监察委员会及其监察权的宪法定性问题、监察委员会的宪法地位问题、监察委员会的宪法约束问题等，以为国家监察体制改革的宪法设计奠定坚定基础。

## 一、监察委员会的宪法定性

国家监察体制改革无疑属于党的十八届四中全会所界定的"重大改革"，必须要于法有据、于宪有据。特别是作为国家监察体制改革产物的监察委员会，必须要依宪设立，依宪授权，依宪明确其性质和地位，这是现代民主法治的基本要求和应有之义。因而，在我国现行宪法并无监察委员会相关条款，且无法通过宪法解释予以解决监察委员会宪法依据的情况下，修宪就成为我们的必然选择。正如韩大元教授指出："在创设新的国家机关时，无论是全国人大还是常委会都无权用'授权'方式赋予其合法性。按照宪法原理，要创设宪法没有规定的国家机关，需要全国人大积极运用宪法修改权为改革提供宪法依据。"❷ 为此，党的十三届全国人大一次会议对我国现行宪法进行了第五次部分修改，将监察委员会载入了宪法，使监察委员会成为宪法机关，并对各级监察委员会的产生、性质、地位、人员组成、任期任届、领导体制等内容进行了明确规定。如我国现行《中华人民共和国宪法》（以下简称《宪法》）第123条明确规定："中华人民共和国各级监察委员会是国家的监察机关。"这似乎明确了我国各级监察委员会的宪法定性及其地位，但细究之下，可以发现，由于对监察委员会及其监察权的定性不明，导致监察委员会的宪法地位并不明了，甚至争议很大，这就需要我们从宪法理论上进一步予以明

---

❶ 秦前红：《监察改革中的法治工程》，译林出版社2020年版，第8页。
❷ 韩大元：《论国家监察体制改革中的若干宪法问题》，载《法学评论》2017年第3期。

确。由于"明确权力行使主体的性质乃探究和辨析该权力性质之前提。改革创设的国家监察委员会作为推进国家治理体系治理能力现代化进程中专门的反腐败国家机关,其宪法地位和机关性质直接关系到权力性质的确立"。❶ 因而,我们首先从监察委员会的宪法定性谈起。

(一) 监察委员会宪法定性的争议及其分析

从我国现行宪法的规定来看,我国现行宪法将监察委员会定位为国家的监察机关,但是国家的监察机关对我们而言是一个新生事物,其根本不同于原先的行政监察机关,我国之前的几部宪法对其都没有明确界定,全国人大常委会也没有及时通过宪法解释的途径对此予以明确,这就导致理论界与实务界对监察委员会的宪法定性产生了种种争议。例如,有论者将其法律性质定位为行政机关、司法机关或是政治机关;亦有论者认为监察机关乃是被宪法授予国家监察权的新的国家机构。而改革者则认为监察机关实质上就是"反腐败工作机构,是政治机关,不是行政机关、司法机关"。❷ 而人们之所以对监察委员会"国家监察机关"的宪法定性争议较大,原因主要在于,监察委员会是国家监察体制改革的成果,是国家各种反腐力量、反腐机构、反腐资源有效整合、有机统一的产物,既包括了作为行政机关的原行政监察机关,也包括了作为司法机关的检察院的反贪、反渎以及职务犯罪侦查等部门,且由于其与同级党的纪律检查部门合署办公,❸ "两块牌子、一套人马",实际上也包括了作为党的组织的同级党的纪律检查部门,这样就使得监察委员会实际上成为一个集党的组织、行政机关、司法机关于一体的混合机关或复合机关,因而,监察委员会既不是一般意义上的立法机关,也不是行政机关,还不是司法机关,更不是党的组织。对此,韩大元教授曾指出:"监察委员会是集党纪监督、行政监督与法律监督于一体的综合性、混合性与独立性的机

---

❶ 徐汉明:《国家监察权的属性探究》,载《法学评论》2018 年第 1 期。

❷ 参见秦前红:《我国监察机关的宪法定位——以国家机关相互间的关系为中心》,载《中外法学》2018 年第 3 期。

❸ 值得注意的是,监察体制改革中监察委员会与党的纪律检查委员会的合署办公,不仅仅是对以往"纪检和监察机关合署办公"惯例的沿袭,还有可能为中国党政关系的进一步良性发展开启新思路。从权力类型来看,"两次合署"所涉及的国家权力类型是非常不同的,改革前只涉及党内的纪律检查权和作为行政权属性存在的监察权,而改革后由于监察权性质的变化,党内的纪律检查权事实上将和独立于行政权、立法权和司法权的监察权协同行使和运用。基于监察委员会的重要地位及其所承担监察职能的重要性,此次合署办公将超越机构编制之组织形式,在纵深层面上将对以往"传统党政分开"之理论和实践进行革新。参见江国华:《中国监察法学》,中国政法大学出版社 2018 年版,第 22 页。

关,既不同于党的机关,也不同于行政机关或者司法机关,其职权具有综合性与混合性。"❶ 且国内外也没有与我国监察委员会类似的机构,像我国台湾地区的"监察院"虽然名义上与之很相似,但实际上其性质只是"准司法机构",❷ 与我们的监察委员会差别也很大,这就导致我们对监察委员会难以准确定性,也无法借鉴域内外的相关经验和做法。此外,我们对监察委员会难以定性的原因还在于,受传统政治学和宪法学理论影响,我们一般基于立法权、行政权、司法权的三权划分,将国家机关相应划分为立法机关、行政机关、司法机关三类,但如上所述,监察委员会显然不属于一般意义上的立法机关、行政机关、司法机关,难以对其进行准确定性。

那么,如果将监察委员会定性为国家反腐败工作机构是否准确?根据中共中央办公厅印发《关于在北京市、山西省、浙江省开展国家监察体制改革试点方案》,深化国家监察体制改革的目标,是建立党统一领导下的国家反腐败工作机构,据此理论界与实务界有人将监察委员会定性为国家反腐败工作机构。❸

---

❶ 韩大元:《论国家监察体制改革中的若干宪法问题》,载《法学评论》2017年第3期。

❷ 我国台湾地区学者对我国台湾地区"监察院"的所谓"宪法"地位界定大致如下:一是"宪法"本文为民意机关。关于"监察院"的"宪法"地位,如果以"宪法"本文的规定论之,其具有民意机关的性质。此从"宪法"第91条规定监察委员的产生方式得知,委员由各地方议会以及华侨团体选出,具有间接民意的基础。释字第76号解释亦认为"监察院"所行使的职权,为民主国家国会重要之职权,就"宪法"上的地位以及职权的性质而言,相当于国会。二是修"宪"后为准司法机关。依据现行"宪法"增修条文第7条第2项的规定,"监察院"设监察委员29人,其中包含正、副院长各1人,由总统提名,经立法院同意任命之。是以,监察委员已不具民意代表的身份,"监察院"也不再是民意机关。就此,释字第325号解释也认为释字第76号解释不再适用于"监察院",但仍强调"'宪法'之五院体制并未改变,原属于'监察院'职权中之弹劾、纠举、纠正权及为行使此等职权,依'宪法'第九十五条、第九十六条具有之调查权,宪法增修条文亦未作修改,此项调查权仍应专由'监察院'行使"。自此,"监察院"的属性改变为准司法机关。三是国家最高监察机关。"监察院"的性质虽经过上述转折过程,但依据"宪法"第90条所定位的国家最高监察机关,并未因此而改变。学者认为,在现行宪法架构之下,"监察院"不仅具有准司法机关的地位,更具有准立法机关与行政机关的特性:(一)准司法权。系指"监察院"对于公务员所行使的弹劾与纠举。其性质相当于"司法院"的公务人员惩戒权,可对失职公务员进行弹劾。(二)准立法权。"监察院"掌理审计权,与立法院的预算权息息相关,但属于事后监督的性质。(三)准行政权。"监察院"除对公务员行使弹劾外,也可对机关的行政业务作出纠正。其性质与行政机关对内的监督行为类似,但却透过独立的"监察院"来行使,且注重于防弊以及惩罚。参见钟秉正、蔡怀卿:《宪法精义》,新学林出版股份有限公司2007年版,第262~263页。

❸ 2016年,王岐山在北京、山西、浙江调研监察体制改革试点工作时强调指出:"监察委员会实质上是反腐败机构,监察体制改革的任务是加强党对反腐败工作的统一领导,整合行政监察、预防腐败和检察机关查处贪污贿赂、失职渎职以及预防职务犯罪等工作力量,成立监察委员会,作为监督执法机关与纪委合署办公,实现对所有行使公权力的公职人员监察全覆盖。加强党的建设、全面从严治党,严肃党内政治生活、强化党内监督是最重要的治本兼治,深化国家监察体制改革目的正是完善党和国家的自我监督,不断增强自我净化、自我完善、自我革新、自我提高能力。"参见王岐山:《实现对公职人员监察全覆盖 完善党和国家的自我监督》,载《人民日报》2016年11月26日,第1版。

对此，笔者认为，监察委员会作为国家反腐败工作机构是无任何异议的，但却不是我们国家唯一的国家反腐败工作机构，我国的人大及其常委会、检察院、法院、审计机关等也承担着反腐败的职能，从宽泛意义上讲，上述机关也是国家反腐败工作机构，因而，仅将监察委员会定性为国家反腐败工作机构似乎不太准确。虽然反腐败是监察委员会的主要职能，但不能据此将其定性为国家反腐败工作机构，就像公诉是检察院的主要职能之一，但我们不能据此将检察院定性为公诉机关，而是将检察院定性为法律监督机关。另外，像我国香港地区的廉政公署也是反腐败工作机构，但其却被定性为行政机关。也有学者认为，单纯将监察委员会定性为国家反腐败工作机构，存在一定的理论缺陷，主要有："①国家反腐败工作机构的定位，否定了监察委员会的'对事监督权'，造成监察权作用场域退缩、权力的固有属性发生变化，导致监察权在面对公权力'为权不为''为权不彰'与'为权低效'时的无能为力。……本质而言，公权力的腐败行使是权力滥用的极端表现，而并非权力异化行使的全部类型，这一定位将导致监察权内容的不完整。②监察权定位涉及面向选择问题，……监察权面向选择影响监察制度的构建，将监察委员会定位为'国家反腐败工作机构'，仅满足了监察权的消极面向需要，改革成果也只是守住了监察权运行的底线，难以实现'两个面向'的高度统一与相互推进。③……权利保护作为监察权运行的基本定位，提升保护的层次与水平，是现代监察权运行的目的，公权力在满足合规性要求之下的效能运行，同样是监察权运行的目标所在。监察权定位与一国人权保护能力、层次与水平正向相关，监察权直接以公权为约束对象，在维护权力合规的同时，护卫国民权益是其履职的一体两面。④国家反腐败工作机构的定位，也必然导致未来国家监察委员会在职能定位上对调查权与处置权的过分重视，及对监督权资源配置上的不足，其结果是国家腐败治理策略并未因国家监察委员会的建立而发生最为根本的调整。不仅如此，将监察委员会的属性定位为'国家反腐败工作机构'，也与世界监察权制度的建构与发展方向难以吻合，无法形成双向互动。"❶ 对此，笔者基本表示赞同，但是需要补充说明的是，监察委员会是"对人监督"，而不是"对机关监督"和"对事监督"，只有在特定情况下才能"对事监督"，且必须通过提出监察建议的方式进行。

具体言之，根据《监察法》第15条："监察机关对下列公职人员和有关人员进行监察：（一）中国共产党机关、人民代表大会及其常务委员会机关、

---

❶ 魏昌东：《国家监察委员会改革方案之辨正：属性、职能与职责定位》，载《法学》2017年第3期。

人民政府、监察委员会、人民法院、人民检察院、中国人民政治协商会议各级委员会机关、民主党派机关和工商业联合会机关的公务员,以及参照《中华人民共和国公务员法》管理的人员;(二)法律、法规授权或者受国家机关依法委托管理公共事务的组织中从事公务的人员;(三)国有企业管理人员;(四)公办的教育、科研、文化、医疗卫生、体育等单位中从事管理的人员;(五)基层群众性自治组织中从事管理的人员;(六)其他依法履行公职的人员。"可知,监察委员会监察的是公职人员行使公权力的职务行为,该公职人员所属的单位不是监察委员会的监察对象,即"对人监督",而不是"对机关监督"。那么,监察委员会能否"对事监督"呢?答案是肯定的,但其有严格的条件限制,即只有在监察委员会对公职人员进行监察的过程中,根据监督、调查结果,发现被监督公职人员所在单位廉政建设和履行职责存在问题时才能进行"对事监督",且只能通过提出监察建议的方式进行。因为监察委员会提出监察建议的事项是被建议单位职责范围内的事项,监察委员会不能替代职能部门的工作,但监察建议一经提出,有关部门如无正当理由即应当采纳。可以说,通过监察建议,将监察委员会的"对人监督"一定程度上延伸到了"对事监督"。正如有学者指出:"监察建议本质上是监察机关在恪守监察职权界限的前提下,通过制度化的方式将对'人'监察延伸至对'事'监督。"❶

另外,如果将监察委员会定性为行使国家监察职能的专责机关是否准确呢?根据《监察法》第3条:"各级监察委员会是行使国家监察职能的专责机关,依照本法对所有行使公权力的公职人员(以下称公职人员)进行监察,调查职务违法和职务犯罪,开展廉政建设和反腐败工作,维护宪法和法律的尊严。"据此理论界与实务界有人将监察委员会定性为行使国家监察职能的专责机关。例如,全国人大常委会法工委国家法室副主任童卫东在接受媒体采访时,指出"监察委员会不是行政机关,也不是司法机关,是行使国家监察职能的专责机关,依照法律规定,独立行使监察权"。❷那么,何谓行使国家监察职能的专责机关呢?中共中央纪律检查委员会、国家监察委员会法规室编写的《〈中华人民共和国监察法〉释义》在对《监察法》第3条释义中指出,根据党中央关于深化国家监察体制改革的部署,监察机关与党的纪律检查机关合署办公。纪委是党内监督的专责机关,将监察委员会定位为行使国家监察职能的专责机关,与纪委的定位相匹配。监察委员会作为行使国家监

---

❶ 谭家超:《〈监察法〉实施过程中监察建议的制度建构》,载《法学》2019年第7期。
❷ 《法工委:监察委不是司法机关,是行使国家监察职能的专责机关》,https://www.sohu.com/a/224341746_260616,访问日期:2020年7月18日。

察职能的专责机关,与党的纪律检查委员会合署办公,从而实现党对国家监察工作的领导,是实现党和国家自我监督的政治机关,不是行政机关、司法机关。值得注意的是,专责机关与专门机关相比,不仅强调监察委员会的专业化特征、专门性职责,更加突出强调了监察委员会的责任,行使监察权不仅仅是监察委员会的职权,更重要的是职责和使命担当。❶ 可知,行使国家监察职能的专责机关实际上只是对监察委员会职权、职能和职责的定位,并不是对监察委员会自身的定性。因为任何国家机关实际上都是行使国家某一职能的专责机关,但我们之前并没有将任何国家机关定性为行使国家某一职能的专责机关。而且,将监察委员会定性为行使国家监察职能的专责机关也不符合宪法上的习惯表述和规范用语,也不像立法机关、行政机关、司法机关这样的宪法定性简洁明了和具有特定的内涵。

此外,如果将监察委员会定性为国家政治机关是否准确呢?据新华社报道,官方将监察委员会定性为政治机关,即"准确把握监察委员会的定位。充分认识深化国家监察体制改革是确立中国特色监察体系的创制之举,明确监察委员会实质上就是反腐败工作机构,和纪委合署办公,代表党和国家行使监督权,是政治机关,不是行政机关、司法机关"。❷ 也有学者持类似观点,如张生研究员指出:"我比较关注监察机关和监察法的性质这一问题。监察机关不是行政机关、司法机关,而是实现党和国家自我监督的政治机关。"❸ 对此,笔者认为,尽管监察委员会具有很强的政治属性,但是据此将监察委员会定性为政治机关似乎也不准确,原因在于政治机关的定性难以准确概括监察委员会的自身属性和特点,也不能准确概括监察委员会的主要职能所在。且在中国共产党的领导下,我国所有的国家机关都要讲政治,都具有很强的政治属性,从宽泛意义上讲,我国所有的国家机关都可以定性为政治机关,它们之间的政治属性只有强弱之分,并无本质之分,我们不能因某一机关政治属性强就将其定性为政治机关,这是不严谨的,也是不科学的。换言之,政治机关可以作为所有国家机关的定性之一,而不是对监察委员会的独特定性。2018 年 7 月 12 日,习近平总书记对中央和国家机关推进党的政治建设作

---

❶ 中共中央纪律检查委员会、国家监察委员会法规室编写:《〈中华人民共和国监察法〉释义》,中国方正出版社 2018 年版,第 61~63 页。

❷ 参见《积极探索实践 形成宝贵经验 国家监察体制改革试点取得实效——国家监察体制改革试点工作综述》,http://www.xinhuanet.com/2017-11/05/c_1121908387.htm,访问日期:2018 年 6 月 27 日。

❸ 《【圆桌对话】国家监察体制改革是中国特色监察体系创制之举》,http://www.ccdi.gov.cn/yaowen/201803/t20180319_166740.html,访问日期:2020 年 7 月 17 日。

出重要指示时强调："中央和国家机关首先是政治机关，必须旗帜鲜明讲政治，坚定不移加强党的全面领导，坚持不懈推进党的政治建设。"❶ 这里的政治机关就是从宽泛意义上讲的，意味着我国所有的国家机关都是政治机关。中共中央印发的《关于加强和改进中央和国家机关党的建设的意见》也指出："中央和国家机关首先是政治机关，必须旗帜鲜明讲政治，坚定不移向党中央看齐，向党的理论和路线方针政策看齐，向党中央决策部署看齐，把准政治方向，认真对标对表，及时校正偏差，自觉在思想上政治上行动上同以习近平同志为核心的党中央保持高度一致。"❷ 这里也是从宽泛意义上讲政治机关的，并没有将某一机关单独定性为政治机关，而是将所有国家机关都定性为政治机关。且政治机关作为监察委员会的政治定性尚可，而作为监察委员会的宪法定性则不太准确，因为各国宪法和法律均无政治机关的类似表述，也无法从宪法和法律的角度对政治机关进行准确定性，还无法从宪法原理的角度对政治机关进行学理界定。

（二）监察委员会宪法定性的界定及其分析

那么，我们究竟应将监察委员会定性为何呢？综合各方面因素，笔者认为，将监察委员会定性为一种新型国家机关或第四种国家机关即监察机关是比较准确的。正如马怀德教授指出："根据《宪法》和《监察法》，与'一府两院'不同，监察委员会是一种新型国家机构，其行使的权力既不是行政权，亦不是司法权。"❸ "国家监察委员会作为新型国家机关，是对人民代表大会制度的丰富和完善，国家监察委员会专司行使监察权，履行国家监督职能，有效实现了人民作为权力的授予者同时又能够有效监督权力行使的'人民当家作主'的基本要求。"❹ 理由主要在于：第一，将监察委员会定性为监察机关更符合我国宪法原意。从我国宪法条文字面意思上看，监察委员会就是我国的监察机关，其与我国的权力机关、行政机关、审判机关、检察机关一样，都是我国的一种国家机关。如我国现行《宪法》第 3 条第 3 款规定："国家行政机关、监察机关、审判机关、检察机关都由人民代表大会产生，对它负责，受它监督。"我国现行《宪法》第 123 条规定："中华人民共和国各级监察委

---

❶ 习近平：《中央和国家机关首先是政治机关》，https://www.sohu.com/a/304736250_692703，访问日期：2020 年 7 月 17 日。
❷ 《中共中央印发〈关于加强和改进中央和国家机关党的建设的意见〉》，载《人民日报》2019 年 3 月 29 日，第 1 版。
❸ 马怀德主编：《中华人民共和国监察法理解与适用》，中国法制出版社 2018 年版，第 41 页。
❹ 马怀德主编：《中华人民共和国监察法理解与适用》，中国法制出版社 2018 年版，第 33 页。

员会是国家的监察机关。"王晨副委员长在关于《中华人民共和国宪法修正案（草案）》的说明中也明确指出，本次修改宪法的重要内容和目的之一就是将监察委员会载入宪法，为新成立的监察委员会提供宪法依据，使其成为一个独立的国家机关。即"为了贯彻和体现深化国家监察体制改革的精神，为成立监察委员会提供宪法依据，《宪法修正案（草案）》在《宪法》第三章'国家机构'第六节后增加一节，作为第七节'监察委员会'，就国家监察委员会和地方各级监察委员会的性质、地位、名称、人员组成、任期任届、领导体制、工作机制等作出规定。"❶ 第二，将监察委员会定性为监察机关是中国特色社会主义制度理论与实践创新的结果和体现。如上所述，由于监察委员会的复合或混合机关特征，将其定性为立法机关、行政机关、司法机关均不准确，但囿于传统的政治学与宪法学理论，人们又习惯于从立法机关、行政机关、司法机关的思路来对监察委员会进行定性，自然难以对监察委员会进行准确定性。实际上，我们的国家监察体制改革本身在世界上就独树一帜，监察委员会的设置更是"前无古人"，是中国特色社会主义制度理论与实践创新的产物。正如李建国副委员长在《关于〈中华人民共和国监察法（草案）〉的说明》中指出："深化国家监察体制改革是以习近平同志为核心的党中央作出的事关全局的重大政治体制改革，是强化党和国家自我监督的重大决策部署。改革的目标是，整合反腐败资源力量，加强党对反腐败工作的集中统一领导，构建集中统一、权威高效的中国特色国家监察体制，实现对所有行使公权力的公职人员监察全覆盖。深化国家监察体制改革是组织创新、制度创新，必须打破体制机制障碍，建立崭新的国家监察机构。"❷ 因而，我们对监察委员会的定性就不能囿于传统政治学和宪法学理论的限制，而应该实现理论创新，将其定性为监察机关，使其成为一种新型的国家机关或第四种国家机关，不同于传统的立法机关、行政机关、司法机关。实际上，我国的国家机构设置本身就具有鲜明的中国特色，如我国的人大及其常委会既不同于西方资本主义国家的议会，也不完全同于其他社会主义国家的苏维埃等。而人大常委会作为我国县级以上人大的常设机关，被称为"议会中的议会"，更是具有鲜明的中国特色。因而，我们对国家机关的设置和定性，在符合国家机构建设基本原理的情况下，完全可以根据中国特色社会主义实践的要求，不断进行创

---

❶ 参见《王晨作关于〈中华人民共和国宪法修正案（草案）〉的说明》，http://www.npc.gov.cn/npc/xinwen/2018-03/06/content_2042586.htm，访问日期：2018年6月28日。

❷ 李建国：《关于〈中华人民共和国监察法（草案）〉的说明》，载《人民日报》2018年3月14日，第5版。

新，不必拘泥于既有定式。

最后，需要说明的是，为了更好地认识和深刻理解监察委员会作为国家监察机关的这一宪法定性，我们必须要从《宪法》和《监察法》文本出发，以《宪法》和《监察法》为依据，从不同维度对监察委员会的特性进行概括和解读。正如秦前红教授指出："在《宪法》修改纳入国家监察机关和《监察法》制定后，应当以《宪法》和《监察法》对监察机关的规定来认识监察机关的性质和地位。"❶ 具体言之：

其一，监察委员会是国家机关，不是党的组织、政府内设机构和企事业单位，且是一种新型的国家机关，不是传统的立法机关、行政机关、司法机关，而是中国特色的监察机关，其与我国的人大及其常委会、政府、法院、检察院等都是我国国家机构的重要组成部分。监察委员会的设置，将我国人大制度之下的"一府两院"政权体制变革为了人大制度之下"一府一委两院"政权体制，属于对我国国家机构的重新构造和重大变革。这里需要说明的是，尽管监察委员会与党的纪律检查部门合署办公，"两块牌子、一套人马"，但监察委员会是独立的国家机关，具有独特的宪法地位，依法独立行使《宪法》赋予的监察权，对外以监察委员会的名义开展活动。正如江国华教授指出："监察委员会作为由各级人民代表大会所选举产生的机关，与行政机关、检察机关和审判机关一样，其机构性质为正式的国家机关，而非与国家机关属性相异的其他机关，也不是国家机关之中的内设机构。党的纪律检查委员会和监察委员会合署办公，并不是对监察委员会作为国家机构性质的否定。"❷

其二，监察委员会具有国家性，而不具有地方性。在我国的国家机构中，尽管所有的国家机关都具有国家性，是国家的某一机关，但是有些国家机关还具有地方性，同时也是地方的国家机关，既代表国家对地方进行监督管理，也代表地方进行自我治理。如地方人大及其常委会就兼具国家性和地方性，既是国家的权力机关，又是地方的权力机关；既制定实施性地方立法，保证宪法、法律及其他上位法在本行政区域的实施，又制定创制性地方立法，依法对地方性事务进行治理。而有些国家机关只具有国家性，不具有地方性，即使设置在地方的这些国家机关也不具有地方性，仅代表国家依法行使职权。如法院和检察院就只具有国家性，而不具有地方性，只是国家的审判机关和法律监督机关，即使地方法院和检察院也是代表国家依法行使审判权和检察

---

❶ 秦前红主编：《监察法教程》，法律出版社2019年版，第190页。
❷ 江国华：《中国监察法学》，中国政法大学出版社2018年版，第32页。

权,这是维护国家法制统一的必然要求,这也是为什么民族区域自治地方自治机关只包括地方人大和政府而不包括法院和检察院的原因所在。正如韩大元教授指出:"自治机关作为一级地方政权机关,只包括自治区、自治州、自治县的人民代表大会和人民政府,不包括自治地方设立的人民法院和人民检察院,主要理由是:①我国是单一制国家,国家审判权与检察权是统一的;②人民法院是国家的审判机关,人民检察院是国家法律监督机关,不具有自治机关的性质;③人民法院与人民检察院在行使职权的过程中要照顾民族自治地方的特点,但不享有自治权。民族区域组织法把人民法院和人民检察院单独列为一章规定的目的是为了避免对自治机关性质的误解。"❶ 而监察委员会是行使国家监察职能的专责机关,代表国家依法对所有行使公权力的公职人员进行监察,调查职务违法和职务犯罪,开展廉政建设和反腐败工作,维护宪法和法律的尊严,保证宪法和法律的良好实施。因而,基于维护国家法制统一的需要,监察委员会只具有国家性,而不具有地方性,即使设置在地方的各级监察委员会也只具有国家性,代表国家依法行使监察权,对所有公职人员进行监察。正如秦前红教授指出:"各级监察委员会的性质和地位包括如下两层含义:一是各级监察委员会是国家的机关,即中华人民共和国的机关,不是任何地方的其他政党或者组织的机关;二是各级监察委员会是且仅是国家的监察机关,不是立法机关、行政机关、军事机关、检察机关和审判机关,或者其他性质的机关。"❷

其三,监察委员会作为国家监察机关依照宪法和法律规定独立行使监察权,不受行政机关、社会团体和个人的干涉。且监察委员会在工作中需要协助的,有关机关和单位应当根据监察委员会的要求依法予以协助。但监察委员会行使监察权也应受到应有的监督制约,其在办理职务违法和职务犯罪案件时,应当与审判机关、检察机关、执法部门互相配合,互相制约。

其四,监察委员会是行使国家监察职能的专责机关。这是对监察委员会职能和职责的定位,表明监察委员会作为行使国家监察职能的专责机关,代表国家履行监察职能,依照《宪法》和《监察法》对所有行使公权力的公职人员进行监察,调查职务违法和职务犯罪,开展廉政建设和反腐败工作,维护宪法和法律的尊严。其中,"专责机关"的定位,一是表明监察委员会改变了我国过去反腐力量分散、反腐资源不集中的局面,由其代表国家集中统一行使国家监察职能,具有高效性和权威性;二是表明监察委员会作为国家监

---

❶ 韩大元:《宪法学基础理论》,中国政法大学出版社 2008 年版,第 407 页。
❷ 秦前红主编:《监察法教程》,法律出版社 2019 年版,第 190 页。

察的专责机关，与作为党内监督专责机关的党的纪委，合署办公，一道代表党和国家行使监督权，对所有行使公权力的公职人员进行监察，实现了党内监督与国家监察的有机统一，实现了党内法规与国家法律的衔接和协调；三是表明监察委员会同时承担着反腐败的职能与职责，既有权力行使监察职能，也有义务行使监察职能，两者同等重要，不可偏废。正如马怀德教授指出："对于《监察法》第三条所采用的'专责机关'这一概念，需要从三个方面进行理解。首先，将各级监察委员会定位为行使国家监察职能的'专责机关'，是实现党内法规与国家法律相统一，保障党内监督与国家监督相协调的客观要求。其次，将各级监察委员会定位为行使国家监察职能的'专责机关'，意味着监察委员会整合了以往分散在行政监察部门、预防腐败部门、反贪污部门、反渎职部门、预防职务犯罪部门等机构和部门中的监督权，集中统一行使国家监督权力，强调了其监督职能的集中性与统一性。此外，《监察法》采用了'专责机关'的表述对监察委员会进行定位，而非我国立法中更为常用的'专门机关'或'专职机关'，意味着《监察法》着重强调各级监察委员会所承担的反腐败职能不仅仅是一项职能，同时也是一项责任。这与《监察法》第五条规定的'权责对等，严格监督'的国家监察工作基本原则相一致。"[1]

**二、监察权的宪法定性**

由于"国家权力是国家机构的依据和保障。也就是说，国家机构来源于国家权力，依据于国家权力。如果离开了国家权力，国家机构便建立不起来，即使建立起来了，也无法进行活动"[2]，因而，我们不仅要对监察委员会进行宪法定性，也要对监察权进行宪法定性。

**（一）监察权宪法定性的争议及其分析**

由于宪法是"整体权力来自被统治者的政府宪章"[3]，我们不仅要依宪设立监察委员会，还要依宪赋予其监察权。根据我国现行《宪法》第127条第1款规定："监察委员会依照法律规定独立行使监察权，不受行政机关、社会团体和个人的干涉。"这就为我国各级监察委员会行使监察权提供了明确的宪法

---

[1] 马怀德主编：《中华人民共和国监察法理解与适用》，中国法制出版社2018年版，第11~12页。
[2] 李龙：《宪法基础理论》，武汉大学出版社1999年版，第160页。
[3] 转引自张千帆：《宪法学导论》，法律出版社2008年版，第11页。

依据和坚实的宪法保障。但是,由于对监察委员会的性质定位不明,导致人们对监察权的性质也定位不明,产生了种种争议。"有论者认为新的监察权既非行政权,也非司法权,而是一项独立的国家权力,这是新监察体制的标志性特色;监察权是立法权、行政权、司法权之外的第四权力,该权力就是监察权;亦有论者基于改革实践中监察机关履行的监督、调查和处置职责,认为监察权具有行政权和专门调查权的二元属性;还有论者着眼于机构与职能整合的改革思路,认为国家监察体制改革本质上是既有政治资源的再整合、再分配,由此使监察权呈现为一种复合性权力的样态。"❶

应该说,目前存在的争议均有一定的合理之处,导致它们产生分歧的主要原因就是因为监察委员会实际上是一个集党的机关❷、行政机关、司法机关于一体的混合机关或复合机关,而与之相伴随,监察权实际上也由不同性质的权力所组成,既有原行政监察机关的行政权属性,也有检察机关的检察权属性,还涉及党的纪委的党纪监督权,因而,人们自然难以对监察权的性质进行准确界定。正如有学者指出:"现行的监察权限既创造性地吸收与继承了原有反腐机构有关监察权限设置方面的优点,又改造了原有反腐机构有关监察权限设置方面的不足,从而形成具有质的飞跃的新型的监察权限。这种经过重新调整和分配的监察权限,实质上是对原有国家政治资源的重新调整和分配,即重新调整和分配了政府机关的行政监察权与行政预防权,以及重新调整和分配了检察机关的职务犯罪侦查权与职务犯罪预防权。这种新型的监察权限,是在传统'分散反腐模式'下对原隶属于各种反腐机构的监察权限及其保障措施和手段的继承和改造。"❸

(二)监察权宪法定性的界定及其分析

由于前面我们已经将监察委员会的性质定位为国家的监察机关,与之相伴随,基于相同理由,我们应将监察权性质定位为一种新型的国家权力,即其不是一般意义上的立法权、行政权、审判权、检察权,❹ 而是第五种国家权力即国家监察权,其根本不同于原有的行政监察机关的行政监察权、检察机

---

❶ 参见秦前红:《我国监察机关的宪法定位——以国家机关相互间的关系为中心》,载《中外法学》2018年第3期。

❷ 因为监察委员会与党的纪律检查部门合署办公,"两块牌子、一套人马",我们从这个意义上说监察委员会实际上相当于党的机关。当然,严格来讲,监察委员会只能是国家机关。

❸ 谢尚果、申君贵主编:《监察法教程》,法律出版社2019年版,第98~99页。

❹ 乌兰:《公共行政权监督的分野、补强与融合——一种基于监察与行政检察公益保护职能配置的思考》,载《政法论丛》2018年第2期。

关的检察权，其与国家立法权、行政权、审判权、检察权处于平行的地位，"而这五种权力间的相互关系则共同构成我国新型的国家权力结构样态。在这种权力结构中，监察权与行政权、检察权、审判权乃平行权力，彼此间分工合作但又相互制约"[1]。对此，徐汉明教授曾指出："隶属于政府的行政监察权上升为内嵌于国家监察机构的国家监察权，其法律属性与作为行政机关的行政监察权、与作为国家检察机关的法律监督权有着根本区别，这意味着其从过去不曾与行政权、审判权和检察权比肩的权力上升为与之平起平坐、相提并论的一种新型国家监察权力。"[2] 可以说，只有将监察权定性为一种新型的国家权力即第五种国家权力，我们才能从宪法的高度对监察权进行准确的定性。

此外，还必须要指出的是，监察权不是一种综合性权力，而是一种复合性权力，既具有行政监察机关行政权的属性，也具有检察机关检察权的属性，还具有党的纪律检查部门党纪监督权的属性，是不同权力属性的有机整合、提炼、提升，但绝不是上述几种不同权力的简单相加，而是上述几种权力有机整合之后的一种崭新权力形态，具有独特的权力属性。也就是说，"监察委员会依法行使的监察权，不是行政监察、反贪反渎、预防腐败职能的简单叠加，而是在党的直接领导下，代表党和国家对所有行使公权力的公职人员进行监督，既调查职务违法行为，又调查职务犯罪行为，可以说依托纪检、拓展监察、衔接司法，但又绝不是司法机关。这实际上是新的拓展、新的开创，监督对象和内容增多了，实现了'一加一大于二、等于三'"[3]。对此，徐汉明教授曾指出："国家监察体制改革对人民政府的行政监察权、预防腐败局的腐败预防权及人民检察院的职务犯罪查处与预防权这几种不同形态及属性的权力重合或者融合在一起产生并区别于原形态属性的新权力形态——国家监察权，而非简单地将不同权力的属性合并为一个整体权力，并在此基础上对既往权力属性进行改造、扬弃和克服进而涅槃，带来该权力属性的质的飞跃，形成了国家监察权作为新型复合性国家权力的本质属性。"[4] 这一点根本不同于一般意义上的立法权、行政权、审判权、检察权，后几种权力只是一种单一性权力。那么，我们应如何正确理解或认识监察权的复合性权力特性呢？对此，笔者认为，可以考虑用"权能分治"来予以解释。当然这里的"权能

---

[1] 江国华：《中国监察法学》，中国政法大学出版社 2018 年版，第 24 页。
[2] 参见徐汉明：《国家监察权的属性探究》，载《法学评论》2018 年第 1 期。
[3] 《监察委员会是政治机关》，载《中国纪检监察报》2018 年 3 月 8 日，第 3 版。
[4] 参见徐汉明：《国家监察权的属性探究》，载《法学评论》2018 年第 1 期。

分治"不同于孙中山先生提出的"权能分治"。❶ 我们这里的"权能分治"是指监察权是一种完整权力，是统一的、不可分割的，由监察委员会统一行使，但监察委员会的职能却是分开的，分为党纪监督、行政监督与法律监督三种。当监察委员会履行党纪监督职能时，此时其行使的监察权便具有党纪监督权属性；当监察委员会履行行政监督职能时，此时其行使的监察权便具有行政监察权属性；当监察委员会履行法律监督职能时，此时其行使的监察权便具有检察权属性。这样，就把监察权的"权""能"有效分开了，便于我们理解监察权的复合性特征，也便于监察委员会更好地行使监察权，履行监察职能。

（三）监察权与其他国家权力之关系

为了更好地认识和深刻理解监察权作为一种新型国家权力的宪法定性，我们有必要将监察权与立法权、行政权、审判权、检察权关系进行一下梳理，以明确监察权是不同于立法权、行政权、审判权、检察权的一种新型国家权力即第五种国家权力。具体言之：

第一，监察权与立法权。由于"立法权主要是一个国家政体结构意义上的概念，它的存在以分权学说和分权制度为前提；它的归属以立法机关为主体；它的功能既包括立法，也包括议决预算、监督、调查、宣战媾和、质询、弹劾等"❷，因而，监察权与立法权的区别应该是清晰明了的，两者不存在容易混淆之处；两者的联系之处在于，一是通过立法权的运用，制定监察方面的立法，为监察权的运用提供规范依据。如2018年3月20日第十三届全国人大第一次会议通过了《监察法》，2020年6月20日第十三届全国人大常委会第十九次会议通过了《中华人民共和国公职人员政务处分法》（以下简称《政务处分法》）等。二是监察权中包含着监察法规制定权，属于广义的立法权，应遵循立法权运行的基本规律和要求，以及《中华人民共和国立法法》（以下简称《立法法》）的相关规定。我国《宪法》和《监察法》在规定国家监察委员会职权时，都没有规定其监察法规制定权。但为了贯彻实施《宪法》和《监察法》，保障国家监察委员会依法履行最高监察机关职责，根据监察工

---

❶ 孙中山先生把国家的政治权力分为"政权"（或者"民权"）和"治权"两部分，"政权"即"权"分为四部分，即选举权、罢免权、创制权、复决权，由人民所保留；"治权"即"能"分成五个部分，即立法权、行政权、司法权、监察权和考试权，分别由"立法院""行政院""司法院""监察院"和"考试院"五个机关来行使。因而，"权能分治"实际上即"权能分开"。

❷ 李林：《立法理论与制度》，中国法制出版社2005年版，第36~37页。

作实际需要，全国人大常委会作出决定，明确国家监察委员会可以行使监察法规制定权，制定监察法规，❶ 这属于广义上的立法权，必须遵循《立法法》的相关规定。根据 2019 年 10 月 26 日第十三届全国人大常委会第十四次会议通过的《全国人民代表大会常务委员会关于国家监察委员会制定监察法规的决定》，全国人大常委会既明确授予了国家监察委员会监察法规制定权，明确了国家监察委员会制定监察法规的权限和程序，还对国家监察委员会的监察法规制定权进行了监督制约，具体如下：①明确国家监察委员会制定监察法规的范围，规定"国家监察委员会根据宪法和法律，制定监察法规"；"监察法规可以就下列事项作出规定：（一）为执行法律的规定需要制定监察法规的事项；（二）为履行领导地方各级监察委员会工作的职责需要制定监察法规的事项。"同时规定"监察法规不得与宪法、法律相抵触"。②明确监察法规的制定程序，规定"监察法规应当经国家监察委员会全体会议决定，由国家监察委员会发布公告予以公布"。③明确全国人大常委会对监察法规的监督，规

---

❶ 全国人大常委会法制工作委员会主任沈春耀在《关于〈全国人民代表大会常务委员会关于国家监察委员会制定监察法规的决定（草案）〉的说明》中，对作出该决定的必要性做了说明："2019 年 8 月，国家监察委员会致函全国人大常委会办公厅提出，随着国家监察体制改革不断深入，监察工作中一些深层次问题逐渐显现，监察法中一些原则性表述需要进一步具体化。为便于各级监察机关更好地执行和适用法律，国家监察委员会拟制定出台《监察法实施条例》，建议全国人大常委会修改立法法或者作出相关决定，为国家监察委员会制定监察法规提供法律依据。全国人大常委会高度重视国家监察委员会的意见，按照工作安排，法制工作委员会、监察和司法委员会经与国家监察委员会工作部门密切沟通协商，认为为了保障国家监察委员会依法履行职责，由全国人大常委会作出决定，明确国家监察委员会可以制定监察法规，是必要的、可行的。第一，我国宪法规定，国家监察委员会是最高监察机关，领导地方各级监察委员会的工作。制定监察法规是国家监察委员会履行宪法法律职责所需要的职权和手段。监察法是反腐败国家立法，是对国家监察工作起统领性和基础性作用的法律。制定监察法时，考虑到当时需要解决的问题比较多，经与中央纪委协商一致，对国家监察委员会制定监察法规没有作出规定。随着国家监察体制改革工作的深入推进，为保证监察法全面贯彻实施，有必要由国家监察委员会对监察法作进一步具体化的规定。第二，我国宪法规定，监察委员会的组织和职权由法律规定。对监察法规作出明确规定，较为理想的解决方式是修改《立法法》。《立法法》是对我国的立法体制、立法权限和立法程序作出系统规定的基本法律，该法于 2000 年颁布实施，并于 2015 年作了重要修改。《立法法》的制定和修改均由全国人民代表大会通过。考虑到《立法法》的修改除涉及监察法规制定权外，关于立法的指导思想、宪法和法律委员会的职责、授权立法等规定都需要研究和修改，《立法法》修改近期尚未提上立法工作日程。因此，通过修改立法法来明确国家监察委员会制定监察法规的职权，时间上恐难以适应国家监察委员会的实际工作需要。由全国人大常委会作决定，明确国家监察委员会可以制定监察法规，既具有法律效力，又能够及时地解决问题，比较适当、可行。采取由全国人大常委会作决定的方式，对机构职责问题作出规定，以往是有过先例的。据此，法制工作委员会会同国家监察委员会工作部门，拟定了《全国人民代表大会常务委员会关于国家监察委员会制定监察法规的决定（草案）》，委员长会议决定提请本次常委会会议审议。"参见沈春耀：《关于〈全国人民代表大会常务委员会关于国家监察委员会制定监察法规的决定（草案）〉的说明》，http://www.npc.gov.cn/npc/c30834/201910/0f2ffd6c12df47a58f5dc3658d9c0329.shtml，访问日期：2020 年 7 月 17 日。

定"监察法规应当在公布后的三十日内报全国人民代表大会常务委员会备案";"全国人民代表大会常务委员会有权撤销同宪法和法律相抵触的监察法规。"❶

第二,监察权与行政权。由于"行政权是指行政主体依法享有的执行法律、组织和管理国家与社会行政事务的权力,它是一国公权力的组成部分,具有法定性、公共性、多样性等特征"❷,因而,行政权与监察权的区别是比较明显的,前者重在执行法律,后者重在监督法律执行情况。两者的联系之处主要在于:一是监察权内含行政权属性,是对行政监察权的全面提升和超越。由行政监察权到国家监察权,是国家监察体制改革的核心内容之一,不仅将行政监察权从行政权中剥离出来,改变了过去同体监督模式,实现了对国家公职人员监察全覆盖,还将行政监察机关由政府的内设机构升格为了独立的国家监察机关,与行政机关、审判机关、检察机关并列,由同级人大及其常委会选举产生,受同级人大及其常委会监督。正如有学者指出:"其意蕴有四:其一,将监察权从行政权中剥离,变同体监督为异体监督;其二,监察委员会独立于一府两院,不受政府人事、经费等制约;其三,融入人大制度,由人大任命,对人大负责,受人大监督,但人大无权对监察委员会以个案指导;其四,实行垂直管理。"❸ 二是监察权与行政权互相配合、互相制约。根据《监察法》第4条:"监察委员会依照法律规定独立行使监察权,不受行政机关、社会团体和个人的干涉。监察机关办理职务违法和职务犯罪案件,应当与审判机关、检察机关、执法部门互相配合,互相制约。监察机关在工作中需要协助的,有关机关和单位应当根据监察机关的要求依法予以协助。"可知监察权的运行尽管不受行政权的非法干涉,但监察权的运行需要行政权的配合,也需要接受行政权的监督制约,且与行政权存在互相配合、互相制约的关系。这一点将在下面谈监察委员会与行政机关关系时详述。

第三,监察权与审判权。由于审判权一般是指法院依法审理民事、行政、刑事诉讼案件并作出裁判的权力,因而,审判权与监察权的区别显而易见。就两者联系而言,根据上述《监察法》第4条的规定,可知监察权与审判权也存在互相配合、互相制约的关系。这一点将在下面谈监察委员会与法院关系时详述。

第四,监察权与检察权。由于检察权一般是指人民检察院依法实行法律监督,保障宪法和法律的正确实施,维护社会主义法制的统一和尊严,因而,

---

❶ 《全国人民代表大会常务委员会关于国家监察委员会制定监察法规的决定》,载《人民日报》2019年10月27日,第2版。

❷ 江国华:《中国行政法(总论)》,武汉大学出版社2017年版,第45页。

❸ 秦前红主编:《监察法教程》,法律出版社2019年版,第177页。

检察权不同于监察权，但两者也存有不少关联之处，主要有：一是监察权内含检察权属性，融合了部分检察监督权。根据我国《宪法》和《中华人民共和国人民检察院组织法》（以下简称《人民检察院组织法》）的有关规定，人民检察院作为我国的法律监督机关，享有广泛的法律监督权即检察监督权，"（一）对于叛国案、分裂国家案以及严重破坏国家的政策、法律、法令、政令统一实施的重大犯罪案件，行使检察权。（二）对于直接受理的刑事案件，进行侦查。（三）对于公安机关侦查的案件，进行审查，决定是否逮捕、起诉或者免予起诉；对于公安机关的侦查活动是否合法，实行监督。（四）对于刑事案件提起公诉，支持公诉；对于人民法院的审判活动是否合法，实行监督。（五）对于刑事案件判决、裁定的执行和监狱、看守所、劳动改造机关的活动是否合法，实行监督"❶。但人民检察院的检察监督权也存在一定问题，如检察监督权的对象只限于国家公务员职务活动中构成犯罪的行为，不包括一般的职务违法行为，且监督对象仅限于国家公务员，不包括其他行使公权力的公职人员，留下了监督漏洞。此外，检察院对其自侦案件的监督无异属于同体监督，无法排除"既当运动员又当裁判员"的嫌疑，也留下了权力滥用和腐败的空间。正如有学者指出："在检察监督模式下，检察机关集侦查主体与侦查监督主体于一身，自侦监督沦为自我监督，其本质是同体监督。"❷ 基于此，在这次国家监察体制改革中，就将检察院的部分检察监督权即职务犯罪预防、侦查权和监督权予以剥离，与行政监察权等融合为一种新型的国家权力即国家监察权，因而，监察权不可避免地内含检察权属性，是对上述部分检察监督权的融合和升华，有利于克服之前检察监督权存在的弊端和不足。正如有学者指出："分化检察机关职务犯罪预防、侦查权和监督权，乃反腐败刑事司法改革应有之义。这并非剥离检察机关全部职务犯罪侦查权，更不是剥离其全部侦查权，而是落脚于克服或缓解检察机关同时享有职务犯罪侦查、监督权这一同体监督缺陷。"❸ 二是监察权与检察权监督对象存在一定交叉。根据我国《监察法》第3条的规定，监察委员会作为行使国家监察职能的专责机关，依法对所有行使公权力的公职人员进行监察，实行"全覆盖"。但根据我国新《中华人民共和国刑事诉讼法》（以下简称《刑事诉讼法》）第19条："刑事案件的侦查由公安机关进行，法律另有规定的除外。人民检察院在对诉讼活动实行法律监督中发现的司法工作人员利用职权实施的非法拘禁、

---

❶ 《中华人民共和国人民检察院组织法》（1986年）第5条。
❷ 刘计划：《侦查监督制度的中国模式及其改革》，载《中国法学》2014年第1期。
❸ 秦前红主编：《监察法教程》，法律出版社2019年版，第175页。

刑讯逼供、非法搜查等侵犯公民权利、损害司法公正的犯罪，可以由人民检察院立案侦查。对于公安机关管辖的国家机关工作人员利用职权实施的重大犯罪案件，需要由人民检察院直接受理的时候，经省级以上人民检察院决定，可以由人民检察院立案侦查。自诉案件，由人民法院直接受理。"可知，检察院有权对司法工作人员的职务犯罪案件进行立案侦查、监督，这就使得检察权与监察权监督对象存在一定交叉，可能会出现管辖纠纷等问题。❶ 三是监察

---

❶ 为了解决这一交叉可能带来的问题，做好检察院与监察委员会案件管辖范围的衔接，对在诉讼监督中发现的司法工作人员利用职权实施的侵犯公民权利、损害司法公正的犯罪依法履行侦查职责，最高人民检察院出台了《关于人民检察院立案侦查司法工作人员相关职务犯罪案件若干问题的规定》，一是明确了案件管辖范围。人民检察院在对诉讼活动实行法律监督中，发现司法工作人员涉嫌利用职权实施的下列侵犯公民权利、损害司法公正的犯罪案件，可以立案侦查：（1）非法拘禁罪（《刑法》第二百三十八条）（非司法工作人员除外）；（2）非法搜查罪（《刑法》第二百四十五条）（非司法工作人员除外）；（3）刑讯逼供罪（《刑法》第二百四十七条）；（4）暴力取证罪（《刑法》第二百四十七条）；（5）虐待被监管人罪（《刑法》第二百四十八条）；（6）滥用职权罪（《刑法》第三百九十七条）（非司法工作人员滥用职权侵犯公民权利、损害司法公正的情形除外）；（7）玩忽职守罪（《刑法》第三百九十七条）（非司法工作人员玩忽职守侵犯公民权利、损害司法公正的情形除外）；（8）徇私枉法罪（《刑法》第三百九十九条第一款）；（9）民事、行政枉法裁判罪（《刑法》第三百九十九条第二款）；（10）执行判决、裁定失职罪（《刑法》第三百九十九条第三款）；（11）执行判决、裁定滥用职权罪（《刑法》第三百九十九条第三款）；（12）私放在押人员罪（《刑法》第四百条第一款）；（13）失职致使在押人员脱逃罪（《刑法》第四百条第二款）；（14）徇私舞弊减刑、假释、暂予监外执行罪（《刑法》第四百零一条）。二是明确了级别管辖和侦查部门。本规定所列犯罪案件，由设区的市级人民检察院立案侦查。基层人民检察院发现犯罪线索的，应当报设区的市级人民检察院决定立案侦查。设区的市级人民检察院也可以将案件交由基层人民检察院立案侦查，或者由基层人民检察院协助侦查。最高人民检察院、省级人民检察院发现犯罪线索的，可以自行决定立案侦查，也可以将案件线索交由指定的省级人民检察院、设区的市级人民检察院立案侦查。另外，本规定所列犯罪案件，由人民检察院负责刑事检察工作的专门部门负责侦查。设区的市级以上人民检察院侦查终结的案件，可以交有管辖权的基层人民法院相对应的基层人民检察院提起公诉；需要指定其他基层人民检察院提起公诉的，应当与同级人民法院协商指定管辖；依法应当由中级人民法院管辖的案件，应当由设区的市级人民检察院提起公诉。三是明确了案件线索的移送和互涉案件的处理。人民检察院立案侦查本规定所列犯罪时，发现犯罪嫌疑人同时涉嫌监察委员会管辖的职务犯罪线索的，应当及时与同级监察委员会沟通，一般应当由监察委员会为主调查，人民检察院予以协助。经沟通，认为全案由监察委员会管辖更为适宜的，人民检察院应当撤销案件，将案件和相应职务犯罪线索一并移送监察委员会；认为由监察委员会和人民检察院分别管辖更为适宜的，人民检察院应当将监察委员会管辖的相应职务犯罪线索移送监察委员会，对依法由人民检察院管辖的犯罪案件继续侦查。人民检察院应当及时将沟通情况报告上一级人民检察院。沟通期间，人民检察院不得停止对案件的侦查。监察委员会和人民检察院分别管辖的案件，调查（侦查）终结前，人民检察院应当就移送审查起诉有关事宜与监察委员会加强沟通，协调一致，由人民检察院依法对全案审查起诉。人民检察院立案侦查本规定所列犯罪时，发现犯罪嫌疑人同时涉嫌公安机关管辖的犯罪线索的，依照现行有关法律和司法解释的规定办理。四是明确了办案程序。（1）人民检察院办理本规定所列犯罪案件，不再适用对直接受理立案侦查案件决定立案报上一级人民检察院备案，逮捕犯罪嫌疑人报上一级人民检察院审查决定的规定。（2）对本规定所列犯罪案件，人民检察院拟作撤销案件、不起诉决定的，应报上一级人民检察院审查批准。（3）人民检察院负责刑事检察工作的专门部门办理本规定所列犯罪案件，认为需要逮捕犯罪嫌疑人的，应当由相应的刑事检察部门审查，报检察长或者检察委员会决定。（4）人民检察院办理本规定所列犯罪案件，应当依法接受人民监督员的监督。

权与检察权互相配合、互相制约。根据上述《监察法》第4条的规定，可知监察权与检察权也存在互相配合、互相制约的关系。这一点将在下面谈监察委员会与检察院关系时详述。

### 三、监察委员会的宪法地位

国家监察体制改革是我国的重大政治体制改革，随着监察委员会载入我国宪法，我国的政权组织体制发生了重大变革，即从人大之下的"一府两院"变革为人大之下的"一府一委两院"。这不仅为我国的国家监察体制改革提供了宪法依据，也明确了监察委员会的宪法地位。但如上所述，对监察委员会及其监察权定性不明，也影响了我们对监察委员会宪法地位的界定。另外，由于监察委员会的宪法地位是相较于其他国家机关的宪法地位而言的，我们要正确理解和界定监察委员会的宪法地位，就需要正确认识和处理监察委员会与其他国家机关之间的关系，既包括纵向上与人大及其常委会之间的宪法关系，也包括横向上与其他国家机关之间的宪法关系。此外，由于我国宪法确立了中国共产党的领导与执政地位，因而，为了更深刻地认识和界定监察委员会的宪法地位，我们还应对监察委员会与执政党的宪法关系进行界定。

#### （一）监察委员会与执政党的宪法关系

由于"中国共产党是执政党，是国家的最高政治领导力量。中国共产党领导是中国特色社会主义最本质的特征，是中国特色社会主义制度的最大优势"[1]，因而，监察委员会与执政党的关系是第一位的关系，直接影响到监察委员会的政治地位与宪法地位。监察委员会与执政党的关系，既有执政党与国家机关一般关系的共性之处，也有其独特之处，具体言之：

第一，监察委员会要坚持党的领导。坚持党的领导，是由中国共产党的领导地位和历史使命所决定的。中国共产党是中国特色社会主义事业的领导核心，也是中国特色社会主义法治建设的领导核心。党的领导是中国特色社会主义法治建设的根本保证，也是社会主义法治与资本主义法治的本质区别所在。因而，包括监察委员会在内的所有国家机关，都必须要坚持党的领导，

---

[1] 参见《王晨向十三届全国人大一次会议作关于〈中华人民共和国宪法修正案（草案）〉的说明（摘要）》，载《人民日报》2018年3月7日，第6版。

这也是我国宪法的基本要求。❶ 我国《监察法》第 2 条即"坚持中国共产党对国家监察工作的领导，以马克思列宁主义、毛泽东思想、邓小平理论、"三个代表"重要思想、科学发展观、习近平新时代中国特色社会主义思想为指导，构建集中统一、权威高效的中国特色国家监察体制"，明确了党对监察委员会的领导地位，将坚持党的领导作为监察委员会开展国家监察工作的原则遵循，从而为监察委员会行使国家监察职能、开展国家监察工作指明了方向和提供了根本保障。正如有学者指出："坚持中国共产党对国家监察工作的领导，是开展国家监察工作的首要要求和基本遵循。党的十八大以来的反腐败实践证明，坚持和加强党的领导是反腐败工作取得胜利的根本保证。只有坚持和加强党的领导，才能从全局着眼，从长远出发，对反腐败斗争进行科学决策和科学部署，真正实现反腐败的无禁区、全覆盖、零容忍方针，坚持反腐败的重遏制、强高压、长震慑策略，强化不敢腐的震慑，扎牢不能腐的笼子，增强不想腐的自觉。"❷ 而且，监察委员会不设党组、不决定人事事项，本质上就是党直接领导下的反腐败工作机构，就是实现党和国家自我监督的政治机关。

第二，监察委员会与党的纪律检查部门合署办公。根据党中央关于深化国家监察体制改革的部署，以及党的十九届三中全会审议通过的《中共中央关于深化党和国家机构改革的决定》，健全党和国家监督体系，完善权力运行制约和监督机制，组建国家、省、市、县监察委员会，同党的纪律检查部门合署办公，实行"两块牌子、一套人马"，且由党的纪委书记兼任同级监察委员会主任（中央除外，由中纪委副书记兼任国家监察委员会主任）。由于党的纪律检查部门是党内监督的专责机关，监察委员会是行使国家监察职能的专责机关，将监察委员会与党的纪律检查部门合署办公，不仅实现了对所有行使公权力的公职人员监察全覆盖，还实现了党内监督和国家机关监督、党的纪律检查和国家监察有机统一。"这一安排，一则，既充分发挥纪委党内监督作用，又保证国家监察机关依法独立行使职权；二则，破解党纪难审非党员公务人员、监察难查非政府公职人员的难题，既合理衔接法纪鸿沟，又形成

---

❶ 1954 年宪法没有明确规定党对全国人大和国家的领导，只在序言中宣告人民的胜利是在中国共产党领导下取得的。1975 年宪法不仅在序言中规定要坚持党的领导，在总纲中又规定党要实现对国家的领导。1978 年宪法取消了这种不合宪法规范逻辑的表述，但仍保留了党对国家实施领导的规定。1982 年宪法不仅在宪法序言中规定了党的领导地位，还第一次在宪法中规定党"必须以宪法为根本的活动准则"，"必须遵守宪法和法律，一切违反宪法和法律的行为，必须予以追究"。参见韩大元著：《宪法学基础理论》，中国政法大学出版社 2008 年版，第 340 页。

❷ 马怀德主编：《中华人民共和国监察法理解与适用》，中国法制出版社 2018 年版，第 11~12 页。

全面覆盖国家机关及公职人员的国家监督体系，即凡纳入国家行政编制、由国家财政负担工资福利、依法履行公职的公务员，包括党内机关、人大、政府、政协、法院、检察院、民主党派、部分社会团体机关的公职人员以及其他实质行使公权力的人员，均受其监督。"❶

第三，监察委员会对党的机关公务员进行监察。根据我国《监察法》第15条的规定，监察委员会对包括党的机关公务员在内的所有行使公权力的公职人员进行监察。根据我国《公务员法》的相关规定，党的机关公务员具体包括：①中央和地方各级党委、纪律检查委员会的领导人员；②中央和地方各级党委工作部门、办事机构和派出机构的工作人员；③中央和地方各级纪律检查委员会机关和派出机构的工作人员；④街道、乡、镇党委机关的工作人员。❷ 这里面需要说明的是，由监察委员会对党的机关公务员进行监察，可能会导致两个困惑或问题，一是这与监察委员会坚持党的领导是否矛盾？如前所述，监察委员会必须要坚持党的领导，但如果由监察委员会对党的机关公务员进行监察的话，会不会与坚持党的领导相矛盾？从表面来看，两者似乎存在一定矛盾之处。但如果我们明确了监察委员会只是对"人"监督，而不是对"机关"监督，上述疑问就迎刃而解了。也就是说，监察委员会只能对党的机关公务员进行监察，而不能对党的机关进行监察，相反，监察委员会还必须要坚持党的领导。这也就意味着监察委员会对党的机关公务员进行监察本身就是在党的领导下进行的，两者是和谐一致的。二是作为国家机关的监察委员会何以能监察党的机关公务员？由于党与国家机关性质不同，因而，由作为国家机关的监察委员会对党的机关公务员进行监察，确实容易导致人们对其合法性产生疑问。但是，如果我们明确了监察委员会是集党纪监督、行政监察、法律监督于一体的混合机关，与党的纪委部门合署办公，履行纪检、监察两项职能，实行一套工作机构、两个机关名称时，上述疑问便自然解决了。也就是说，监察委员会对党的机关公务员的监察实际上是监察委员会代表党和国家对党的机关公务员的监督，体现了党内监督和国家监督、党的纪律检查与国家监察的有机统一。

（二）监察委员会与人大及其常委会的宪法关系

由于民主集中制是我国国家机构的组织和活动原则，人民代表大会制度

---

❶ 秦前红主编：《监察法教程》，法律出版社2019年版，第175页。
❷ 中共中央纪律检查委员会、国家监察委员会法规室编写：《〈中华人民共和国监察法〉释义》，中国方正出版社2018年版，第108页。

是我国的根本政治制度,也是我国的政权组织形式,因而,在我国的国家机构体系中,首先需要明确监察委员会与人大及其常委会的关系。根据我国《宪法》《监察法》等规定,人大及其常委会作为我国的国家权力机关,是我国国家机构的核心,其与其他国家机关之间的关系不是西方式的互相监督制约关系,而是一种单向的产生与被产生、监督与被监督的关系。据此,监察委员会与人大及其常委会的关系如下:

第一,监察委员会由人大及其常委会选举产生。根据民主集中制原则的基本原理,我国的一切权力属于人民,人民通过行使选举权,在普选的基础上选出代表组成各级人大,再由各级人大选举产生国家行政机关、审判机关、检察机关等其他国家机关,从而完成由人民授权各级人大,再由各级人大授权其他国家机关的宪制过程。那么,监察委员会作为与国家行政机关、审判机关、检察机关并列的独立国家机关,其也必须要由人大选举产生,由人大授权,以解决其合宪性问题。因此,我国现行《宪法》第3条第3款明确规定:"国家行政机关、监察机关、审判机关、检察机关都由人民代表大会产生,对它负责,受它监督。"《监察法》第8条明确规定:"国家监察委员会由全国人民代表大会产生,负责全国监察工作。国家监察委员会由主任、副主任若干人、委员若干人组成,主任由全国人民代表大会选举,副主任、委员由国家监察委员会主任提请全国人民代表大会常务委员会任免。国家监察委员会主任每届任期同全国人民代表大会每届任期相同,连续任职不得超过两届。国家监察委员会对全国人民代表大会及其常务委员会负责,并接受其监督。"《监察法》第9条规定:"地方各级监察委员会由本级人民代表大会产生,负责本行政区域内的监察工作。地方各级监察委员会由主任、副主任若干人、委员若干人组成,主任由本级人民代表大会选举,副主任、委员由监察委员会主任提请本级人民代表大会常务委员会任免。地方各级监察委员会主任每届任期同本级人民代表大会每届任期相同。地方各级监察委员会对本级人民代表大会及其常务委员会和上一级监察委员会负责,并接受其监督。"

由此可知,一是人大及其常委会宪法地位高于监察委员会。尽管监察委员会地位高、职权广,但其必须在人大及其常委会之下,这是由人大及其常委会国家权力机关的性质和地位所决定的,也是人民代表大会制度的应有之义。二是监察委员会由人大选举产生,由人大依法授权。监察委员会不再像过去的行政监察部门一样,只是行政机关的内设机构,而是升格为与行政机关并列的独立国家机关,代表国家专司行使监察权,其必须要由人大选举产生,由人大授权。其中,监察委员会主任由同级人大选举产生,副主任、委员由监察委员会主任提请本级人大常委会任免。正如蔡定剑先生指出:"所谓国家权力机关,其特性就在于它不但立法和决定重大事情,而且组织产生其他国家机关并选任领导人员,从而使国家机关及其组成人员从属于人民代表大会,其他国家机关要对人民代表大会负责。"❶ 三是各级监察委员会主任每届任期同本级人大每届任期相同。由于"各国家领导职务的正当性直接来自于本届全国人民代表大会,因此其任期亦必须与全国人民代表大会的任期保持一致,而不能单独列明"❷,因而,既然监察委员会由同级人大选举产生,那么,各级监察委员会主任每届任期自然要同本级人大每届任期相同,一般为5年,随本级人大换届而换届,各级监察委员会主任行使职权至新的监察委员会主任产生为止。其中,国家监察委员会主任每届任期同全国人大每届任期相同,连续任职不得超过两届。这一点与国务院总理、最高人民法院院长、最高人民检察院检察长任期制一致,都是连续任职不得超过两届。之所以做如此规定,是因为"每部政治宪法的目的就是,或者说应该是,首先为统治者获得具有最高智慧来辨别和最高道德来追求社会公益的人;其次,当他们继续受到公众委托时,采取最有效的预防方法来使他们廉洁奉公。用选举方式获得统治者,是共和政体独有的政策。依靠这种政体,用以预防他们腐化堕落的方法是多种多样的。最有效的一种是任期上的限制,以便保持对人民的适当责任"❸。

第二,监察委员会对人大及其常委会负责,受人大及其常委会监督。根据人民代表大会制度的基本原理和要求,监察委员会作为行使国家监察权的专责机关,与"一府两院"相一致,都由我国同级人大选举产生,对同级人大负责,受同级人大监督。在同级人大闭会期间,对同级人大常委会负责,受同级人大常委会监督。对此,我国现行《宪法》第126条明确规定:"国家监察委员会对全国人民代表大会和全国人民代表大会常务委员会负责。地方各级监察委员会对产生它的国家权力机关和上一级监察委员会负责。"我国《监察法》第8条、第9条也作了类似规定,明确了监察委员会要对同级人大及其常委会负责,受同级人大及其常委会监督。而且,这种监督是一种单向监督,不是相互监督,即只能由人大及其常委会监督监察委员会,而不能由监察委员会监督人大及其常委会,否则,就与我国人民代表大会制度的政权

---

❶ 蔡定剑:《中国人民代表大会制度》,法律出版社2003年版,第336页。

❷ 韩大元:《任期制在我国宪法中的规范意义——纪念1982年〈宪法〉颁布35周年》,载《法学》2017年第11期。

❸ [美]汉密尔顿、杰伊、麦迪逊:《联邦党人文集》,程逢如、在汉、舒逊译,商务印书馆1980年版,第290页。

组织形式相背离、相冲突。

  这里面有两个问题需要明确,一是地方各级监察委员会既要对同级人大及其常委会负责并接受其监督,还要对上一级监察委员会负责并接受其监督,两者是否会存在冲突?答案是否定的,原因在于两者不是一个层面的"负责"与"监督"。地方各级监察委员会之所以要对同级人大及其常委会负责,并接受其监督,原因在于地方各级监察委员会由同级人大选举产生,自然要对同级人大及其常委会负责,受其监督。但这种监督只是工作监督和法律监督,而不是具体业务的监督,更不是领导层面的监督。而地方各级监察委员会之所以要对上一级监察委员会负责并接受其监督,是由监察委员会领导体制决定的。根据国家监察体制改革的部署,我国《宪法》《监察法》明确规定了监察委员会的领导体制,即国家监察委员会领导地方各级监察委员会的工作,上级监察委员会领导下级监察委员会的工作。换言之,监察委员会上下级之间是领导与被领导关系,有利于保证全国监察机关集中统一领导、统一工作步调、统一依法履职,实现"全国一盘棋"。此外,监察委员会的领导体制还受党的纪律检查部门领导体制直接影响。由于党的纪律检查部门上下级之间是领导与被领导关系,"监察机关和纪检机关合署办公,监察法规定地方各级监察委员会对上一级监察委员会负责,与上下级纪委之间的领导和被领导关系是相匹配的"❶。因而,由监察委员会上下级之间的领导与被领导关系所决定,地方各级监察委员会必须要对上一级监察委员会负责,受其监督和业务领导。所以,这种"负责"和"监督"是领导层面的,是领导体制内部的"负责"和"监督",根本不同于监察委员会对同级人大及其常委会的"负责"及同级人大及其常委会对监察委员会的"监督",两者不属于同一个层面,并不冲突。二是监察委员会对人大及其常委会机关公务员进行监察,与人大及其常委会监督监察委员会是否相矛盾?根据我国《监察法》第 15 条的规定,监察委员会有权对人大及其常委会机关的公务员进行监察,具体包括:"①县级以上各级人民代表大会常务委员会领导人员,乡、镇人民代表大会主席、副主席;②县级以上各级人民代表大会常务委员会工作机构和办事机构的工作人员;③各级人民代表大会专门委员会办事机构的工作人员。"❷ 这就容易给人们一种错觉,使人们误认为监察委员会也可以对人大及其常委会进

---

  ❶ 中共中央纪律检查委员会、国家监察委员会法规室编写:《〈中华人民共和国监察法〉释义》,中国方正出版社 2018 年版,第 83 页。

  ❷ 中共中央纪律检查委员会、国家监察委员会法规室编写:《〈中华人民共和国监察法〉释义》,中国方正出版社 2018 年版,第 108~109 页。

行监察，认为其与人大及其常委会监督监察委员会相矛盾，也与我国民主集中制原则严重不符。例如，《中华人民共和国监察法（草案）》向社会公布后，有人产生了这样的疑问：监察委员会由人民代表大会产生，对人大负责并接受监督，为何又能将人大机关纳入监察范围？甚至有人觉得，这不是"儿子"管"老子"吗？❶ 对此，我们需要明确的是，监察委员会只是"对人监察"，即只能对人大及其常委会机关的公务员进行监察，而不能对人大及其常委会进行监察。监察委员会与人大及其常委会的关系，只能是产生与被产生、监督与被监督的关系，而不能相反，这是由我国人民代表大会制度的政权组织形式所决定的。正如有学者指出："各级监察委员会应当接受本级人民代表大会及其常务委员会的监督。这既是由监察机关的宪法地位决定的，也是为了确保监察机关与监察人员'不走样'。"❷

### （三）监察委员会与行政机关的宪法关系

根据我国现行《宪法》的相关条款，监察委员会作为国家的监察机关，不再是国家行政机关下属的原行政监察机关，与国家行政机关之间的关系发生了颠覆性的转变，与国家行政机关处于平行的地位，且处于国家行政机关与审判机关、检察机关之间，都由同级人大选举产生，对同级人大负责，受同级人大监督。对此，徐汉明教授曾指出："国家监察委员会在国家权力结构中所处的这一位阶，使其将同传统行政机关隶属下的行政监察机关的法律位阶发生根本性的变化，即其从原隶属于政府的行政监察部门这一依附性的地位遂变为与行政机关相平行、相对独立的新型国家机构的地位。"❸ 根据我国《宪法》《监察法》的相关规定，监察委员会与行政机关的宪法关系主要体现在两个方面，具体言之：

第一，行政机关不得干涉监察委员会依法独立行使监察权。根据我国现行《宪法》第 127 条第 1 款的规定："监察委员会依照法律规定独立行使监察权，不受行政机关、社会团体和个人的干涉。""这里的'干涉'，主要是指行政机关、社会团体和个人利用职权、地位，或者采取其他不正当手段干扰、影响监察人员依法行使职权的行为，如利用职权阻止监察人员开展案件调查，

---

❶ 《中纪委释疑：对人大等的监督，监察的是"人"而不是"机关"！》，https://www.sohu.com/a/204154607_743837，访问日期：2020 年 7 月 21 日。

❷ 江国华：《中国监察法学》，中国政法大学出版社 2018 年版，第 303 页。

❸ 参见徐汉明：《国家监察权的属性探究》，载《法学评论》2018 年第 1 期。

利用职权威胁、引诱他人不配合监察机关工作，等等。"❶ 我国《监察法》第4条第1款也作了同样规定。这表明监察委员会作为国家监察机关，是独立的国家机关，与行政机关处于平行的地位，不受行政机关的领导和监督，依宪依法独立行使监察权，不受行政机关非法干涉。我国《宪法》《监察法》之所以作如此规定，一是基于监察委员会地位变更的需要。如前所述，监察委员会已经不同于之前的行政监察机关，不再是隶属于行政机关的内部机构，而是升格为了独立的国家机关，与行政机关一样，均由人大产生、对人大负责、受人大监督，在这种情况下，监察委员会自然依法独立行使监察权，不受行政机关干涉；二是基于我国人民代表大会制度政权组织形式的需要。众所周知，我国的政权组织形式是人民代表大会制度，这就决定了我国不同国家机关之间的关系，即人大及其常委会与其他国家机关之间只能是产生与被产生、监督与被监督的关系，而除了人大及其常委会之外的其他国家机关之间只能是分工合作关系，而不能是西方国家"三权分立"模式下的相互制约关系。那么，在监察委员会与行政机关分工合作的情况下，监察委员会与行政机关都是独立的国家机关，分别代表国家依法独立行使监察权与行政权，而不受对方非法干涉，更不能相互监督制约对方。所以，监察委员会只能对行政机关的公务员进行监察，而不能对行政机关进行监察。反之，行政机关不能对监察委员会进行监督制约，也不能非法干涉监察委员会依法独立行使监察权。

第二，监察委员会在办理职务违法和职务犯罪案件时，与行政执法部门互相配合、互相制约。根据我国现行《宪法》第127条第2款的规定："监察机关办理职务违法和职务犯罪案件，应当与审判机关、检察机关、执法部门互相配合，互相制约。"这里的执法部门显然不是宽泛意义上的执法部门，而应是行政执法部门或者主要是行政执法部门，包括公安机关、国家安全机关、审计机关以及质检部门、安全监管部门等。❷ 我国《监察法》第4条第2款也

---

❶ 中共中央纪律检查委员会、国家监察委员会法规室编写：《〈中华人民共和国监察法〉释义》，中国方正出版社2018年版，第65页。

❷ 不过尚需说明的是，此处的"执法部门"指向为何，可能还涉及对上述《宪法》和法律条文的解释和理解。因为在全国人大及其常委会制定的法律中，此前仅有极少数的法律使用了"执法部门"的表述。在此次《宪法》修正和《监察法》制定之后，较权威的解释认为，此处所言之执法部门是指公安机关、国家安全机关、审计机关以及质检部门、安全监管部门等行政执法部门。由此可见，我国《宪法》和《监察法》中的执法部门主要指的是行政机关中的执法部门。同时，由于相关规定并未使用"行政机关"或"行政执法部门"的表述，是故，并不限于行政机关中的执法部门，即此处的"执法部门"的范围要广于行政执法部门。参见秦前红主编：《监察法教程》，法律出版社2019年版，第186页。

作了同样规定。这表明在监察委员会办理职务违法和职务犯罪案件时，监察委员会与行政执法部门存在两重关系：

一是互相配合关系。"互相配合"，主要是指监察委员会与行政执法部门在办理职务违法和职务犯罪案件方面，要按照法律规定，在正确履行各自职责的基础上，互相支持，不能违反法律规定，各行其是，互不通气，甚至互相扯皮。❶ 监察委员会与行政执法部门之所以要互相配合，是由两者的分工合作宪法关系所决定的。如前所述，监察委员会与人大及其常委会之外的其他国家机关都存在分工合作关系，也就是说，监察委员会与行政执法部门之间也存在分工合作关系，既然两者分工合作，自然就存在互相配合的法定义务。所以，在监察委员会办理职务违法和职务犯罪案件时，如果遇到超出监察委员会职权范围或者自身不具备相关专业能力、专业素养的事项，进而需要行政执法部门予以配合协助的，行政执法部门就应当根据监察委员会的要求依法予以配合协助。如我国《监察法》第29条规定："依法应当留置的被调查人如果在逃，监察机关可以决定在本行政区域内通缉，由公安机关发布通缉令，追捕归案。通缉范围超出本行政区域的，应当报请有权决定的上级监察机关决定。"《监察法》第34条规定："人民法院、人民检察院、公安机关、审计机关等国家机关在工作中发现公职人员涉嫌贪污贿赂、失职渎职等职务违法或者职务犯罪的问题线索，应当移送监察机关，由监察机关依法调查处置。被调查人既涉嫌严重职务违法或者职务犯罪，又涉嫌其他违法犯罪的，一般应当由监察机关为主进行调查，其他机关予以协助。"《监察法》第43条第3款规定："监察机关采取留置措施，可以根据工作需要提请公安机关配合。公安机关应当依法予以协助。"等等。

二是互相制约关系。"互相制约"，主要是指监察委员会与行政执法部门在办理职务违法和职务犯罪案件时，通过程序上的制约，防止和及时纠正错误，以保证案件质量，正确应用法律，惩罚违法犯罪。❷ 这表明尽管监察委员会依法独立行使监察权，但监察委员会的权力并不是无限的，要受到包括行政执法部门在内的其他国家机关的制约。这就是说，尽管监察委员会在办理职务违法和职务犯罪案件时，行政执法部门有义务予以配合，但行政执法部门也可以依法对其予以制约，以避免监察委员会权力的滥用以及冤假错案的

---

❶ 中共中央纪律检查委员会、国家监察委员会法规室编写：《〈中华人民共和国监察法〉释义》，中国方正出版社2018年版，第66页。

❷ 中共中央纪律检查委员会、国家监察委员会法规室编写：《〈中华人民共和国监察法〉释义》，中国方正出版社2018年版，第66页。

发生。如我国《监察法》第 30 条规定："监察机关为防止被调查人及相关人员逃匿境外，经省级以上监察机关批准，可以对被调查人及相关人员采取限制出境措施，由公安机关依法执行。对于不需要继续采取限制出境措施的，应当及时解除。"这里的"公安机关依法执行"既是一种配合协助，也是一种制约，因为"其他机关所提供的协助并非没有原则、不讲法律的随意配合，而应当依法进行。也即其他国家机关应当在法律范围内依法给予监察机关协助，而不能超越法定职权，违反法定程序进行协助"❶。

最后，需要说明的是，上述互相制约关系并不意味着监察委员会与行政执法部门之间就是一般的互相制约关系，这里有一个基本前提，即只有在监察委员会在办理职务违法和职务犯罪案件时，才与行政执法部门存在互相制约关系，且这里的互相制约，主要是一种程序设计上的制约，并不是监察委员会与行政执法部门之间就存在互相制约关系。

（四）监察委员会与审判机关、检察机关的宪法关系

根据我国宪法体制的设计，监察委员会作为监察机关与审判机关、检察机关处于平行的地位，都由人大选举产生、对人大负责、受人大监督，但其排名在审判机关、检察机关之前，意味着监察委员会的政治地位实际高于审判机关、检察机关。根据我国现行《宪法》第 127 条第 2 款的规定："监察机关办理职务违法和职务犯罪案件，应当与审判机关、检察机关、执法部门互相配合，互相制约。"可知，监察委员会与审判机关、检察机关的宪法关系主要表现在两个方面：

第一，互相配合关系。根据我国《宪法》和《监察法》的相关规定，监察委员会办理职务违法和职务犯罪案件时，与审判机关、检察机关存在互相配合的关系。这里的"互相配合"是指监察委员会与审判机关、检察机关应当按照法律规定，在工作程序上实现有效衔接，在工作内容上实现互助互补。❷ 这是由我国人大制度下不同国家机关之间的分工合作关系所决定的，是民主集中制原则的体现。根据我国《宪法》和《监察法》的相关条款，监察委员会在办理职务违法和职务犯罪案件时，与审判机关、检察机关存在的互相配合关系体现在两个维度：一是在办理职务违法和职务犯罪案件时，监察委员会与审判机关、检察机关各司其职，互相配合，以履行不同国家机关的不同职能，发挥各自优势，形成合力。例如，监察委员会在办理职务违法和

---

❶ 马怀德主编：《中华人民共和国监察法理解与适用》，中国法制出版社 2018 年版，第 18 页。
❷ 马怀德主编：《中华人民共和国监察法理解与适用》，中国法制出版社 2018 年版，第 16~17 页。

职务犯罪案件时,依法履行监督、调查、处置职责,对涉嫌职务犯罪的,监察机关经调查认为犯罪事实清楚,证据确实、充分的,制作起诉意见书,连同案卷材料、证据一并移送人民检察院依法审查、提起公诉,由审判机关依法审判。二是在监察委员会办理职务违法和职务犯罪案件时,审判机关、检察机关有义务予以配合协助。如根据我国《监察法》第34条规定:"人民法院、人民检察院、公安机关、审计机关等国家机关在工作中发现公职人员涉嫌贪污贿赂、失职渎职等职务违法或者职务犯罪的问题线索,应当移送监察机关,由监察机关依法调查处置。被调查人既涉嫌严重职务违法或者职务犯罪,又涉嫌其他违法犯罪的,一般应当由监察机关为主进行调查,其他机关予以协助。"检察机关、审判机关有义务向监察委员会移交有关人员职务违法或犯罪问题线索等。

第二,互相制约关系。根据我国《宪法》和《监察法》的相关规定,监察委员会在办理职务违法和职务犯罪案件时,与审判机关、检察机关还存在互相制约的关系。这里的"互相制约"是指监察委员会与审判机关、检察机关之间应当在法律规定的范围内相对独立地履行职责,形成有效的制约与监督关系。❶ 之所以要求监察委员会在办理职务违法和职务犯罪案件时,与审判机关、检察机关互相制约,主要就是通过程序机制的设计,保障三者都能依法行使职权,通过分工合作达到分权制约的效果,避免监察委员会滥用权力,制造冤假错案,成为新的腐败源。应该说,这是非常必要的,也是相当难得的,因为我国宪法一般强调不同国家机关之间的分工合作,较少强调不同国家机关之间的互相制约。例如,2018年修宪之前,我国现行《宪法》只有一处"互相制约"条款,即"人民法院、人民检察院和公安机关办理刑事案件,应当分工负责,互相配合,互相制约,以保证准确有效地执行法律"。这就明确规定了公安机关、检察机关、审判机关在刑事诉讼中存在互相制约的关系,其目的就是为了避免"公、检、法"滥用权力。而2018年修宪时,在我国现行宪法中又增加了上述"互相制约"条款,目的显然是通过检察机关和审判机关对监察委员会的监督制约,对其所办理的职务违法和职务犯罪案件进行"把关",避免监察委员会滥用权力,促进公平正义的实现。

根据我国《宪法》和《监察法》的相关条款,监察委员会在办理职务违法和职务犯罪案件时,与审判机关、检察机关存在的互相制约关系体现在两个维度:一是审判机关、检察机关对监察委员会的制约。监察委员会在办理职务违法和职务犯罪案件时,审判机关、检察机关对监察委员会的制约主要

---

❶ 马怀德主编:《中华人民共和国监察法理解与适用》,中国法制出版社2018年版,第17页。

表现在：检察机关对于监察委员会移送的案件，如经其审查，认为需要补充核实的，应当退回监察委员会补充调查，必要时可以自行补充侦查。对于补充调查的案件，应当在一个月内补充调查完毕。补充调查以二次为限。如果监察委员会移送的案件有《刑事诉讼法》规定的不起诉的情形的，检察机关经上一级检察机关批准，应当依法作出不起诉的决定。"之所以规定要报上一级检察机关批准，主要考虑是反腐败案件特殊，一般是党委批准立案，作出不起诉决定应当更为慎重，程序上更加严格。"❶ 而审判机关对于检察机关依法起诉的上述案件依法审判，如依据法律认定被告人无罪的，应当作出无罪判决；如证据不足，不能认定被告人有罪的，应当作出证据不足、指控的职务犯罪不能成立的无罪判决。二是监察委员会对审判机关、检察机关的制约。监察委员会在办理职务违法和职务犯罪案件时，与审判机关、检察机关是互相制约关系，而不是单向制约关系，因而，审判机关、检察机关既可以对监察委员会进行制约，监察委员会也可以对审判机关、检察机关进行制约，以保证审判机关、检察机关依法履行职责。如根据我国《监察法》第 47 条第 4 款规定："人民检察院对于有《中华人民共和国刑事诉讼法》规定的不起诉的情形的，经上一级人民检察院批准，依法作出不起诉的决定。监察机关认为不起诉的决定有错误的，可以向上一级人民检察院提请复议。"检察机关既可以对监察委员会进行制约，即"人民检察院对于有《中华人民共和国刑事诉讼法》规定的不起诉的情形的，经上一级人民检察院批准，依法作出不起诉的决定"，监察委员会也可以对检察机关进行制约，即"监察机关认为不起诉的决定有错误的，可以向上一级人民检察院提请复议"。

最后，同样需要说明的是，上述互相制约关系并不意味着监察委员会与审判机关、检察机关之间就是一般的互相制约关系，这里有一个基本前提，即只有在监察委员会在办理职务违法和职务犯罪案件时，才与审判机关、检察机关存在互相制约关系，且这里的互相制约，主要是一种程序设计上的制约，并不是监察委员会与审判机关、检察机关之间就存在互相制约关系。另外，监察委员会对审判机关公务员、检察机关公务员❷依法进行监察，也不意

---

❶ 中共中央纪律检查委员会、国家监察委员会法规室编写：《〈中华人民共和国监察法〉释义》，中国方正出版社 2018 年版，第 215 页。

❷ 审判机关公务员包括：（1）最高人民法院和地方各级人民法院的法官、审判辅助人员；（2）最高人民法院和地方各级人民法院的司法行政人员等。检察机关公务员包括：（1）最高人民检察院和地方各级人民检察院的检察官、检察辅助人员；（2）最高人民检察院和地方各级人民检察院的司法行政人员等。参见中共中央纪律检查委员会、国家监察委员会法规室编写：《〈中华人民共和国监察法〉释义》，中国方正出版社 2018 年版，第 109 页。

味着监察委员会可以监督制约审判机关、检察机关。因为监察委员会只是"对人监察",而不是"对机关监察"。且根据我国《宪法》相关条款,审判机关、检察机关依法独立行使审判权、检察权,只受执政党领导、人大及其常委会监督,不受监察委员会等其他国家机关的监督制约。正如秦前红教授指出:"监察机关监督审判机关的法理基础并不存在,但审判机关公职人员所为的与审判职权无涉的行为,仍属监察之范围。"❶

### 四、监察委员会的宪法约束

"一切有权力的人都容易滥用权力,这是万古不易的一条经验。"❷ 尽管监察委员因反腐而生,但如其权力不受监督和制约,也必然导致权力滥用和腐败,成为新的腐败产生源,特别是面对监察委员会超脱的地位、广泛的职权,人们不禁会问"谁来监督与制约监察委员会?"这应该是伴随国家监察体制改革始终的共性问题。实际上,自国家监察体制改革开始"试点"时,理论界与实务界便意识到监察委员会不是法外机关,监察权不是法外之权,必须要对其进行相应的监督制约,以避免国家监察体制改革的目的不能如期实现。正如有学者指出:"如果监察权过大过于集中,失去外部和内部的有效监督制约,它本身就可能转化为贪腐之源的一部分。缺乏有效监督制约的权力必然导致腐败,监察权也不例外。"❸ 为此,我们在依宪设立监察委员会并对其赋权的同时,也设计了监察委员会的监督制约机制,主要包括以下四个方面。

#### (一) 执政党监督

我国现行宪法明确规定了坚持党的领导原则,包括监察委员会在内的所有国家机关都必须要坚持党的领导,这也是监察委员会依法行使监察权的根本保证所在。如我国《监察法》第2条明确规定:"坚持中国共产党对国家监察工作的领导,以马克思列宁主义、毛泽东思想、邓小平理论、'三个代表'重要思想、科学发展观、习近平新时代中国特色社会主义思想为指导,构建集中统一、权威高效的中国特色国家监察体制。"对于各级监察委员会来说,其必须要接受同级党委的直接领导,也就意味着其必须要接受同级党委的直接监督,因为"党的领导本身就包含教育、管理和监督。纪委监委在党委领

---

❶ 秦前红:《监察改革中的法治工程》,译林出版社2020年版,第21页。
❷ 孟德斯鸠:《论法的精神》上卷,张雁深译,商务印书馆1961年版,第154页。
❸ 童之伟:《对监察委员会自身的监督制约何以强化》,载《法学评论》2017年第1期。

导下开展工作，党委就要加强对纪委监委的管理和监督。"❶ 特别是监察委员会与同级党的纪律检查部门合署办公，"两块牌子、一套人马"，由同级党委纪委书记兼任监察委员会主任（中央层面除外，由中纪委副书记兼任国家监察委员会主任），更是意味着各级监察委员会要向同级党委全面负责和报告工作，要接受同级党委的有效监督。正如有学者指出："《监察法》规定纪委和监委的合署办公体制，实质上即是规定了国家监委向党中央报告工作制度。地方各级纪委监委也要向同级党委报告工作。"❷ 当然，上级党委和上级纪委也可以通过垂直领导体制对下级监察委员会进行监督。

在众多对监察委员会的监督中，执政党监督无疑是第一位的监督，也是最有效的监督，因为执政党监督既可以确保国家监察工作沿着正确政治方向推进，也可以确保国家监察工作贯彻落实马克思列宁主义、毛泽东思想、邓小平理论、"三个代表"重要思想、科学发展观、习近平新时代中国特色社会主义思想，还可以确保监察委员会依法独立行使监察权。这里需要说明的是，执政党对监察委员会的监督，不同于对其他国家机关的监督，其不仅可以对监察委员会进行政治监督、思想监督、组织监督，还可以对监察委员会的业务进行直接监督，如"党委书记定期主持研判问题线索、分析反腐形势，听取重大案件情况报告，对初核、立案、采取留置措施、作出处置决定等审核把关，随时听取重要事项汇报，这确保了党对监察工作关键环节、重大问题的监督"❸。这是由监察委员会与党的纪律检查部门合署办公的体制所决定的。而执政党对其他国家机关的监督，只是政治监督、思想监督、组织监督，一般不包括对其业务的监督，这是由执政党与国家机关的一般关系所决定的。由于执政党与国家机关性质不同，执政党只能领导国家机关，督促、支持和保证国家机关依法行使职权，而不能代替国家机关行使职权，自然不能对其业务进行直接监督。正如习近平总书记指出："我们必须坚持党总揽全局、协调各方的领导核心作用，通过人民代表大会制度，保证党的路线方针政策和决策部署在国家工作中得到全面贯彻和有效执行。要支持和保证国家政权机关依照宪法法律积极主动、独立负责、协调一致开展工作。"❹ 此外，需要指

---

❶ 陆国栋：《谁来监督国家监察专责机关——"五大监督"确保监察权力不被滥用》，载《中国纪检监察》2018年第6期。
❷ 江国华：《中国监察法学》，中国政法大学出版社2018年版，第27页。
❸ 陆国栋：《谁来监督国家监察专责机关——"五大监督"确保监察权力不被滥用》，载《中国纪检监察》2018年第6期。
❹ 习近平：《在庆祝全国人民代表大会成立六十周年大会上的讲话》，人民出版社2014年版，第6~7页。

出的是，由于监察委员会与同级党的纪律检查部门合署办公，因而，同级党委对监察委员会的监督在某种程度上属于同体监督，难免具有同体监督的弊端，会在一定程度上影响监督效果，必须要借助于其他监督力量，发挥不同监督力量的应有作用，形成合力，保证监督效果。

（二）人大监督

如前所述，由于监察委员会与同级人大及其常委会之间的关系是产生与被产生、监督与被监督的关系，因而，监察委员会必须要接受人大监督即同级人大及其常委会监督，这是由我国人民代表大会制度的政权组织形式所决定的。由于人大监督是权力机关的监督，具有地位高、权威性强的特点，在对监察委员会的监督体系中具有极其重要的地位❶，因而，同级人大及其常委会对监察委员会的监督是非常有力的，主要包括以下方面。

第一，监察委员会对同级人大及其常委会负责，接受同级人大及其常委会监督。这里的问题是，监察委员会要不要向人大报告工作？对此，我国现行《宪法》和《监察法》并没有明确规定。在这种情况下，"这里可能有两种思路，一种是基于监察委员会的独立性，采取只负责，不报告工作，以减少权力机关或者人民代表对监察机关监督职能的约束；另一种是基于监察委员会的民主正当性与受人大监督的必要性，主张监察委员会与'一府两院'一样，向人大报告工作"❷。从实践来看，监察委员会并没有向人大报告工作，只是向人大常委会做专项工作报告，从而使这一问题有了定论。"理由是监察委员会承担的反腐败工作具有特殊性，调查过程涉及大量党和国家秘密，涉及国家安全和国家利益，事关重大，保密要求高，不宜在人大会议上公开报告。"❸ 尽管如此，笔者仍主张监察委员会应向同级人大报告工作，这是对监察委员会监督制约的重要环节，也是监察委员会对人大负责的应有之义，且监察委员会的工作绝不会同中央军事委员会一样具有高度保密性，向人大报告工作具有现实可行性。

第二，同级人大及其常委会可以通过依法行使任免权，对监察委员会进行有效监督。根据我国现行《宪法》和《监察法》的相关规定，监察委员会主任由同级人大依法选举、罢免，监察委员会副主任、委员由同级人大常委会依法选举、罢免，因而，当监察委员会主任、副主任、委员滥用职权或有

---

❶ 谭世贵：《论对国家监察权的制约与监督》，载《政法论丛》2017 年第 5 期。
❷ 韩大元：《论国家监察体制改革中的若干宪法问题》，载《法学评论》2017 年第 3 期。
❸ 王丹：《党性和人民性的高度统一》，载《中国纪检监察报》2018 年 3 月 10 日，第 2 版。

其他违法乱纪行为时，同级人大及其常委会可以依法行使任免权，将监察委员会主任、副主任、委员予以罢免，以实现对监察委员会的监督。这种监督无疑是有力的，因为"代议制议会的适当职能不是管理——这是它完全不适合的——而是监督和控制政府：把政府的行为公开出来，迫使其对人们认为有问题的一切行为作出充分的说明和辩解；谴责那些该受责备的行为，并且，如果组成政府的人员滥用职权，或者履行责任的方式同国民的明显舆论相冲突，就将他们撤职，并明白地或事实上任命其后继人。这的确是广泛的权力，是对国民自由的足够保证"❶。

第三，同级人大常委会可以通过多种形式对监察委员会进行经常性监督。根据我国现行《宪法》《监察法》的相关规定，在同级人大闭会期间，同级人大常委会可以通过听取和审议本级监察委员会专项工作报告、组织执法检查的形式对监察委员会进行经常性的监督，以保证监察委员依法行使监察权，避免监察委员会滥用权力。这里需要说明的是，由于监察委员会不向人大报告工作，再加上人大每年只开一次会议，且会期较短，因而，在实践中主要是人大常委会对监察委员会进行监督。但人大常委会对监察委员会监督的形式并不限于我国《监察法》规定的听取和审议本级监察委员会专项工作报告、组织执法检查，而是包括《监督法》规定的规范性文件的备案审查、特定问题调查、撤职案的审议和决定等监督形式。正如秦前红教授指出："《监察法》虽未明确规定规范性文件备案审查、特定问题调查等监督方式得适用于监察机关，但这无疑是各级人大常委会作为权力机关的应有之义，同样也能通过监督进而防止监察机关滥用权力。"❷

第四，县级以上人大代表或人大常委会组成人员可以依法对监察委员会提出询问或者质询。根据我国《监察法》第53条第3款规定："县级以上各级人民代表大会及其常务委员会举行会议时，人民代表大会代表或者常务委员会组成人员可以依照法律规定的程序，就监察工作中的有关问题提出询问或者质询。"县级以上人大代表或人大常委会组成人员可以依法就监察工作中的有关问题，对监察委员会提出询问或者质询，但需要两个前提条件：一是必须在县级以上各级人大及其常委会举行会议时，二是必须依照法律规定的程序进行。由于我国《监察法》对这一程序并无明确规定，因而，笔者认为应按照《监督法》等规定的询问和质询程序进行。下面我们以人大常委会组成人员提出询问和质询的程序为例进行说明，具体如下：一是县级以上各级

---

❶ J. S. 密尔：《代议制政府》，汪瑄译，商务印书馆1982年版，第80页。
❷ 秦前红主编：《监察法教程》，法律出版社2019年版，第183页。

人大常委会审议监察工作议案和有关报告时，本级监察委员会应当派有关负责人员到会，听取意见，回答询问。二是全国人大常委会组成人员十人以上联名，省、自治区、直辖市、自治州、设区的市人大常委会组成人员五人以上联名，县级人大常委会组成人员三人以上联名，可以向常委会书面提出对本级监察委员会的质询案。质询案应当写明质询对象、质询的问题和内容。三是质询案由委员长会议或者主任会议决定交由受质询的监察委员会答复。委员长会议或者主任会议可以决定由受质询监察委员会在常委会会议上或者有关专门委员会会议上口头答复，或者由受质询监察委员会书面答复。在专门委员会会议上答复的，提质询案的常务委员会组成人员有权列席会议，发表意见。委员长会议或者主任会议认为必要时，可以将答复质询案的情况报告印发常务委员会会议。四是提质询案的常委会组成人员的过半数对受质询监察委员会的答复不满意的，可以提出要求，经委员长会议或者主任会议决定，由受质询监察委员会再作答复。五是质询案以口头答复的，由受质询监察委员会的负责人到会答复。质询案以书面答复的，由受质询监察委员会的负责人签署。

最后，必须指出的是，尽管人大监督应是最有力、最权威的监督，但从实践来看，人大及其常委会对监察委员会监督的效果并不太理想，没有达到预期的效果，原因主要在于：一是监察委员会与同级党的纪律检查部门合署办公，"两块牌子、一套人马"，高度一体，且由党的纪委书记兼任同级监察委员会主任（中央层面除外，由中纪委副书记兼任国家监察委员会主任），这样当同级人大及其常委会对监察委员会进行监督时，就会"不可避免"地监督到党的纪律检查部门头上，就会引起人大及其常委会能不能监督党的组织的争论，也容易导致人大及其常委会"不敢"监督或"不愿"监督监察委员会。正如蔡定剑教授指出："人民代表大会在监督实践中经常碰到最难办的问题就是监督会'监督到党委头上'。而中国共产党是国家机关的领导者。因为在党政不分的情况下，党委和党的领导人直接决定国家的重大事项，甚至决定一些重大司法案件，如果这些事情出现了失误，人民代表大会就很难实施监督。作为党委领导下的人大常委会，很难去要求党委做什么。如果是党委决策做的事情出现错误，只是去纠举执行党委决定的行政、司法机关或人员的错误，这样既不能解决问题，也有失公正。"❶ 二是监察委员会对人大及其常委会机关公务员进行监察，在某种程度上也影响了人大及其常委会对监察

---

❶ 蔡定剑：《中国人民代表大会制度》，法律出版社2003年版，第410页。

委员会的监督。尽管监察委员会对人大及其常委会机关公务员的监察属于"对人监察",而不属于"对机关监察",但人大及其常委会对监察委员会的监督工作很多是由这些公务员承担的,这就会在某种程度上影响人大及其常委会对监察委员会的监督。三是监察委员会不向同级人大报告工作,尽管有其合理性一面,但却使人大丢掉了对监察委员会最有力的监督手段,影响了人大的监督效果,也影响了民主监督、社会监督、舆论监督效果。这些问题的存在,可能是国家监察体制改革的设计者"始料未及"的,但我们必须及早正视这些问题,并在推进国家监察体制改革的过程中妥善解决这些问题,否则,就会影响同级人大及其常委会对监察委员会监督工作的有效开展,也会影响国家监察体制改革目标的最终实现。

(三) 其他国家机关监督

根据我国现行《宪法》和《监察法》的相关条款,监察委员会在办理职务违法和职务犯罪案件时,应当与审判机关、检察机关、执法部门互相配合,互相制约,以避免监察委员会滥用权力。因而,监察委员会在办理职务违法和职务犯罪案件时,除了要接受人大及其常委会监督外,还要接受审判机关、检察机关、执法部门的监督。由于前面我们已经对审判机关、检察机关、执法部门对监察委员会的监督形式进行了介绍,便不再赘述。这里要说明的问题是,上述条款规定或制度设计能否在实践中真正得以落实,以发挥其应有的作用。主要原因在于,不同国家机关在实践中要能够做到互相制约,不仅仅取决于宪法法律的相关规定,更重要的是取决于不同国家机关处于一个大致平等的法律地位或政治地位,否则,如果某一国家机关法律地位或政治地位高于其他国家机关,不同国家机关之间的互相制约关系在实践中就不会真正形成,其他国家机关自然难以对法律地位或政治地位较高的国家机关进行有效监督。例如,我国现行《宪法》第140条规定:"人民法院、人民检察院和公安机关办理刑事案件,应当分工负责,互相配合,互相制约,以保证准确有效地执行法律。"这本来是科学合理的权力制约机制设计,因为法院、检察院和公安机关的法律地位大致平等,且法院、检察院的法律地位还略高于公安机关,但是在过去的一段时期,一般由党的政法委书记兼任公安局长,导致公安机关的政治地位明显高于法院和检察院,使得公安机关在办理刑事案件中往往处于中心地位,难以与法院、检察院形成互相制约的关系,在某种程度上"公、检、法"三家办案实际上变成了公安机关一家办案,而公安机关在缺少有效监督制约的情况下,冤假错案就恐难以避免。在我国过去一段时间，冤假错案频出，与此恐怕不无关系。或许正是看到这一弊端，根据党中央的相关决策部署，2012年之后，一般不再由政法委书记兼任公安局长，以平衡公安机关与法院、检察院之间的关系，以形成真正的互相制约关系。❶

与上述情况相类似，尽管监察委员会的法律地位与审判机关、检察机关、执法部门大致平等，但由于监察委员会与同级党的纪律检查部门合署办公，"两块牌子、一套人马"，且由党的纪委书记兼任监察委员会主任（中央层面除外，由中纪委副书记兼任国家监察委员会主任），这就导致监察委员会的政治地位明显高于同级审判机关、检察机关、执法部门。这样监察委员会在办理职务违法和职务犯罪案件时，就容易处于中心地位，很难与同级审判机关、检察机关、执法部门形成互相制约的关系，就容易只讲"互相配合"，而忽视"互相制约"。同级审判机关、检察机关、执法部门自然难以对监察委员会进行有效监督，这就增大了监察委员会滥用权力的可能。因而，这一点需要我们今后特别加以重视，并积极采取有效措施予以解决或避免。正如秦前红教授指出："鉴于现有权力配置与运行的实践，监察权的实际位阶已然高于审判权和检察权，故而为避免监察权的滥用而保障公民基本权利，无疑更应强调监察机关与司法机关之间的制约。不过，实践中所呈现的却是对'互相配合'的过分偏重，以至于'互相制约'被不合理漠视。这极易致使检察机关的审查起诉和审判机关的独立裁判沦为形式，并可能出现所谓'监察中心主义'现象，若进而致使'冤假错案'出现，则有碍于公民基本权利的保障和国家刑事法治的建设。这显然是《宪法》和《监察法》实施中必须矫正的问题。"❷

（四）监察委员会自我监督

为了加强对监察委员会的监督，保证监察委员会依法独立行使职权，我国现行《宪法》和《监察法》不仅建立了监察委员会外部监督体系，还建立了监察委员会自我监督体系，实现了外部监督与自我监督的有效衔接，构成了严密的监督体系。监察委员会自我监督体系是对监察委员会监督的最基本形式，有利于实现监察委员会的自我监督与自我净化，进而打造一支忠诚、干净、担当的监察队伍。根据我国现行《宪法》和《监察法》的有关条款，监察委员会自我监督体系主要包括以下两个方面。

---

❶ 《媒体称各地政法委书记大多不再兼任公安局长》，https://news.qq.com/a/20120707/000918.htm，访问日期：2020年7月10日。

❷ 秦前红主编：《监察法教程》，法律出版社2019年版，第184页。

第一，上级监察委员会监督。根据我国现行《宪法》和《监察法》的相关条款，国家监察委员会领导地方各级监察委员会的工作，上级监察委员会领导下级监察委员会的工作，即我国监察委员会上下级之间是领导与被领导的关系。而上级监察委员会对下级监察委员会的领导，本身就是一种强有力的监督，上级监察委员会可以通过听取汇报、批准留置、指定管辖、提级管辖等多种方式对下级监察委员会的工作进行有效的监督。例如，根据我国《监察法》第 43 条的规定："监察机关采取留置措施，应当由监察机关领导人员集体研究决定。设区的市级以下监察机关采取留置措施，应当报上一级监察机关批准。省级监察机关采取留置措施，应当报国家监察委员会备案。留置时间不得超过三个月。在特殊情况下，可以延长一次，延长时间不得超过三个月。省级以下监察机关采取留置措施的，延长留置时间应当报上一级监察机关批准。监察机关发现采取留置措施不当的，应当及时解除。监察机关采取留置措施，可以根据工作需要提请公安机关配合。公安机关应当依法予以协助。"可知，设区的市级以下监察委员会采取留置措施，应当报上一级监察委员会批准。省级监察委员会采取留置措施，应当报国家监察委员会备案。且省级以下监察委员会采取留置措施的，如需延长留置时间，应当报上一级监察委员会批准。之所以做如此规定，主要目的就是通过程序机制约束，严格留置审批权限，借助上级监察委员会监督，避免下级监察委员会滥用留置措施，即"强化监察机关使用留置措施的程序制约，通过审批权限上提一级，严格限制留置期限，要求采取该措施不当时应当及时解除等，防止监察机关滥用留置措施"❶。此外，无论是采取留置措施，还是报批、批准留置措施，都应当由监察委员会领导人员集体研究决定，以避免领导个人任意决定、滥用留置措施，保证公民人身自由不受随意侵犯。

第二，监察委员会内部监督制约机制。习近平总书记指出："纪检监察机关不是天然的保险箱，监察权是把双刃剑，也要关进制度的笼子，自觉接受党和人民监督，行使权力必须十分谨慎，严格依纪依法。"❷ 因而，为了加强对监察委员会的监督制约，避免权力过分集中于某一部门，我国现行《宪法》和《监察法》也设计了一些监察委员会内部的监督制约机制，以通过程序机制设计来有效控权。主要表现在：一是在监察委员会内部建立问题线索处置、

---

❶ 中共中央纪律检查委员会、国家监察委员会法规室编写：《〈中华人民共和国监察法〉释义》，中国方正出版社 2018 年版，第 197 页。

❷ 习近平：《在新的起点上深化国家监察体制改革》，http://www.12371.cn/2019/02/28/ARTI1551348850366986.shtml，访问日期：2020 年 7 月 12 日。

调查、审理各部门相互协调、相互制约的工作机制。根据我国《监察法》第36条规定:"监察机关应当严格按照程序开展工作,建立问题线索处置、调查、审理各部门相互协调、相互制约的工作机制。监察机关应当加强对调查、处置工作全过程的监督管理,设立相应的工作部门履行线索管理、监督检查、督促办理、统计分析等管理协调职能。"为了避免因权力集中而导致的权力滥用和腐败问题,我们在监察委员会内部设置了不同部门,使其分别履行问题线索处置、调查、审理职能,由监察委员会领导班子成员分别分管,既分工合作、相互协调,又相互制约、相互监督。"例如,案件承办部门具有立案调查的权力,但不直接负责问题线索的接收,这样一来也无须固定联系某一地区或部门,能够避免长期接触产生利益瓜葛;案件审理部门对于承办部门移送的材料要进行全面审查,如发现事实不清、证据不足或需要补充完善证据的情况,可以将案件退回承办部门,要求其进行重新调查或补证。此外,案件监督管理部门还负责对监察工作的全过程进行监管,对相关工作进行认真审核和监督。"❶ 这就有效加强了监察委员会的内部监督,防范和减少了私存线索、串通包庇、跑风漏气、以案谋私等问题的出现。二是在监察委员会内部设立专门的监督机构。为了加强对监察委员会的自我监督,我们在监察委员会内部还设立了专门的监督机构,使其专门对监察人员执行职务和遵守法律的情况进行监督,避免监察人员滥用职权和违法乱纪,以打造一支忠诚、干净、担当的监察队伍。另外,在监察委员会内部设立专门的监督机构,还有利于弥补外部监督的不足。由于监察工作具有较强的保密性和技术性,外部监督主体在对监察委员会进行监督时,往往会存在信息不对称或缺乏专业知识的难题,而在监察委员会内部设立专门的监督机构,由其对监察人员执行职务和遵守法律的情况进行监督,"内行监督内行",便会解决上述难题,与外部监督形成合力,增强监督实效。此外,我国《监察法》还建立了对打听案情、过问案件、说情干预的报告和登记备案制度,监察人员的回避制度,监察人员脱密期管理制度,监察人员辞职、退休后从业限制制度,对监察委员会及其工作人员不当行为的申诉和责任追究制度等,实现了对监察委员会及其工作人员监督的制度化,有利于从根本上防范监察权的滥用。

当然,毋庸讳言,监察委员会内部的自我监督也存在着"自己监督自己"之嫌,监督制约的效果也容易因"自己监督自己"得不到保证,这也是日后我们加强对监察委员会监督工作需要改进的重点所在。目前,学界比较一致

---

❶ 马怀德主编:《中华人民共和国监察法理解与适用》,中国法制出版社2018年版,第144~145页。

的观点是，应将监察人员的职务犯罪案件交由检察院来侦查、监督，主要理由在于：一是监察委员会对监察人员的监督尽管有其优势所在，但毕竟属于"同体监督"，难免存在自我监督的嫌疑和弊端，而检察院对监察人员的监督则属于"异体监督"，有利于实现监督无禁区、全覆盖、零容忍，这样可以有效解决监察委员会自我监督的弊端，防止出现"灯下黑"；二是可以发挥检察院作为法律监督机关的应有作用，加强对监察委员会的外部监督。检察院作为我国的法律监督机关，既具有对国家机关工作人员职务犯罪案件进行侦查、监督的能力和经验，也具有相关职权，如其依然保留一部分侦查权，可以对司法工作人员利用职权实施的非法拘禁、刑讯逼供、非法搜查等侵犯公民权利、损害司法公正的犯罪案件进行立案侦查，也可以对公安机关管辖的国家机关工作人员利用职权实施的重大犯罪案件进行立案侦查，还可以对监察委员会移送的、需要补充核实的案件自行补充侦查。因而，如果我们修改相关法律，授权检察院对监察人员的职务犯罪案件进行侦查、监督，具有现实可行性，也容易与我国宪法和法律的相关规定相衔接，不会造成现有法律资源的浪费。

# 第二章
# 监察委员会研究

监察委员会作为我国的新型国家机关,有效整合了行政监察机关、预防反腐败机关、检察院反贪污反渎职以及预防职务犯罪的工作机关,和党的纪律检查机关合署办公,实现了对所有行使公权力的公职人员的监察全覆盖,建立了中国共产党统一领导下权威、高效的反腐败工作机构。监察委员会的设置,无疑属于我国重大的政治体制变革,将我国"一府两院"政权体制变革为了"一府一委两院"政权体制,因而,研究监察委员会本身及其延伸出的问题,具有重要的学术价值和实践价值,有利于明确下一步国家监察体制改革的方向,也有利于发现监察委员会运行中存在的问题,为加强监察委员会建设提供借鉴。

## 一、监察委员会的性质与地位

监察委员会具有怎样的性质和地位,是研究监察委员会这个新设立的国家机关面临的首要问题与根本问题。通过分析党的十八届六中全会公报、中共中央办公厅《关于在北京市、山西省、浙江省开展国家监察体制改革工作试点方案》等一系列党内重要文件,以及《宪法》和《监察法》的文本,可以得出:监察委员会具有政治机关、监察机关、专责机关的属性。通过分析《宪法》所确立的"一府一委两院"国家机构中监察委员会和其他国家机关之间的关系,也可以对监察委员会的地位有所了解。

### (一)监察委员会的性质

#### 1. 学术界关于监察委员会性质的不同学说

国家监察体制改革之初,理论界就对监察委员会是什么性质的国家机关展开了激烈的讨论,这些观点既有相似之处,也有冲突的地方。总的来说,关于监察委员会的性质定位可以分为行政机关说、准司法机关说、综合性机关说、新型国家机关说、反腐败机关说、政治机关说六类学说。

第一，行政机关说。以马怀德教授为代表的学者持这一观点，他认为新设立的监察委员会与其他国家机关平行，是相对独立的行政机关。❶ 因为他们认为国家监察是行政监察的升级版本，监察机关的运行方式和先前的行政监察机关相似，对于职务违法、职务犯罪的追责具有主动性，不必遵循"不告不理"原则。当然，这种学说流行于监察体制改革之初，笔者认为这种定位有失精准，虽然监察权包含了部门行政管理的权能，但是这种观点没有认识到其刑事司法属性和政治层面的属性，因此是不恰当的。

第二，准司法机关说。持这种观点的学者认为，监察委员会的部分调查职权中来源于刑事强制措施或者刑事调查手段，因此从某种程度来说，它的职权和司法机关的职权相类似。❷ 然而，对于监察委员会监察对象的处置并不是终局性的，调查程序结束之后，移送检察机关审查起诉，由审判机关作出终局判决。由此可见，监察委员会的某些职权虽然源于司法程序，但不是司法机关，因此具有"准司法性"。

第三，综合性机关说。以韩大元教授为代表的学者认为监察委员会是集党纪监督、行政监督与法律监督权于一体的综合性机关，既不同于党的机关，也不同于行政机关或者司法机关，而是兼具行政机关和司法机关双重身份，其职权具有独立性与混合性。❸

第四，新型国家机关说。陈光中教授认为监察委员会拥有的监察权既非司法权，也非行政权，而是一项新型国家权力。❹ 有的学者直接把监察权定位为继立法权、行政权、司法权之后的"第四权"。在此基础上，刘茂林教授提出监察委员会是被宪法赋予国家监察权的新的国家机关的观点。

第五，反腐败机关说。原中纪委书记王岐山曾指出："监察委员会实质上是反腐败机构，监察体制改革的任务是加强党对反腐败工作的统一领导。"❺ 莫纪宏教授也认为监察委员会是具有中国特色的、在党的统一领导下的反腐败机构。之所以要设置监察委员会，就是为了整合我国的各类反腐败资源，建立一个集中统一、权威高效的反腐败机构。

---

❶ 《马怀德教授谈国家监察委员会试点》，http://fzzfyjy.cupl.edu.cn/info/1021/6003.htm，访问日期：2019年3月1日。

❷ 林彦：《对"一府两院"制的四元结构论国家监察体制改革的合宪性路径》，载《法学评论》2017年第3期。

❸ 韩大元：《论国家监察体制改革中的若干宪法问题》，载《法学评论》2017年第5期。

❹ 陈光中、邵俊：《我国监察体制改革若干问题思考》，载《中国法学》2017年第4期。

❺ 参见《王岐山在京晋浙调研监察体制改革试点时强调实现对公职人员监察全覆盖》，载《人民日报》（海外版）2016年11月26日，第4版。

第六，政治机关说。官方主流媒体在对《监察法》草案进行解读时，均将监察委员会定位为实现党和国家自我监督的政治机关，认为其性质和地位不同于行政机关、司法机关。❶ 这种观点也被看作官方对监察委员会性质的界定。

2. 对监察委员会性质界定的思考

（1）由监察委员会的名称研究其性质

国家机关的名称并不是一个简单的文字问题，概言之，国家机关的名称须符合本国宪法规定与宪法精神，应当与特定国家机关的法律地位、政治性质相匹配，并与其他国家机关的名称保持协调。❷ 在我国现有的政治惯例中，在政权机关名称中包含"人民"二字，以体现国家机构的设置遵循人民主权原则，保证人民享有国家权力，人民始终都能监督国家机构和国家权力的运行❸，比如人民政府、人民法院、人民检察院等。据此，有一些专家学者提出建议，认为应参照司法机关的命名规则，将各级监察机关命名为"中华人民共和国最高人民监察委员会""××省人民监察委员会"等。

然而，我国《宪法》最终确定的各级监察机关的正式名称中并没有"人民"二字，即中央一级监察机关命名为"国家监察委员会"，地方三级监察委员会命名为"××省监察委员会""××市监察委员会""××县监察委员会"。国家监察委员会保留"国家"二字，强调其作为一个新型国家机关，区别于行使行政监察权的行政监察部门，也区别于党行使纪检职能的纪律检查委员会。去掉了"人民"二字体现了监察委员会的定位，即和纪委合署办公，不设党组，不决定自身和下级的人事安排，在同级党委、上级纪委监委的双重领导下开展工作。地方监察机关去掉了"国家"二字，体现了我国作为单一制国家，所形成的中央与地方之间的关系，全国只有一个国家监察委员会，其具有权威性和最高性，地方各级监察委员会都要服从中央国家监察机关的统一领导。

另外，需要说明的是，监察委员会采用"委员会"的名称，并不意味着它是人大及其常委会那样的合议制机关，而是同政府机关一样，实行首长负责制。采用这一称呼，主要还是和"中国共产党纪律检查委员会"中的"委员会"相协调，便于两者合署办公。

（2）监察委员会具有政治性

笔者认为，监察委员会的首要性质就是其政治性，而不是其他属性。各

---

❶ 闫鸣：《监察委员会是政治机关》，载《中国纪检监察报》2018年3月8日，第3版。
❷ 李洪雷：《论我国监察机关的名与实》，载《当代法学》2018年第1期。
❸ 王旭：《监察机构设置的宪法学思考》，载《中国政法大学学报》2017年第5期。

级监察委员会在中国共产党的直接领导下对全部行使公权力的公职人员进行监督，实现了党和国家自我监督，统一国家反腐败工作职能。在当代中国的法治实践中，党的领导是各项事业开展所必须遵循的原则，也成为党的十八大以来政治体制改革和国家机构改革所遵循的原则。东西南北中，党政军民学，党是领导一切的，党的领导是中国特色社会主义的本质特征和巨大优势，是我国社会主义法治的一条基本经验❶。党的纪律检查委员会和监察委员会合署办公，将党的机构融合进国家机构中，有效衔接起了党纪和国法。

设立监察委员会，建立集中统一、权威高效的监察体系，是国家监察体制改革的重要步骤，也是事关全局的重大政治体制改革。设立该机构的根本目的，就是整合各类反腐败工作机构，建立一个党领导下的强有力的反腐败工作机构。而监察委员会和党的纪律检查委员会合署办公，更有利于党对监察工作的领导。目前，国家监察体制改革进入攻坚阶段，设立监察委员会作为国家机构改革的重要一步，将对国家的政治体制产生重大影响，其政治性不言而喻。❷

（3）监察委员会具有行政司法复合性

监察委员会具有行政司法复合性，首先可以从它的运作程序和职权特点看出来。监察委员会行使的监察权或许是一种混合型权力，既包括传统的议会监督权，又涵盖了一定的行政调查处置权，甚至包括了一定的司法性权力。❸ 监察委员会在调查程序中所运用的调查措施吸收了刑事司法调查措施、党的纪律检查措施和行政强制措施的特点。监察委员会在处理一般违纪问题时采取的处置措施和行政监察中的处理措施是相似的，而对于违法犯罪问题则要移交到司法机关进行处置，由检察机关审查起诉，由审判机关做出终局判决。从职权的特点来看，监察权源于检察权和行政权，又独立于检察权、行政权和司法权。

监察委员会具有行政司法复合性，还可以从它的人员构成看出。监察委员会（除国家监察委员会之外）的主任、副主任由同级党的纪律检查委员会书记、副书记担任。先前检察院下辖的反贪污腐败局、反渎职侵权局的局长转隶到监察委员会任职，行政监察部门的副手也有若干人进入监察委员会。在《监察官法》出台之前，其组成人员主要受《公务员法》和《检察官法》

---

❶ 《中共中央关于全面推进依法治国若干重大问题的决定》，人民出版社 2014 年版，第 2 页。
❷ 参见王岐山：《推动全面从严治党向纵深发展以优异成绩迎接党的十九大召开——在中国共产党第十八届中央纪律检查委员会第七次全体会议上的工作报告》（2017 年 6 月 1 日），载《人民日报》2017 年 1 月 20 日，第 4 版。
❸ 秦前红：《国家监察体制改革宪法设计中的若干问题思考》，载《探索》2017 年第 6 期。

制约。据此可以看出，监察委员会拥有一套多元化的监察队伍，体现了监察委员会的复合性。

（二）监察委员会的地位

关于监察委员会的地位问题，也是研究这个国家机关的基础性问题之一，因为监察委员会的职责与职权、监察范围与管辖、组织与运行等机制，应当与其地位相匹配。笔者从两方面研究监察委员会的地位：一方面是研究监察委员会的宪法法律地位，另一方面是研究监察委员会在国家机构中地位。

1. 监察委员会的宪法地位

监察委员会作为国家监察机关的这一宪法地位，是由我国《宪法》第123条❶确立的。这表明了监察委员会不同于国家权力机关、行政机关、审判机关和检察机关，是一个新型国家机关。监察委员会所拥有的监察权是和立法权、司法权、行政权并列的新型的宪定国家权力。❷ 在人民代表大会制度的框架下和民主集中制的国家机构组织原则之下，立法、行政、司法、监察四项国家权力相互制约监督，并互相配合协作。自2016年拉开序幕的国家监察体制改革，把"行政监察"升格为"国家监察"，整合了分散在行政机关、司法机关中具有监察监督职能的部门。从京晋浙三省市试点地区到在全国范围内铺开，监察委员会的成立解决了反腐力量分散，覆盖不全面，党纪国法衔接不畅，效率不高的问题。与先前的行政监察相比，监察委员会不是任何机关的附属或内设机关，而是作为独立行使监察权的国家专责机关，具有较高的权威性。宪法所确定的监察委员会的地位，低于国家权力机关，与行政机关、审判机关、检察机关地位平等。这种宪法地位，高于廉政公署在香港《基本法》框架下的法律地位。

国家监察机关的成立，打通了先前各类反腐败机关之间、反腐败机关与司法机关之间不通畅的体制机制，形成党纪和国法衔接顺畅，《监察法》和《刑法》《刑事诉讼法》《公务员法》等法律之间衔接顺畅的局面。例如，监察委员会随案移送的笔录类证据材料经过检察院审查后，不需要证据转化，就可以直接作为刑事证据使用，避免了先前纪委和检察院案件衔接时的重复取证。建立了统一决策、一体运行的执纪执法运作机制，使根据党纪开展的审查程序和根据法律开展的调查程序能够前后对接、上下贯通。监察委员会各内设部门各司其职、相互配合、制约监督保证了解决案件的质量和效率。

---

❶ 《中华人民共和国宪法》第123条规定："中华人民共和国各级监察委员会是国家监察机关。"
❷ 陈光中、邵俊：《我国监察体制改革若干问题的思考》，载《中国法学》2017年第4期。

监察委员会的高效运转不仅对反腐败工作有重要意义，还推进了国家治理体系和治理能力的现代化。

2. 监察委员会的法律地位

《监察法》第3条❶对监察委员会的法律地位作了进一步的表述，明确了监察委员会是行使国家监察职能的专责机关。而"专责"一词充分体现了监察委员会的专业化、特意性和唯一性。作为专责的监察机关，监察委员会根据宪法赋予的监察权，承担了三项主要职责，一是依照《监察法》对所有行使公权力的公职人员进行监察，二是调查职务违法和职务犯罪，三是展开廉政建设和反腐工作，维护宪法和法律尊严。需要明确的是，监察委员会监督的是具体的"人"，而不是对国家机关进行抽象的监督。

监察委员会的成立，结束了过去我国三类反腐败机构形成的"三驾马车"的局面，实现了由"三驾马车"到"一马当先"的过渡。在监察委员会设立之前，为了惩治腐败，我国具有相关反腐败职责的机关呈现"三驾马车"的局面，分别是行政监察机关、中国共产党纪律检查机关、检察机关。其中，行政监察机关是指各级人民政府内设的拥有监督职权的机关，是行政权力自我监督的方式，其监督对象是"狭义政府"，仅限于国家行政机关及其公务员以及国家行政机关任命的其他人员。随着国家反腐败形势日益严峻，2007年直属国务院的预防腐败局成立，由监察部部长兼任预防腐败局局长，行政监察工作进入新阶段。中国共产党纪律检查机关在"文化大革命"后全面恢复，1978年党的十一届三中全会选举出了中央纪律检查委员会，其依据党章，对全体党员行使纪律监督职权。中共党员在我国的处级以上的领导干部中占比超过百分之九十五，在公务员队伍中占比超过百分之八十，党内监督是中国特色治理体系的重要组成部分，也是国家反腐的重要力量。1993年2月，中纪委和国家监察部合署办公，实行"一套班子，两种职能"，这种局面一直持续到国家监察体制改革之前。另一个反腐败机关是检察院，检察院是我国《宪法》确立的法律监督机关。检察院对国家机关工作人员的职务行为进行监督，打击相关职务犯罪。

监察委员会的成立，整合了国家反腐败资源，便利了证据的移送和共享，有利于党对反腐败工作的统一领导，避免出现监督的空白和盲区。监察委员会是国家行使监察职能的专责机关，统一行使反腐败国家监察权。党的纪律检查委员会是党内监督的专责机关，两个专责机关合署办公，有益于党纪国

---

❶ 《中华人民共和国监察法》第3条规定："各级监察委员会是行使国家监察职能的专责机关。"

法的衔接。"专责机关"的表述，体现了监察委员会作为统一行使国家监察权力机关的权威性、专业性，并与《监察法》第 5 条❶"权责对等、严格监督"相呼应。

3. 监察委员会在国家机构中的地位

监察委员会的地位，由宪法和法律所赋予，通过它和其他国家机关的关系所体现。通过研究人民代表大会制度下我国的政权组织体系，可以得出监察委员会的宪法地位低于国家权力机关，与国家行政机关、审判机关、检察机关具有平等宪法地位的结论。

（1）监察委员会与国家权力机关的关系

监察委员会和国家权力机关的关系可以概括为"监察委员会由人大产生，对人大负责，受人大监督"❷。另外，监察委员会的合法性，是全国人大通过修改宪法，将其纳入国家机关体系中确立的。且全国人大还通过制定《监察法》给监察委员会的运行提供了原则框架，确定了监察委员会的职责、监察范围、权限、法律责任等一系列基本问题。❸ 具体言之：

一方面，监察委员会由国家权力机关产生。监察委员会的主任由本级人民代表大会选举产生，副主任、委员由本级人大常委会根据主任的提请进行任免。然而，我国有一些行政区域并不设国家权力机关，其监察委员会如何产生就成为难题。例如，由于河北雄安新区没有一级人大及其常委会，就不能通过自身选举产生监察委员会。在实践中，这些地区的监察委员会组成人员由上级人大及其常委会选举或任命，或者由上级监察委员会派驻或者派出监察机构、监察专员。

另一方面，监察委员会对国家权力机关负责，受国家权力机关监督。负责和监督是一个"一体两面"的问题：监察委员会对人大负责，就意味着接受人大监督，同样如果监察委员会接受了人大监督，也意味着其对人大负责。❹ 根据监察全覆盖原则，人大及其常委会领导人员及其工作人员也在监察委员会的监察范围之内，但这并不意味着监察委员会和人大是双向监督关系，因为监察委员会监督的是"人"而不是"机关"。就机关之间，仍然是国家权力机关单向监督监察委员会，而不是相反。

---

❶ 《中华人民共和国监察法》第 5 条规定："国家监察工作权责对等，严格监督。"
❷ 马岭：《监察委员会与其他国家机关的关系》，载《法律科学》2017 年第 6 期。
❸ 秦前红：《我国监察机关的宪法定位——以国家机关互相间的关系为中心》，载《中外法学》2018 年第 3 期。
❹ 秦前红：《我国监察机关的宪法定位——以国家机关互相间的关系为中心》，载《中外法学》2018 年第 3 期。

综上所述，通过分析监察委员会和国家权力机关之间的这种关系，可以得出结论：监察委员会的法律地位是低于同级国家权力机关的。

（2）监察委员会与国家行政机关的关系

我国建立了庞大的行政公职人员队伍，监察委员会的监察对象主要来自于行政机关，因此监察委员会在日常工作中和行政机关的关系是最为密切的。两者的关系是：一方面，监察委员会行使职责时，不受行政机关干扰；另一方面，监察委员会在行使监督、调查、处置三项职责时，需要和行政机关互相配合；在办理具体案件时，和行政机关互相制约。

监察委员会成立之前，行政监察部门是行政机关内部的组成部分，是行政系统自我监督的重要途径。虽然《行政监察法》也规定了其不受其他行政部门、社会团体和个人干涉，但是其独立行使职责的情况却不尽理想。而监察委员会并不依附于任何行政机关，在行使监察权时不受任何行政机关的干扰。另外，监察委员会在办理职务违法和职务犯罪案件时应与行政执法部门存在相互配合、相互制约的关系。这里的行政执法部门主要包括公安机关、国家安全机关、税务机关、财政机关、环境执法机关、海关等。"相互配合"指的是监察委员会和行政执法部门在工作程序上的衔接和工作内容上的协助。行政执法部门应该依法在职权范围内配合监察委员会开展监察工作，帮助其取证，协助其取得涉案材料、查明案件事实等。例如，如果被留置人在监察委员会在决定采取留置措施以后潜逃，公安机关应该协助发布通缉令追捕被留置人归案。监察委员会有工作需要时，也可以主动请求相关行政执法部门依法提供协助。"相互制约"指的是监察委员会和行政执法机关在法定范围内各自独立地履行职责，通过职权分工的形式互相制约，这种制约机制是双向的，并不是为了控制权力本身，而是为了促进各个机关依法履职，维护程序正义。

综上所述，通过分析监察委员会和国家行政机关之间的这种关系，可以得出结论：监察委员会不是行政机关的附属，且具有和同级行政机关平等的法律地位。

（3）监察委员会与国家司法机关的关系

监察委员会和司法机关在办理职务违法、职务犯罪案件时形成了"相互配合、相互制约"的关系。《宪法》第127条第2款和《监察法》第4条第2款都明确了这个关系。对于同一案件或同一监察对象，监察机关、审判机关、检察机关依法各自行使不同的职权，在办案过程中既形成了相互配合的关系，也形成了相互制约的机制，这种机制防止了某一机关独大，特别是防止职责厚重的监察委员会处于绝对优势地位。基于此，有学者也呼吁，要重申审判中心主义，防止监察中心主义的出现。甚至有学者认为，应该提高审判机关的宪制地位，使其高于监察机关和检察机关。❶

监察委员会与国家司法机关在办案过程中相互制约体现在：监察委员会的处置职责并不完整，监察委员会经过调查认为构成职务犯罪的案件，要移送检察院提起公诉。检察机关认为构不成提起公诉的条件的，还可以"退回补充起诉""自行补充起诉""不起诉"。监察委员会和检察院分别被宪法赋予了监察权与检察权，在公职人员职务犯罪领域，两者的职权相互分离又互相衔接。对职务犯罪调查的启动权完全在监察委员会。检察院如果发现其涉嫌职务犯罪的，只能向监察委员会提出检察建议，建议其立案侦查或作出相应处理，而不能直接启动职务犯罪侦查活动。而职务违法和职务犯罪最终由人民法院行使审判权进行处置。

另外，监察委员会具有对检察院审查决定的异议权。在监察委员会成立之前，对于职务犯罪的侦查和起诉职能分属于检察院的不同部门，如果侦查部门对于公诉部门的不起诉决定有异议，没有救济途径，因为检察院是否提起公诉，是检察院或检察委员会根据业务部门提出的案件处理意见决定的。而检察院的职务犯罪侦查部门转隶到监察委员会之后，移送提请起诉权与审查起诉权分别由监察委员会和检察院行使。监察委员会对检察院不逮捕和不起诉的决定，应当享有类似于《刑事诉讼法》赋予公安机关的那种救济途径。如根据我国《监察法》第47条第4款的规定，"人民检察院对于有《中华人民共和国刑事诉讼法》规定的不起诉的情形的，经上一级人民检察院批准，依法作出不起诉的决定。监察机关认为不起诉的决定有错误的，可以向上一级人民检察院提请复议"。

此外，监察委员会与国家司法机关相互配合、协作。监察委员会和法院相互配合体现在：监察委员会对于涉嫌职务犯罪的监察对象的处置并不具有终局性和完整性，需要借助法院行使审判职权，对监察对象进行最终的处置。检察院对调查职务犯罪的配合主要体现在：对移送案件及时进行审查。认为犯罪事实清楚、证据确实充分的，应当作出起诉决定；认为需要补充核实的，应当退回监察委员会补充调查或自行补充侦查。案件中有《刑事诉讼法》规定的不起诉情形的，检察机关应审慎处理，由主办检察官提请检察委员会讨论，并经上一级检察机关批准后作出不起诉决定。对被调查人通缉后仍长期

---

❶ 童之伟：《对监察委自身的监督制约何以强化》，载《法学评论》2017年第1期。

未到案或者死亡的，监察委员会应提请检察院依照法定程序，向法院提出没收违法所得申请。建立重大疑难复杂类职务犯罪案件的检察官提前介入机制，缩短办案周期，发挥检察院在职务犯罪证据收集、审查方面的优势资源，及时预防和排查证据收集、固定过程中的瑕疵。而且，检察院可通过制定取证指南、细化证据标准、发布典型案例等对监察委员会调查工作进行协助和支持。

需要说明的是，监察委员会整合了检察院职务犯罪侦查的职权之后，破解了侦查权和起诉权都集中在检察机关的弊病，但这不意味着惩治职务犯罪的重担完全落在监察委员会这一个机构身上。我国《宪法》第127条第2款、《监察法》第4条第2款、第3款都规定了审判机关、检察机关在监察委员会办理职务违法和职务犯罪中配合和协助的义务。这些机关发现公职人员任何职务违法或者职务犯罪的线索时应该移送给监察委员会。《监察法》第4章有四个相关法条规定了监察委员会和司法机关在调查、询问、线索移交等方面的协作规定。各个机关之间的协作必须严格限定在法律的规定之内，要防止监察机关的权力扩张，取代司法机关的职权。

综上所述，通过分析监察委员会和国家司法机关之间的这种关系，可以得出结论：监察委员会和国家司法机关的法律地位是平等的，且监察委员会和国家司法机关在办理职务违法和职务犯罪案件过程中还形成了"相互配合、相互制约"的关系。

**二、监察委员会的职责与职权**

**（一）监察委员会职责与职权概述**

由于监察委员会是对几类反腐败机关的整合，因而，其职责和职权也是在整合这几类反腐败机关职责和职权基础上形成的，实现了党对监察工作的领导、监察范围和过程全覆盖，以及依法治国和依规治党的有机统一。我国《监察法》第11条、第19~30条分别规定了监察委员会具有监督、调查、处置3项职责和留置等12项职权。

1. 监督、调查、处置职责

监督职责是宪法和法律赋予监察委员会的首要职责，监察委员会基于此对其监督对象进行全面监督。监察委员会的监督职责具有全程性、广泛性的特点，主要从被监察对象的履职情况、用权从政、从业以及道德操守情况进行监督检查。尤其是公职人员的道德操守具有较为私人的属性，而《监察法》

对公职人员的道德操守提出要求,可见监督权的职权范围是非常广泛的。通过这一职责的履行,尽量把腐败消灭在萌芽状态,形成"不敢腐、不能腐、不想腐"的长效机制。监督职责需要另外两项职责的支持,它们之间的界限并不是泾渭分明的。监察委员会在行使调查权和处置权时,也可以看作监督职责的体现。监督职责的第一项子职责是监察委员会受理公民举报、报案。对国家公职人员进行检举、控告是公民的一项基本权利,也是民主监督的重要途径。监察委员会在接到公民的举报报案后,应该进行核查,相关线索确实能证明涉案人员涉嫌违纪违法的,应转交承办部门依据立案程序进行立案。监督职责的第二项子职责是廉政监督权和预防腐败权。监察委员会将分散在各个国家机关中的反腐败机构集中起来,通过制度对公权力的制约监督机制,查处各类贪污、受贿、侵权、渎职等违法违纪案件,把权力关进制度的笼子里。当然,进行监察体制改革的一个重要目的就是建立长效的预防腐败机制,将腐败行为从源头消灭,形成"不敢腐、不能腐、不想腐"的机制,这就要求监察委员会切实履行其预防腐败、廉政建设的职责,建立勤政廉政考核制度。廉政监督要贯穿整个权力运行环节,包括事前监督、事中监督、事后监督。监督职责的第三项子职责是执法监督权,执法监督方式是多种多样的,比如派出巡视组定期巡视或不定期巡视、监察委员会列席被监督机关会议听取工作汇报、进行专项检查活动等。

  监察委员会的调查职责是指对一切国家公职人员职务违法和职务犯罪的调查,调取证据并查清事实。与检察院的侦查权不同,监察委员会的调查职责包含范围更广,不仅包括了对公职人员一般违法乱纪行为的调查,还包括针对职务犯罪的特殊调查。监察委员会不是司法机关,它的调查职责与司法机关的侦查权以及行政监察中的调查权并不完全相同,而是兼有司法属性和行政属性。特殊调查体现其刑事侦查属性,在特殊调查过程中,监察委员会可以限制被调查人的人身自由、财产自由、通信自由。一般调查体现其行政监察属性,例如,收集证据的方式主要包括搜集实物证据、询问证人、与被调查人谈话等。监察委员会的调查权不仅限于对公职人员涉嫌职务犯罪的调查,还包括对一般违纪违法行为的调查,无论是一般调查还是特殊调查,调查过程中不允许律师介入。

  处置职责是指监察委员会根据已经调查清楚的事实对行使了不当行为的公职人员依法进行处置的权力,是监察权行使的最终环节。《监察法》第11条、第45条规定了监察委员会对被调查者的多种处置权限。对于处置权的性质,学者们达成了共识:监察委员会的处置权并非完全意义上的处分权力,在被调查对象构成违法不构成犯罪的情况下，由其行使相应的处分权；在构成犯罪时，则由司法机关行使终局处分权。监察委员会的处置职责包括：对职务违法和职务犯罪的公职人员做出政务处分、问责等处置决定，对于涉嫌犯罪的移送检察机关依法提起公诉，对监察对象所在的单位提出监察建议。

当公职人员有轻微的违法行为不用承担法律责任时，监察委员会或监察对象所在机关或所在机关的上级主管部门应给予其警示、教育，这是惩戒与教育相结合原则的体现。具体措施有谈话提醒、批评教育、责令检查、诫勉谈话四种。监察委员会对于普通职务违法的行为人作出政务处分的决定，政务处分包括警告、记过、记大过、降级、撤职、开除6类。监察委员会可以自行对有关领导进行问责，还可以向其所在单位提出问责建议。对于领导干部的问责处分，主要有通报批评、诫勉谈话、责令公开道歉、停职检查、调整职务、责令辞职免职等方式。另外，监察委员会还具有预防腐败的职责，途径之一就是向有关单位提出监察建议，监察委员会在处置相关人员时发现其所在单位的监督问责机制存在问题或则纪律监督部门执纪不力时，有权提出监察建议，促进被问责单位自我整改，弥补不足。笔者认为这一措施是强制性的，当相关部门收到监察建议时，应该在一定期限内反馈整改方案和措施，不及时整改的，可以追究相关责任人。当然，监察委员会的处置措施并不都是惩罚性的，还包括撤销案件的处置，当没有证据能证明被调查人有违纪违法行为时，应该终止调查，撤销案件。

2. 留置等12项职权

我国《监察法》规定了监察委员会3类12项职权，包括对人采取的措施：询问、查询、谈话、讯问；对物采取的措施：扣押、冻结、搜查、调取、查封、勘验检查、鉴定；具有刑事强制性的两类措施：留置、搜查。在12项调查措施中，留置措施是取代"两规"❶ "两指"❷ 措施的一项新型调查措施。为了保障调查活动顺利进行，可以对监察对象采取限制人身自由等强制措施。留置是一项较为严厉的调查措施，关于这一调查措施的属性，笔者认为其同样兼有刑事司法属性和行政属性，其中，留置限制人身自由的特点体现了这一措施的刑事司法属性，留置措施的行政属性体现在其对于职务类违法犯罪的处置类似于之前行政内部处置行为。当然，留置还具有其独特的属性，有

---

❶ "两规"是指1994年《中国共产党纪律检查机关案件检查工作条例》第28条第1款第3项规定的"要求有关人员在规定的时间、地点就案件所涉及的问题作出解释和说明"。

❷ "两指"是指《行政监察法》第20条第1款第3项规定的"责令有关违反行政纪律嫌疑的人员在指定的时间、地点就案件所涉及的问题作出解释和说明"。

的学者认为，它兼具了强制措施性质和调查取证措施的性质。❶ 作为一项具有强制性的权力，监察委员会运用留置措施必须谨慎，在达到一定的限度时才能使用，并且应该遵循比例原则。在考虑调查措施比例原则的时候，必须平衡违法的严重性、保护证据或信息的措施可能带来的价值和给涉及的人员带来的破坏或危害等因素。

除了留置职权之外，监察委员会其他的 11 项职权中，谈话、查询、冻结、查封、扣押等职权来源于《中国共产党纪律检查机关监督执纪工作规则》，询问、讯问、搜查、勘验检查等职权来源于《刑事诉讼法》，还有的职权来源于《行政监察法》。其中"谈话"这项职权的行使，体现了监察委员会预防腐败的职能，体现了监察体制改革的特色。对此，国家监察委员会主任杨晓渡曾强调："监察委员会要通过拉袖子、提个醒等工作方式，防止公职人员的小错误变成大错误。"谈话这一职权适用于监察对象"可能发生职务违法"的职权，是监督、调查、处置 3 项职责的综合体现。

查询、冻结、查封、扣押、讯问、询问、搜查、勘验检查等职权在《监察法》中均各有一个法条对其进行规范。《监察法》不是专门的程序法，这些职权如何具体行使，还没有一个详细完备的法律依据，在这种情况下，有必要参考《中国共产党纪律检查机关监督执纪工作规则》《刑事诉讼法》等党纪国法的规定，借鉴已经取得的经验。

3. 监察委员会履行职责遵循的原则

我国《监察法》第 5 条、第 6 条确定了监察委员会在行使职责时应该遵循的基本原则，它贯穿于监察委员会行使 3 项职责和 12 项职权的整个过程，体现了监察委员会的基本价值和理念。

第一，平等原则。这里的平等指的是法律适用上的平等，任何行使国家公权力的公职人员，不论其职位的高低，都没有超越宪法和法律的特权。《监察法》作为社会主义法律的重要组成部分，也必然具有平等的属性。监察委员会在办理监察案件时，不能因为当事人的职业、性别、社会地位、教育背景、宗教信仰的不同而区别对待。党的十八大以来，全国纪检监察机关共立案 154.5 万件，处分 153.7 万人，其中包括 40 余名十八届中央委员、中央候补委员，9 名中央纪委委员。由此可见，无论行使公权力的公职人员地位有多高、权力有多大，都必须在国家监察的覆盖范围之内。

第二，比例原则。这一原则现在普遍存在于公法领域中，监察权作为一

---

❶ 姜明安：《国家监察立法的几个重要问题》，载《中国法律评论》2017 年第 2 期。

项有宪法法律支撑的公权力，如果在行使职权尤其是行使调查权时任意扩张而不遵循法定的程序，很容易成为一个"利维坦"。尤其是取代"两规"的监察留置措施，是除刑事强制措施、行政强制措施外又一个可以剥夺公民人身自由的重要措施，因此这一职权的行使也有必要遵循比例原则。留置的适用要"妥当、必要、均衡、适度、合比例，不得对公民权利造成不当侵害"。比例原则要求，调查措施不仅要有合法性，更要有合目的性，既要打击职务违法犯罪，达到反腐倡廉的目的，又不能侵犯被监察对象的合法权利。在调查程序中，调查措施是多样的、可替代的，因此监察委员会对采取何种调查措施是有自由裁量权的。经过比较和取舍之后，应该采取对监察对象侵害性最小的调查措施。

第三，程序正当原则。这一原则已经成为现代法治的重要原则之一。❶ 监察委员会开展工作时，需要严守相关的程序，遵循相关的制度。部分制度已由《监察法》第7章所确立，主要包括回避制度、脱密期制度和从业限制制度。回避制度包括任职回避制度与公务回避制度，体现了任何人不得做与自己有关案件的法官的原则，利害关系人或者心存偏见的人不得参与到相应的判决与决定中。《监察法》第58条规定了处理监察事项的回避制度，当监察委员会办理监察案件的工作人员和案件的处理有利害关系时，应该退出办理。办理案件的监察人员发现自身存在需要回避的事项时，应该主动向监察委员会负责人或者案件主管人员请求退出本案的审查审理。监察对象或者其近亲属发现监察人员存在应该回避事项但没有回避时，可以通过口头或者书面的方式向监察委员会负责人或者案件主管人员请求相关人员退出本案的审查审理。监察委员会负责人或者案件主管人员发现案件管理人员存在回避事项而没有回避时，应该指令其回避。脱密期制度和从业限制制度指的是监察委员会工作人员离职或者退休以后，应该与原单位签订保密协议，未经审查批准不得擅自出境，不得到驻华使领馆或者外企工作。涉密人员的涉密期期限根据其接触的机密的程度不同，有1~5年时间不等。参照《公务员法》的相关规定，监察委员会工作人员离职以后3年内不得在任职辖区内的企业或者营利性组织中工作任职。

第四，监察公开原则。"阳光是最好的防腐剂"，监察机关作为掌握重要国家权力的国家机关，也应该确立监察公开原则。监察委员会日常处理监察事项保密性较强，但这并不意味着所有监察信息都要对公民保密。监察委员

---

❶ 张文显主编：《法理学》，高等教育出版社2011年版，第295页。

会应该主导推进监察工作信息公开,以公开为原则,不公开为例外,使之接受人民群众和社会团体的监督。[1] 除涉及国家秘密和个人隐私的内容不得公开之外,其他不涉密的监察信息应完整公开,接受广大人民群众的监督。同时向社会公布受理信访举报的电话、地址、电子邮箱等。鉴于监察工作的严肃性和权威性,各级监察委员会应该在其官方网站设置专栏进行公开或者委托权威媒体进行公开,并且公开要及时迅速,尤其是社会各界关心的热点敏感案件,更要第一时间公开相关监察工作信息,以防止别有用心的媒体或者个人散布虚假消息,扰乱监察委员会的工作。

(二)监察委员会职权配置和职责行使的问题

1. 监察委员会留置权配置问题

留置权作为取代"两规""两指"的调查措施,是国家监察体制改革中的一项创新,也是最具争议的一项调查职权。从各地监察委员会成立之后试点的情况看,留置措施引发了很多问题。由于留置措施的严厉性强、自由裁量度大、相关的法定程序规定过于粗略,因此留置权成为监察委员会各项职权中最容易被滥用的一个,如果不加以规范和限制,很有可能侵犯监察对象的人权,使这项职权的运行效果大打折扣。留置权配置中的问题体现在以下四个方面。

第一,留置的严厉程度高。留置不是刑事强制措施,但是其严厉程度已经超过了拘留和逮捕。按照我国《监察法》的规定,留置的期限不得超过3个月,特殊情况下可以再延长3个月,也就是意味着留置最长可以达到6个月。而刑事拘留最长期限仅为37日,而逮捕经三次延长之后,才能到达7个月,并且第三次延长必须经最高人民检察院批准。而留置措施的延长只需要经上级监察委员会批准即可。

第二,自由裁量权较大。我国《监察法》规定了适用留置措施的四种条件,简单来说,一是案情重大复杂,采取留置措施可以为办案赢得时间;二是被调查人可能逃跑或自杀;三是被调查人可能销毁或破坏证据;四是被调查人有其他妨碍调查活动进行的行为。其中,第四种情况是兜底性条款。那么现在就存在一个问题,何谓"妨碍调查活动进行的行为"?这一条件的认定,完全掌握在监察委员会手中。同时《监察法》规定,在重大职务违法或职务犯罪案件调查过程中,可以采取留置措施,那么关于什么案件是重大案

---

[1] 马怀德:《再论国家监察立法的主要问题》,载《行政法学研究》2018年第1期。

件，也由监察委员会判断。因此，监察委员会的工作人员为了追求办案效率而有可能对"重大""妨碍调查"等进行扩大解释，容易造成留置措施被广泛适用，不符合比例原则的要求。

第三，留置的程序规定过于粗略。由于《监察法》篇幅的限制，其并没有对留置的具体程序进行规定。而留置作为一项新型调查措施，又不能参照《行政监察法》和《刑事诉讼法》的规定。这导致各地在采取留置措施时，无法可依，出现了不同的做法。例如，在较早就开展国家监察体制改革的试点地区之一山西省，出台了留置措施的相关规范，对于留置场所只是笼统地进行了规定，将《监察法》中的"特定场所"细化为"专门场所"，谈话在"专门的谈话室"进行。[1] 但是，何为专门或特定场所，各地实践中的做法往往不同。之前的"两规"措施往往在宾馆进行，这显然是对职务犯罪嫌疑人的优待，是不符合公民在法律面前一律平等原则的，也影响了实质正义。

第四，对留置的制约监督以及对监察对象的人权保障不足。根据现行法律规定，当事人及其近亲属不能向检察机关申请对留置必要性进行审查，律师也不能介入案件或者会见当事人，检察机关对监察委员会采取留置措施没有制约的途径。但同样是强制措施，律师在刑事拘留和逮捕措施采取时，可以介入维护当事人的合法权益，而比拘留和逮捕更为严厉的留置措施，律师却不能介入，这违反了"举轻以明重"的法律规则。

由此可见，由于法律对留置权的配置过于粗疏，造成了监察委员会在行使这一职权时自由裁量权过大，可能造成留置措施被滥用，对监察对象的人权造成侵害。

2. 监察委员会立法权配置问题

根据我国《宪法》《立法法》等的规定，全国人大及其常委会享有国家立法权，国务院享有行政法规制定权，最高人民法院和最高人民检察院享有司法解释制定权，而作为与国务院、最高人民法院、最高人民检察院地位平等的国家监察委员会，理应也享有一定的立法权。但《监察法》只是对监察权如何行使进行了粗略的勾勒，并没有关于监察委员会立法权限的规定，《立法法》也没有随着国家监察委员会的成立进行修改，这显然是监察职权配置中的明显不足。而监察委员会在行使职权过程中最容易发现监察制度中存在的不足和相关法律存在的漏洞。因此，无论是从立法成本还是从专业性的角度而言，由国家监察委员会制定监察法规，拥有巨大的优势。另外，综观世

---

[1] 张磊：《做好深度融合大文章——山西开展国家监察体制改革试点工作纪实（下）》，载《中国纪检监察报》2017年6月8日，第4版。

界各国各地区的监察机关，有的享有立法建议或政策建议权，有的享有监察规则的制定权。例如，中国香港地区的廉政公署，设有防止贪污处，不仅负责对特区政府以及其他公共机构的日常工作进行监督和检查，如果发现政府的工作流程不严密容易产生腐败行为，那么防止贪污处就可以对流程进行改正。而且，防止贪污处还会向公共机构提供有关反贪的顾问服务，为其反腐机制构建等问题提出相应的建议。借鉴这些地区所取得的经验，也应该赋予国家监察委员会监察法规制定权。

3. 监察委员会职权行使的独立性问题

监察委员会职权行使的独立性，是指监察委员会作为"一府一委两院"的组成部分，是被我国《宪法》赋予监察权的唯一机关，在行使监察权时不受任何机关单位和个人的非法干涉。但从实践来看，监察委员会行使职权可能会受到各方面的干涉。

首先，监察委员会在行使职权的时候可能受同级党委不当干涉。监察工作是在党的统一领导下进行的，监察委员会也要接受同级党委的领导。这就要求我们必须处理好坚持党委领导与监察委员会独立行使职权的关系，实现两者的和谐统一。例如，在国家监察体制改革试点过程中，北京市曾出台规定：监察委员会采取留置措施应该经同级党委主要负责人的批准。该市首例采取留置措施的案件发生在2011年1月，北京市通州区监察委员会经过该区党委书记的批准，对被调查人李某采取留置措施。应该说，北京市在试点期间的这一规定并不利于监察权的独立行使。所以，之后出台的《监察法》将留置措施的批准权回归监察委员会系统内部，避免了同级党委的干预。在此我们必须明确的是，党对监察工作的领导是政治领导、思想领导、组织领导，而不是体现在党委或者党委主要干部对某一具体案件的干预，尤其是党委的一把手，其政治地位是高于同级纪委监察机关所有领导干部的，因此要警惕党委的主要领导在案件调查过程中非法干预或者说情。

其次，监察委员会在行使职权的时候可能受同级行政机关的不当干涉。监察委员会在行使职权过程中很容易受到强势机关尤其是行政机关的干预。行政机关的干预主要因为监察委员会的财政并不独立，它在财政体制上要依附于同级行政机关。当然，这也是行政机关监督制约同级监察委员会的重要方式之一。另外，由于行政机关的负责人往往是同级党委副书记，在政治地位上高于同级监察委员会主任，因而，在监察委员会对同级行政机关领导人员、公务员进行监察的时候，可能会遇到一定的干扰，影响监察权的独立行使。

再次，监察委员会在行使职权的时候可能受同级纪委的不当干涉。监察委员会和纪委合署办公，履行纪检监察两项职责，❶ 有效地解决了原来党纪分开的局面，将党内监督和国家监督结合起来。但纪委和监察委合署办公的工作模式，可能造成纪委对监察委职权独立行使的干扰。因为纪委行使职权依据的是党规党纪，而监察委员会行使职权依据的是国法。然而，如果党纪和国法在办案过程中不能很好地衔接，就容易造成混同。如对于具有党员身份的国家公职人员涉嫌违纪违法，是先由纪委进行处理还是先由监察委员会进行调查？就是一个比较棘手的程序性问题，特别是要防止以纪代法，以纪委的处理代替监察委员会调查程序的情况的出现。另外，纪委监察委虽然是合署办公，但是两者的领导体系并不是完全一致的，有的纪委常委并不是监察委员会委员，将来也可能出现人大否决监察委员会主任对副主任、委员的提请任命的情况，因此要防止不具有监察委员会领导身份的纪委领导对监察委员会职权行使的干预。

最后，监察委员会在行使职权的时候可能受监察对象的不当干涉。监察权的客体，也就是监察的对象，是行使国家公权力的公职人员，具有较高的社会地位，掌握一定的国家资源。他们有可能利用其职权、地位、影响力等干预监察委员会行使职权，阻挠反腐败工作的开展。

### （三）对监察委员会职权配置完善的建议

#### 1. 对留置权进行限制和监督

针对前文论述的留置职权容易被滥用的问题，笔者认为要通过制度的建设对留置权进行限制和监督，这是解决这个问题的重要途径。

第一，要对留置措施的采用进行细化规范。目前我国《监察法》对留置规定得比较笼统，必须要对其进行相应的细化规范。其中，一是应规范留置场所。监察委员会的留置场所应该规范化，宜在看守所划定区域设置留置场所，以规范留置程序。二是应细化留置期限。《监察法》对留置时限只是笼统地规定为三个月，并且在特殊情况下可以延长不超过三个月的时间，这显然不利于保障监察对象权利。如果不能严格加以解释，在实践中就无法掌握，容易造成法律实施中的主观随意性。❷ 笔者认为，在监察法规精细化的过程中，可以借鉴刑事诉讼中相关强制措施的时限规定，将留置时限细化为短期

---

❶ 人民日报评论员：《构建权威高效的国家监察体系》，载《人民日报》2016 年 12 月 5 日，第 1 版。

❷ 左连璧主编：《中国监察制度研究》，人民出版社 2004 年版，第 245 页。

留置、中期留置和长期留置,❶ 并且明确规定满足不同期限留置期的条件。

第二,要保障留置对象基本人权。伴随着人权观念的发展,基于历史渊源、现实基础或者宪法文本的规定,落实基本人权原则,切实保障公民基本权利都是一个国家在进行制度建设时要参考的因素。❷ 对拥有留置职权的监察委员会来说,也应该遵循保障人权原则,也就是保障监察对象在政治、社会和个人生活中的基本权利。❸《监察法》第八章对监察委员会及其工作人员的部分规定体现了这一原则,包括不得对留置对象或涉案人员诱供、逼供、侮辱、打骂、体罚等。第60条规定了被调查人合法权益的申诉制度。但仅仅靠《监察法》粗略地对留置权进行限制是远远不够的,需要尽快出台《监察程序法》,设计一系列的制度,来限制留置权。其中,一是要对被留置对象的讯问谈话过程全程录音录像。全程进行录音录像是为了防止监察对象被监察委员会刑讯逼供。目前公安机关和检察机关已经建立了相关的录音录像制度,监察委员会应该在留置措施实施过程中全程录音录像,录像应该清晰完整,涉及执法人员和当事人的,能反映出其面貌。录像和采取调查措施应该由不同的工作人员负责。二是要保障监察对象的申辩权。任何人在遭受不利的公权力影响时,都有获得告知、说明理由和提出申辩的权利,并为其提供辩解和提出异议的机会。❹ 因而,当监察委员会行使职权影响到他人权利的行使时,应该赋予监察对象申辩或者表达意见的权利,尤其是在采取留置措施或者处置手段之前,以期减少错误的发生,保障监察对象的人权。

第三,赋予监察对象申请司法救济和国家赔偿的权利。当监察委员会行使职权侵犯了监察对象的合法权益并造成实际损害时,应该对监察对象进行国家赔偿。但《监察法》对于监察委员会的国家赔偿只进行了粗疏的规定,《国家赔偿法》也没有作出相关的修改。参照现行的行政赔偿和司法赔偿的范围和标准,当监察委员会损害监察对象的生命健康、人身自由、财产损害和精神损害时,造成侵害的机关应该作为赔偿义务机关,承担国家赔偿责任。如果监察委员会拒绝进行赔偿,监察对象及其近亲属有权提起国家赔偿诉讼进行权利救济。但需要注意的是,监察人员与职务无关行为对监察对象造成损害、监察对象自身行为造成的损害、第三人对监察对象造成的损害,以及

---

❶ 王旭:《监察委员会的留置措施论要》,载《北京联合大学学报(人文社会科学版)》2017年第2期。
❷ 周叶中、莫广明:《论反腐败制度建设与公民权利保障》,载《学习与实践》2017年第3期。
❸ 周叶中主编:《宪法》(第三版),高等教育出版社2011年版,第97页。
❹ 丹宁:《法律的训诫》,杨百揆等译,法律出版社1999年版,第102~104页。

正当防卫、紧急避险、不可抗力或者意外事件等因素对监察对象造成的损害，不在国家监察赔偿的范围之内。

2. 赋予国家监察委员会监察法规制定权

尽管全国人大常委会颁布的《全国人民代表大会常务委员会关于国家监察委员会制定监察法规的决定》（以下简称《决定》）已经明确授予了国家监察委员会监察法规的制定权，❶ 但是这毕竟只是权宜之计，要想从根本上解决国家监察委员会立法权的合法性问题，只能通过修改《宪法》《立法法》《监察法》的途径解决。且上述《决定》对于监察法规的制定程序、法律地位和效力都没有进行规定，也需要进一步予以明确。对此，笔者认为应该借鉴我国香港廉政公署所取得的经验，通过修改《宪法》《立法法》《监察法》，制定《监察委员会组织法》的途径，依宪、依法赋予国家监察委员会监察法规制定权，并明确监察法规法律地位和效力低于宪法和法律，与行政法规法律地位和效力相等。此外，还应赋予国家监察委员会一定的立法建议权。当国家监察委员会发现监察权运行过程中存在的立法漏洞时，应该及时向全国人大及其常委会反馈。其中，在全国人民代表大会召开期间，向大会主席团提出立法议案，在闭会期间，向全国人大常委会提出立法议案。

3. 保障监察委员会职权的独立行使

第一，要健全监督制约机制，防范同级党委主要领导干部非法干预监察委员会独立行使职权。保障监察委员会独立行使职权，就要建立相应监督制约机制，约束同级党委的主要领导干部，防止其利用其高于纪委监察委领导的政治地位，干预纪委监察委工作。必须明确的是，虽然监察委员会必须要坚持同级党委的领导，但并不等于同级党委主要领导可以对监察委员会办理的具体案件进行直接干预。如果同级党委主要领导越权对具体案件的办理进行批示，甚至请托、说情，那么监察委员会可以发挥双重领导的优势，汇报给上级监察委员会，由上级监察委员会向其同级的党委反映。再由上级党委根据党管干部的原则，对下级党委的主要领导干部进行处理或者调整。

第二，要理顺纪委和监察委员会之间的关系。在党政合署办公的工作体制中，纪委和监察委如果要达到互不干涉、各自独立行使职权的状态，就要理顺纪委和监察委之间的关系。纪委和监察委合署办公并不意味着两者完全融合在一起，在机关的功能上，仍然是各司其职，党的纪律检查委员会监督的是党员，所依据的是党规党纪。监察委员会监察行使公权力的公职人员，

---

❶ 《全国人民代表大会常务委员会关于国家监察委员会制定监察法规的决定》，2019 年 10 月 26 日第十三届全国人民代表大会常务委员会第十四次会议通过。

所依据的是法律法规。在行政监察时代，由于纪委的政治地位明显高于行政监察机关，所以两者合署办公时经常出现纪委干预甚至架空行政监察机关的情况。与行政监察机关相比，监察委员会的地位和职权都有很大程度的提升，监察对象范围也比纪委的监督对象更加广泛，因此纪委不应再对监察委员会立案调查的具体案件进行干预，而应该明确监察委员会办案业务主体的地位。

第三，要保障监察委员会财政相对独立。对于行政机关可能利用财政和经费控制的手段对监察委员会独立行使职权进行干预，笔者认为，我们应改革国家的财政体制，对监察委员会进行财政上的保障，让监察委员会的经费和监察官的工资福利收入由省级财政统管，尽可能做到"去地方化"。市、县两级的监察委员会的财政预算不必向本级地方政府报送，而是由省级人民政府统一编制本省市、县两级监察委员会的预算方案，核准后由省级财政部门直接向各个监察委员会拨付。这样监察委员会的财政经费由省级政府统管，使市、县两级监察委员会尽可能地保持独立性，避免地方政府的经济制约和干扰。

### 三、监察委员会的监察范围与管辖

#### （一）监察委员会的监察范围

1. 对行使公权力的公职人员监察全覆盖

我国《监察法》第15条明确了六类监察对象，只要是行使公权力的公职人员，都被纳入监察委员会的监察对象，这实现了对所有行使公权力的公职人员的监察全覆盖。其中，第一类包括了中国共产党机关、人大及其常委会机关、人民政府、监察委员会、人民法院、人民检察院、中国人民政治协商会议各级委员会机关、民主党派机关和工商业联合会机关的公务员。他们都同时满足几个共同的特点，一是依据法律履行公职，二是由国家财政保证供养其工资福利，三是其被纳入国家正式行政编制。另外，这类人员还包括部分在国家举办的事业单位中任职的工作人员，也就是参照公务员法管理的人员，他们和公务员相比满足上述前两个特点，但不具有正式的行政编制，如水利部下辖的长江水利委员会、黄河水利委员会等在各流域行使水政主管职能的派出机构的工作人员。第二类是指根据法律授权或法律委托管理公共事务的人员，如公办的图书馆、文化馆、负责城市园林绿化管理的园林处、绿化站，负责医疗卫生事业管理的疾控中心、防治站的工作人员。以上两类人员的涵盖范围与《公务员法》所调整的对象是一致的。

除了以上两类人员之外,监察委员会监察的其他四类对象,是《公务员法》所不能调整的,这主要包括:一是国有企业管理人员。国有企业管理人员主要指的是国有独资企业、国有控股企业及其分支机构的领导班子、企业中层和基层管理人员、在管理、监督国有资产等重要岗位上工作的人员。另外,国有企业所属的事业单位领导人员,国有资本参股企业和金融机构中对国有资产负有管理经营的责任人员也属于国有企业管理人员。二是公办的教科文卫体等事业单位中从事管理的人员,这里的事业单位主要具有公益属性,从事公益服务事业,例如医院、学校、研究机构、演艺团体等。三是基层群众性自治组织中从事管理的人员,主要指村民委员会、居民委员会的主任、副主任、委员,以及其他接受委托从事管理的人员。四是其他依法履行公职的人员。此条款是兜底性条款,是为了防止对监察对象列举不全的情况,但是要防止对这个概念进行扩张解释,造成监察范围的无限扩大。

2. 监察全覆盖的相关问题及思考

在确立了监察全覆盖的原则之后,就要解决几个相关的问题:一是人大代表是否在监察范围之内;二是对军队中行使国家公权力的公职人员能否监督的问题;三是医生、教师等是否为监察对象。其中,要解决人大代表是否能够成为监察对象的问题,首先要界定人大代表是不是国家公职人员。众所周知,人大代表是国家权力机关的组成人员,是代表人民行使国家权力的人员,而不是国家权力机关的工作人员,不具有国家公务员编制,不由国家财政支付工资福利,所以笔者认为人大代表虽然行使国家公权力,但是并不属于公职人员,不在监察委员会的监察范围之内。但国家监察体制改革必须尊重人民代表大会的宪制地位,监察具有人大代表身份的公职人员必须采取特别慎重的态度。❶ 当其涉嫌违纪违法或者职务犯罪时,在对其采取留置措施前,必须根据《宪法》《代表法》对人大代表的特殊保护规定,取得人大会议主席团或者人大常委会的同意。而当人大代表履行职权过程中涉嫌违纪违法时,监察委员会无权进行监管,应该由全国人大及其常委会自行制定法律,完善惩戒机制,对人大代表进行监管。

另外,监察委员会确定的六类监察对象中,并不包括在我国军事机关中的公职人员。无论是《监察法》的几版草案中还是最后审议通过的版本,都只在附则中用一个法条粗略地规定了对军事机关公职人员的监察方式,即"中国人民解放军和中国人民武装警察部队开展监察工作,由中央军事委员会

---

❶ 秦前红:《人大代表能否成为监察对象》,载《武汉大学学报(哲学社会科学版)》2018年第6期。

根据本法制定具体规定"。对此,笔者认为,对于同样由全国人大产生的中央军事委员会也应该由相应的监察委员会进行监督。由于中国共产党中央军事委员会和中华人民共和国中央军事委员会是"一套人马、两块牌子"的体制,这与纪委和监察委合署办公的模式是类似的,因此可以在国家监察委之下设立军事监察委员会,并和中央军委纪律检查委员会合署办公,使得整个监察体系更加完整,符合监察全覆盖的原则。

最后,值得注意的是,在公办教育和医疗单位中并未担任任何领导职务的普通教师和医生是否应成为监察对象,仍然存在争议。各地监察委员会在工作实践中的做法也不尽相同。对此,笔者认为,《监察法》的立法精神是将所有行使公权力的人员纳入监察范围,而普通教师、医生主要从事的是专业技术性工作,并不行使公权力,当其出现违法、违纪行为时,应由行政主管机关来处理。监察委员会不能越俎代庖,无限扩大解释"所有行使公权力的公职人员"的内涵,无限扩张其权力。当然,应该履行责任主体的部门如果不作为,监察委员会可以追究相关部门有关领导的责任。

### (二) 监察委员会的管辖

监察事项的管辖,是确定某一监察事项应由哪一地域的监察委员会和哪一级别的监察委员会管辖的法律制度。监察委员会对于某一监察事项的管辖权与其监察范围有着密切的联系,其要办理的事项必须在监察权的职责范围之内,才有必要确定该事项具体由哪一监察委员会管辖。

#### 1. 监察委员会管辖的一般规则

监察委员会管辖的一般规则解决了相关案件是否在监察委员会的受案范围之内,以及应该由哪一个监察委员会管辖的问题。首先是立案管辖的问题,根据《监察法》的规定,监察委员会管辖所有公职人员涉嫌职务违法和职务犯罪的案件,《刑法》中规定的罪名哪些在监察委员会的管辖之中,是管辖规则要解决的第一个问题。中央纪委国家监察委颁布《国家监察委员会管辖规定(试行)》(以下简称《管辖规定》)明确规定了6大类88个罪名在监察委员会管辖范围内。这6大类主要包括:贪污贿赂类犯罪17个、滥用职权类犯罪15个、玩忽职守类犯罪11个、徇私舞弊类犯罪15个、重大责任事故罪11个、公职人员其他犯罪19个。

《监察法》第16条规定了监察委员会管辖本辖区内的监察事项。目前我国从中央到地方建立了四级监察委员会系统,根据这一管辖原则,国家监察委员会管辖任免权在中共中央并在中组部备案的干部所涉及的监察事项;省级监察委员会管辖省管干部；地市级监察委员会管辖市管干部等。监察委员会和党的纪律检查委员会合署办公，按照干部的管理权限对不同层级的国家公职人员开展监察工作，这也是党对反腐败工作集中统一领导、党管干部原则的体现。

当然，这一管辖规则并不意味着各地监察委员会可以拒绝接收非本单位管辖的监察对象的涉案线索，对于不属于本单位管辖的涉案线索应该尽快移交到有管辖权的监察委员会进行处理。❶ 此外，监察全覆盖的原则确立之后，基层群众自治性组织中行使公权力的公职人员也纳入了监察委员会的管辖范围之内。例如，村民委员会、居民委员会的主任、副主任、委员等。然而，并没有与其行政级别相对应的一级监察委员会。为解决这一类人员的管辖问题，县级纪委监察委可以视情况向辖区内的乡镇、街道派出纪检监察机构或派出纪检监察专员进行直接管辖。

2. 监察委员会管辖的特殊规则

监察委员会管辖的特殊规则是指上级监察委员会对其所辖各级监察委员会管辖范围内的监察事项提级由自己管辖，也可以将其所管辖的监察事项指定下级监察委员会管辖，也可以将下级监察委员会有管辖权的监察事项指定给其他监察委员会管辖。这一特殊规则由《监察法》第16条、第17条确立。

提级管辖的规则也是为了保障监察委员会不受行政机关、社会团体或者有影响力的个人的干扰，能够独立行使职权。提级管辖在一般情况下是向上提一级，但如果案件在本辖区内有重大的政治影响，或者下级监察委员会在调查程序中遇到较大的阻力，也可以提多级管辖。相应地，如果监察委员会认为由其管辖的监察事项重大、复杂，或者可能受到本级行政机关干扰而影响公正处理的，可以报请上级监察委员会管辖。

监察委员会的指定管辖规则包括两种情况：一是上级监察委员会可以将原本属于下级监察委员会管辖的事项交由指定的另一个下级监察委员会管辖，这种管辖规则主要是为了解决多个监察委员会都对同一案件有管辖权的情况。二是上级监察委员会也可以将原本属于自身管辖的事项交由指定的下级监察委员会管辖，这项规则主要是为了缓解层级较高的监察委员会任务负荷过重的问题。由此可见，与刑事诉讼管辖相比，监察委员会的管辖规则是相对宽松的，根据工作需要，既可以上提管辖权，也可以下移管辖权，当然这和监察委员会的组织和运行是分不开的。

---

❶ 马怀德主编：《中华人民共和国监察法理解与适用》，中国法制出版社2018年版，第56页。

### 3. 监察委员管辖竞合问题及思考

虽然《管辖规定》对监察委员会管辖的 88 个罪名进行了详细的规定，但是在一些罪名上，监察委员会仍然和公安机关、检察院存在管辖竞合关系。

第一，如果调查对象涉嫌职务违法或职务犯罪，同时又涉嫌其他和行使公权力无关违法犯罪的，根据《监察法》确定的"监察优先"的原则，应以监察委员会为主进行调查，公安机关、检察机关只能协助和配合其调查活动。但是，我国刑事诉讼程序对于这类案件的管辖采用"主罪为主"的原则，也就是首先要确定被调查人所犯的主罪适用什么程序，而其他犯罪处理程序起辅助作用。换言之，根据刑事诉讼原则，如果被调查人所涉嫌的主罪是职务犯罪案件，那么则不存在管辖竞合问题，由公安机关、检察院配合监察委员会调查。但是如果被调查人的主罪是非职务类犯罪的话，则存在管辖竞合问题，笔者认为这时应该由公安机关开展侦查工作，监察委员会应配合其工作。为了调节这种矛盾，笔者认为，应由监察委员会的负责人和公安机关、检察机关的负责人一起协商，根据案情需要，共同决定优先适用哪种程序。

第二，如果国家公职人员触犯了《管辖规定》列举的 88 个罪名中的罪名，那么是否意味着一定由监察委员会管辖呢？笔者认为答案是否定的。监察委员会的立案管辖不能仅看其触犯的罪名本身是不是职务类犯罪，还要判断是不是在"行使公权力过程中"。也就是说，如果监察对象在行使公权力过程中触犯了这 88 个罪名，那么由监察委员会立案管辖是不存在问题的。但是，如果监察对象并不是在行使公权力过程中触犯这些罪名，那么还是应该由公安机关进行管辖。

第三，对于司法机关工作人员在行使职权过程中，利用职权对公民实施非法拘禁、刑讯逼供、非法搜查等行为时，或者有损害司法公正的行为时，满足国家公职人员在行使公权力过程中涉嫌职务犯罪的要件，但是相关罪名却没有在《管辖规定》中列出，也就是说司法机关工作人员在触犯非法拘禁罪、非法搜查罪、刑讯逼供罪等罪名时，监察委员会并不享有管辖权。这时根据我国现行《刑事诉讼法》第 19 条的规定，应属检察院管辖，由检察院立案侦查。

## 四、监察委员会的组织与运行

### （一）监察委员会的组织

#### 1. 监察委员会的产生与构成

2016 年 11 月，中共中央办公厅印发《关于在北京市、山西省、浙江省开展国家监察体制改革试点方案》，拉开了我国新一轮监察体制改革的序幕。一个月之后，全国人大常委会审议通过了《关于在北京市、山西省、浙江省开展国家监察体制改革试点工作的决定》。2017年1月18日，山西省监察委员会挂牌成立，山西省监察委员会的产生依据的是人大授权，而不是宪法。因此，有学者认为试点地区监察委员会的成立有"违宪"之嫌。而随着2018年修宪，监察委员会成为我国法定的国家机关之一，这就为监察委员会的产生提供了宪法保障。根据我国《宪法》《监察法》的有关规定，我国国家、省、市、县四级监察委员全部依法选举成立。其中，监察委员会由主任一人、副主任若干人、委员若干人组成。国家监察委员会主任由全国人民代表大会选举产生，首任国家监察委员会主任由中央纪律检查委员会副书记杨晓渡担任。副主任、委员由全国人大常委会根据主任的提请选举任命。地方各级监察委员会主任由本级人民代表大会选举产生，副主任、委员由本级人大常委会根据监察委员会主任提请选举任命。《宪法》同时规定县级以上的地方各级人大常委会的组成人员不得担任监察委员的职务。

另外，从监察委员会的人员构成来看，其主要分为两部分，一部分是纪委机关、行政监察机关原有的人员，另一部分是从检察院反贪污贿赂部门、反渎职侵权部门及职务犯罪预防部门转隶进入监察委员会的人员。从第一届国家监察委员会选举产生的过程来看，由中纪委主持日常工作的副书记担任国家监察委员会主任，中纪委其他副书记、委员担任国家监察委员会副主任、委员。地方各级监察委员会的主任由与其合署办公的纪委书记担任，副主任、委员由纪委副书记、委员担任。

2. 监察委员会的内设机构和派驻规则

监察委员会内部机构的科学设置是其履行职责的保障。这要求在推进纪检和监察体制的同时，探索内部机构的改革，创新组织制度，调整内设机构。❶ 监察委员会作为新型国家机关，相关的《监察委员会组织法》还没有出台，其内设机构还处于改革调整阶段。以国家监察委员会为例，其在2019年年初完成了内设机构改革，现主要包括：办公厅、组织部、宣传部、研究室、法规室、党风政风监督室、信访室、中央巡视工作领导小组办公室、案件监督管理室等，精简了职能部门，优化了职权配置。

《监察法》第12条确立了监察委员会的派驻规则，派驻对象的范围十分

---

❶ 王岐山：《推动全面从严治党向纵深发展 以优异成绩迎接党的十九大召开——在中国共产党第十八届中央纪律检查委员会第七次全体会议上的工作报告》（2017年6月1日），载《人民日报》2017年1月20日，第4版。

广泛,派驻对象主要包括两类,第一类是"单位",包括中国共产党机关、国家机关、国有企业、法律法规授权或者委托管理公共事务的组织和单位。第二类是"区域",即所管辖的行政区域。❶ 派驻方式主要是派驻或派出监察机构或监察专员。根据监察全覆盖的原则,中共中央办公厅印发了《关于全面落实中央纪委向中央一级党和国家机关派驻纪检机构的方案》,中央纪委国家监察委实现了对中央一级139家党和国家机关派驻全覆盖。

对于监察委员会所管辖的行政区域进行派驻,主要包括两类,一类是县区级以下的行政机关和基层自治组织,因为没有同级的监察委员会与其对应,因此需要区县级监察委员会派出监察机构或者监察专员。另一类是本辖区下辖的"非行政区的区域",例如高新技术开发区、经济开发区、航空港等。这些区域本身不设国家权力机关,无法产生相应的国家监察机关,但是这些区域的管理委员会、工作委员会往往在经济开发、旅游管理、城市建设方面被地方政府赋予广泛的权力,因此对这些机关的工作人员进行派驻监察是十分有必要的。例如,河北省纪委监察委为了对河北雄安新区党工委、管委会以及河北雄安集团等大型国企进行监察,派驻成立了雄安新区纪工委监察组,监察对象覆盖了新区内所有的党政机关、国有企业、事业单位等,成为建设"廉洁雄安"的保障。

3. 监察委员会组织中存在的问题

第一,由纪委领导兼任监察委员会领导的惯例可能被打破。监察委员会人员的产生方式,即由纪委领导兼任同级监察委员会领导,是为了适应纪委和监察委合署办公的工作体制,这也成为我国一项新的宪法惯例。然而,监察委员会领导毕竟是由人大及其常委会选举产生的,如果人大及其常委会没有选举通过本级纪委领导为监察委员会的主任、副主任、委员,那么这一宪法惯例则很容易被打破。因此,纪委领导兼任监察委主任、副主任、委员绝不是自然而然的,应在相关立法中明确纪委领导兼任监察委职务的条件和程序,对于不符合条件或者没有通过人大选举的纪委领导,绝对不能兼任监察委员会领导的职务。

第二,监察官制度尚不健全。监察官是监察委员会的工作人员,负责具体行使监督、调查、处置职权,既是党纪的执纪者,又是国法的执法者。《监察法》第14条确立了我国的监察官制度,但相关规定比较粗疏,仅在原则性层面描述了这一制度,许多设计仍停留在构想阶段,关于监察官的权利义务、

---

❶ 秦前红、石泽华:《〈监察法〉派驻条款之合理解释》,载《法学》2018年第12期。

选任办法、奖惩机制都没有详细的规定。

第三，监察委员会内部关系尚未理顺。监察官队伍由原有的纪委监察机关的工作人员和从检察院反贪反渎部门转隶而来的部分检察官共同构成。监察官队伍的多元性导致了这两部分监察官在工作思路、技长等方面都存在很多分歧，很难在短时间融合在一起。例如，纪委工作人员的主要工作思路是：以党内法规作为执纪依据，通过惩处违反党纪的党员，维护执政党的执政地位；而从检察院转隶而来的检察官，他们的工作思路则是：以国家法律为执法依据，惩处涉嫌违法、犯罪的国家公职人员，以维护国家利益和法律权威。两种工作思路在办案过程中，势必会造成冲突。另外，对于从检察机关转隶而来的工作人员，是将他们分散安置在纪委监察委原有的各个部门，使他们和纪委工作人员一起办公，尽快融入各个处室；还是新组建处室，将这些转隶而来的人员集中安置，也是监察委员会组织建设要解决的一个重要问题。只有平衡好两类工作人员的关系，使他们在融合的基础上发挥各自专长，并相互学习，才能发挥出纪委监察委合署办公的合力。

第四，监察委员会内部机构设置尚未科学化。从人员办公条件来看，两委合署办公后，转隶而来的工作人员集中到纪委工作地点进行办公，依照中央的"不增机构、不增职数、不增编制"的要求，严格把控改革可能带来的权力空洞。在这一要求之下，以往纪委的办公条件不能满足两委人员的需求，改革过程中监察委员会面对数量庞大的监察对象，只能在其内部不断增设"纪检监察室"，一些省级监察委员会内设的纪检监察室达到十几个之多。如果不通过纪检监察室之间职权的科学分工来缓解工作负荷，而是一味地增设内设机构的话，则很容易造成监察委员会内部机构林立，监察委员会规模失控，陷入"精简—膨胀—再精简—再膨胀"的怪圈。❶ 也容易造成内设机构之间互相推诿、扯皮，进而影响工作效率。

（二）监察委员会的运行

程序正义是实体正义的保障，监察委员会的运行程序指的是其在行使宪法和法律赋予的职权时所应该遵循的方式和步骤。监察委员会作为一个权威高效的强力国家机关，它的有效运转更需要正当程序的指引❷，才能保障监察措施实施的正当性、合法性、有效性。这既是监察委员会行使职权的重要遵循，也是对监察委员会进行内部监督的重要途径。为此，《监察法》在第五章

---

❶ 沈岿：《公法变迁与合法性》，法律出版社 2010 年版，第 57 页。
❷ 周佑勇：《监察委员会权力配置的模式选择与边界》，载《政治与法律》2017 年第 11 期。

监察程序里,对监察委员会运作程序的各个方面,作了详细规定,对监察程序进行了程序分化。程序的对立物是恣意,而分化和独立才是程序的灵魂。❶

1. 监察委员会运行程序概述

(1) 立案程序

立案程序是监察委员会开展工作的前提。主要包括接收问题线索、对问题线索初步核实、核实后立案三个步骤。接收问题线索包括主动发现和接收公民举报、报案两种途径。监察委员会主动发现相关职务犯罪的线索要求"信访举报工作应该走出大门",发挥国家监察机关的能动性。例如,监察委员会可以派出工作人员到所在辖区明察暗访,主动听取人民群众的意见,察觉到国家公职人员的行为可能触犯相关法律时,监察委员会应该主动启动调查程序,收集相关线索交由案件监督管理部门依法处理。

人民群众对职务违法犯罪的监督举报在我国反腐败工作中发挥了重要作用,也是公民参与民主监督的重要途径,因此监察委员会应该敞开信访举报工作的大门。党的十八大以来,全国范围的纪委监察机关,共收到信访举报1078万次,其中检举控告666万次。群众通过来信、来电、来访和网络举报等方式反映涉嫌违纪违法问题,发挥了案件线索"主渠道"和反腐民意"晴雨表"的重要作用。❷ 监察委员会有接受公民报案或者举报的义务。报案指的是公民或者单位掌握了公职人员涉嫌职务违法犯罪的事实、线索、行为等向监察委员会报告。举报是指的是相关知情人士掌握了公职人员涉嫌职务违法犯罪的线索向监察委员会检举揭发。监察委员会在收到公民的报案或举报线索后,应该按照相关规定处理,由监察委员会的信访工作部门统一接收材料并进行整理登记。

要明确监察委员会内部的工作分工,信访部门接收举报线索,案件监督部门将线索整理汇集移送给案件承办部门,各部门彼此配合、相互制约。例如,浙江省省级、地市级监察委员会积极推进监察委员会内部工作部门相互制约、分工,将执纪监督和调查部门分设,打破原本由一名副书记分管信访室、案件监督管理室、案件审理室以及部分纪检监察室的格局,信访、案件管理、执纪审查和案件审理由四位副书记分管,实现了监察机关内部权力的相互制约。❸

---

❶ 季卫东:《法律程序的意义》,中国法制出版社2012年版,第24页。
❷ 李靘:《深化"三转"更好服务监督执纪问责——党的十八大以来纪检监察信访举报工作综述》,载《中国纪检监察》2017年第10期。
❸ 张磊:《改革,不止于挂牌——浙江开展国家监察体制改革试点工作纪实(下)》,载《中国纪检监察报》2017年6月14日,第1版。

案件承办部门在接收到案件监督管理移交的问题线索后,应该在30日内对线索进行处置,分析案件的性质、涉及的当事人和单位,并提出具体的处置意见、制定处置方案。经过核查,如果问题线索是虚假的,不需要法律追究的或者涉案当事人死亡或宣告失踪的,那么承办部门应该予以了结。如果需要处置的问题较为一般、轻微或者较为模糊则可以采取谈话、发函、训诫、批评教育的方式处理。

当问题线索具有可查性时,那么就要进行初步核实,初步核实的主要目的是问题线索的真实性,也就是监察对象所涉及的违法或犯罪事实是否存在。经过核实对于符合条件的案件,做出予以立案审查的决定。决定采取立案决定后应该向被调查人宣布,并通报相关组织。案件初核后,对于符合立案条件的案件,监察委员会的工作人员不履行职责,包庇相关有违纪违法嫌疑的公职人员的,应该对责任人进行问责和处理。

(2) 调查程序

监察委员会调查相关案件时会借助一定的调查手段或者调查措施,必须遵守相关的步骤和过程。《监察法》第41条规定了调查程序应该遵循的共同规则:一是调查人员依照规定出示证件。监察委员会的工作人员在进行调查时,必须向调查对象出示证件、表明身份,证明自己是适格的主体;二是出具书面通知。由于调查措施有很多种,书面通知也有很多形式,比如查封扣押决定书、搜查证等,当工作人员不出示通知而采取调查措施时,有关单位和个人有权拒绝配合;三是由至少两名工作人员进行调查。多名工作人员共同在场采取调查措施,彼此之间可以互相监督,防止某一工作人员违规操作非法调查;四是形成笔录、报告等书面形式并由相关人员签名盖章。笔录、报告是重要的证据,所以必须保证真实性、客观性、全面性;五是取证过程全程录音录像。在实施搜查、查封、扣押等取证过程时应该全程不间断地录音录像,清晰地反映取证人员的面貌和取证场景。取得的证据要严格遵循非法证据排除规则,以威胁、引诱、欺骗、刑讯逼供等非法方式取得的证据虚假的可能性非常大,往往会造成冤假错案,因此必须予以排除。

作为取代"两规""两指"的留置措施是监察体制改革进行的调查措施的创新,其他的调查程序一般可以参照刑事程序法和行政程序法的规定。留置程序作为新创制的程序,其主要内容是:一是留置后通知被留置人员的单位和家属规则。监察委员会对监察对象采取留置措施后,应该在24小时之内进行通知,如果通知相关人员之后可能发生毁灭证据、干扰证人作证或者串供的情况则不必通知。即以通知为原则,不通知为例外;二是留置期间保障被留置人员的饮食、休息和安全。对于患有疾病的被留置人员,应该及时为其提供医疗服务,保障其连续8小时的睡眠和一日三餐。由于调查人员违反相关规定,造成被留置人员人身或者精神损害的,要对相关工作人员及其领导进行惩处;三是留置期折抵刑期规则。参照《刑法》确定的刑期折抵规则,留置期一日折抵管制期两日,折抵拘役、有期徒刑一日。

(3)处置程序

监察委员会经过调查程序,查明案件事实后,针对其调查的问题,要作出最后的判断,发表意见,这时就需要遵循一定的处置程序。因而,处置程序是监察委员会对调查对象进行处理的程序,其要遵循合法性和合理性标准。其中,合法性标准要求对被调查对象的处置手段必须遵循宪法、法律、行政法规、规章,以及监察权必须依法行使等。然而,对于所有监察对象的处置并没有一部统一的法典进行程序的约束,比如对于公务员的处置程序依据《公务员法》《行政机关公务员处分条例》,对于事业单位的工作人员依据《事业单位工作人员处分暂行条例》。以目前的立法技术来说,由于公职人员所属的部门性质各异,身份各不相同,因此制定一部统一的法典规定对所有公职人员的处置手段和处置程序是有一定困难的。如果公职人员具备党员身份,应先由其所在的党组织给予其党纪处分,再由监察委员会给予其政务处分,如果涉嫌犯罪的再交由检察院审查起诉。如果公职人员是由人大及其常委会选举产生的,那么则应该由任命他的人大及其常委会先行罢免,然后监察委员会才能给予其相应的处分。而合理性标准要求处置结果符合国家治理现代化要求、社会公平正义和人民群众的根本利益。在实践运用过程中,要充分结合法治理念和良法善治的指导原则,保证所作出的处分建议能够预防和修正违法犯罪行为。针对监察对象所犯错误的程度不同,监察委员会提出的处置意见也不同。同时,合理性标准要求对监察对象的处置的严厉性要遵循比例原则,以遏制监察委员会对处置权限的滥用,保障监察对象作为公民的基本权利。

当然,如果监察委员会通过调查,认定监察对象没有触犯党纪国法,或者没有足够的证据证明其触犯了党纪国法时,监察委员会应当依法终止调查程序,撤销案件。对于已经被采取留置措施的人员,报告原批准机关恢复其人身自由,解除对涉案财产的查封、扣押、冻结等强制措施。积极为被调查人消除影响,将撤案原因告知监察对象所在单位,并在一定范围内予以澄清。

2. 监察委员会运行程序中存在的问题

（1）立案程序中的信访举报问题

在国家监察体制改革的大背景下，所有行使公权力的公职人员都被纳入了监察委员会的监察范围之内，监察委员会面临着海量的信访举报线索，如何在大量的线索中找到有价值的立案信息，是一个值得研究的问题。2020年1月审议批准的《纪检监察机关检举控告规则》规定："任何组织和个人对以下行为，有权向纪检监察机关提出检举控告。"监察委员会的立案线索主要是来源于群众对国家公职人员的检举、揭发、申诉、控告。党的十八大以来，纪委监察机关接受公民信访举报的总量始终持续在高位运行，主要面临以下问题：一是信访举报结构失衡。监察委员会接收的信访举报中很多是越级举报，这往往是人民群众对于监察委员会调查结果的不满意所造成的；二是无序信访时有发生。与一般的越级上访不同，无序上访指的是信访人越级到所在市的监察委员会、到省会城市的省级监察委员会、进京到国家监察委员会上访；三是信访举报线索单一。很多地区的监察委员会接受群众举报的途径仅仅包括写信举报、电话举报、短信举报或者到监察委员会办公所在地口头举报。这些举报形式效率低下，而且不利于保护举报人的个人信息。

（2）监察程序缺乏统一的标准

《监察法》不是专门规定监察委员会调查程序和12项职权如何行使的法律。在《监察法》中仅有12个法条对监察程序进行了粗略的规定，比较概括、笼统，可操作性较差，有许多地方存在立法空白，不仅不全面，而且缺乏一个统一的标准。而我国目前又没有制定专门的《监察程序法》，《刑事诉讼法》又不适用于监察委员会，因此在监察委员会行使职权过程中会就会遇到无所遵循的情形。例如，在监察委员会拥有的12项职权中，询问、讯问、搜查、冻结财产、鉴定等职权就源于《刑事诉讼法》。我国《刑事诉讼法》对侦查措施的规定十分详细，每项侦查措施都有多个条款进行规制，对相关措施适用的目的、条件、对象等问题进行了详细规定。但是监察委员会在行使这些职权过程中，又不能参照《刑事诉讼法》中较为成熟完善的规定，因此造成了监察委员会在办案过程中无所遵从，也导致监察官享有较大的裁量权，不利于对其进行监督和制约，这对保障监察对象的合法权利也是非常不利的。因此，我们应尽快制定《监察程序法》，并和《刑事诉讼法》的规定进行衔接，这对保持国家刑事程序法律体系的统一具有重要意义。

（3）处置手段的严厉性难以把握

监察委员会拥有广泛的处置权能，处置决定主要包括政务处分、问责、移送检察院审查、监察建议四种类型,适用于监察对象不同程度的违法违纪行为。但是这四类处置手段都是比较严厉的,同时《监察法》还规定当公职人员有轻微的违法行为不用承担法律责任时,监察委员会或者监察对象所在机关或所在机关的上级主管部门对监察对象进行警示、教育。对于什么样的职务违法行为是轻微的,判断权完全在监察委员会手中。在监察委员会处理的案件中,职务违法案件占了很大的比例,对于处置手段严厉性的把握,非常考验监察委员会的工作水平。

《监察法》第 5 条确定了惩戒与教育相结合原则,这与党的纪律检查机关处理违反党纪的党员"惩前毖后,治病救人"的原则是一脉相承的。监察委员会确立这一工作原则,与纪委合署办公是相协调的。坚持惩戒与教育相结合的原则,就是要在国家公职人员产生违法或犯罪的想法苗头时,就要及时地予以提醒,把腐败扼杀在萌芽状态,形成"不敢腐、不能腐、不想腐"的长效机制。2017 年新修订的《中国共产党章程》第 40 条指出,要运用监督执纪的四种形态,经常开展批评与自我批评、约谈函询,让"红红脸、出出汗"成为常态,党纪轻处分、组织调整成为违纪的大多数,党纪重处分、重大职务调整成为少数。监察委员会全面监察以后,"四种形态"处理约两万余人次,这一原则就是在借鉴党在纪律处分方面取得的经验的情况下确定的。那么,监察委员会如何把握惩戒和教育相结合的原则,既惩处职务违法行为,又对公职人员进行教育,使监察委员会预防腐败的作用得以发挥,是处置阶段需要解决的难题。

(4)监察程序和司法程序衔接不畅

对于涉嫌职务犯罪的公职人员,监察委员会在调查程序终结之后,如果证据确实充分的,就要移送检察机关审查起诉,由审判机关进行终局审判。这就会涉及与刑事司法的衔接问题,这也是国家监察体制改革要解决的重点问题之一。然而,《监察法》对监察程序和司法程序的衔接只作了粗略的规定,并没有很好地解决这个问题。两个程序衔接过程中的难点在于《监察法》和《刑事诉讼法》的规定不一致、不协调。总结起来,监察程序和司法程序衔接不畅体现在 5 个方面:一是从案件管辖来说,《监察法》确立的"监察优先,其他机关协助"原则,与《刑事诉讼法》"主案为主"的原则相冲突;二是从调查措施来说,《监察法》只是笼统地规定了 12 项调查措施,并无详细规定。而《刑事诉讼法》中的每个侦查措施都有几个法条的详细规定;三是从证据适用来说,《监察法》只是宣誓性地规定了非法证据排除规则,而《刑事诉讼法》对什么样的证据是非法证据,以及非法证据的效力等进行了详细规定；四是从强制措施来说，监察留置和逮捕是不同性质的人身强制措施，适用对象、时间、场所、批准主体都不相同；五是从被调查对象的权利救济而言，监察调查阶段是不允许律师介入的，而在刑事诉讼案件中犯罪嫌疑人自被侦查机关第一次讯问或者采取强制措施之日起，有权委托辩护人。总之，由于两部法律规定的不协调，导致了监察程序和司法程序的衔接不畅。

（5）监察对象权利救济制度不完善

《监察法》第 67 条规定："监察机关及其工作人员行使职权，侵犯公民、法人和其他组织的合法权益造成损害的，依法给予国家赔偿。"但目前我国的《国家赔偿法》只规定了行政赔偿和刑事赔偿两类，而监察委员会既非行政机关也非刑事司法机关，而是政治机关。对于监察委会在行使职权过程中对监察对象可能造成的侵权行为，监察对象尚无法通过《国家赔偿法》进行救济。因此有必要在《国家赔偿法》增设"监察赔偿"一章，对监察对象申请国家赔偿的范围、赔偿请求人和义务机关、赔偿程序进行详细规定。

### （三）对监察委员会组织和运行完善的思考

#### 1. 制定《监察官法》，构建监察官制度

监察官是监察委员会的工作人员，负责具体行使监督、调查、处置职权，既是党纪的执纪者，又是国法的执法者。为了推动监察官的规范化、职业化、专业化，制定《监察官法》是十分必要的，它将作为国家重点立法任务，成为我国监察立法的一部重要法典。在《中国共产党十九届中央纪律检查委员会第四次全体会议公报》中就指出，要"推动研究制定监察官法"❶，监察官制度建设也是监察体制改革的重要组成部分。相关制度的构建并不是无根之木、无源之水，可以借鉴中国古代的检察官制度、世界各国的监察官制度，以及已经较为成熟的法官制度、检察官制度，建立符合我国国情的、与时俱进的并适应监察工作开展的中国特色监察官制度。

笔者认为，参照《法官法》《检察官法》的立法技术，将来出台的《监察官法》应包括以下内容：一是监察官的职责；二是监察官的权利和义务；三是监察官的选任条件；四是监察官的任免程序；五是监察官的等级；六是监察官的考核、培训、奖励惩戒；七是监察官的工资保险福利；八是监察官的申诉控告制度；九是监察官的辞职、辞退和退休；十是监察官考评委员会。

首先，构建监察官制度要面临一个重要的问题，即监察官需要像法官、

---

❶ 详见《中国共产党十九届中央纪律检查委员会第四次全体会议公报》（2020 年 1 月 15 日中国共产党第十九届中央纪律检查委员会第四次全体会议通过）。

检察官那样推行员额制改革吗？笔者认为完全没有必要，因为一段时间之内某个地区的案件总数量和刑事案件总数量是可以根据人口、经济发展水平估算的，并根据案件数量确定分配到各个法院、检察院的员额。但是纪委监察委承办的案件量很难估算，不同于刑事诉讼、民事诉讼案件中的级别管辖制度，上下级监察委员会之间的管辖制度是比较灵活的，上级监察委员会可以将自己所管辖的案件指定给下级监察委员会管辖，也可以将下级监察委员会管辖的案件指定给其他下级监察委员会管辖。上级监察委员会遇到重大、复杂、疑难的案件，可以提请上级监察委员会管辖。因为除了犯罪案件，纪委监察委承办的案件，更多的是违纪案件，而违纪的形式是多种多样的，因此监察委员会的工作量是难以界定的。

另外，监察官的选任条件包括品德条件、政治条件、年龄条件、专业资格条件。仿照法官和检察官的相关规定，并且应严于法官、检察官的选任条件。笔者设想具体条件如下：初任监察官应该具备清正廉明、忠于职守、遵守纪律、恪守道德的品德条件。政治条件来说应该具备中国共产党党员的身份，以适应纪委监委合署办公的工作机制。监察官工作具有很强的专业性，因此其任职条件应该较为严格，应该要求监察官通过国家统一法律职业资格考试，取得法律职业资格证书，曾因犯罪受过刑事处罚的和曾被开除公职的不得担任监察官。参照警官、法官的等级划分，监察官的分级为四等十二级：监察官为一至五级；高级监察官为一到四级；大监察官分为一级到二级；首席大监察官。国家监察委员会主任为国家首席大监察官。

借鉴北欧国家对监察官职业进行的物质保障和人身安全保障，一方面要提高监察官工资待遇，保障其拥有较高的生活水平。提升监察官的福利质量，尤其是要保证监察官退休后依然可以拥有较高的生活水准；另一方面要建立对监察官人身安全保障机制，不仅要保障监察官在调查案件的过程中的安全，还要加强工作以外的安全保护。要注重对监察官个人信息的保护，消除对其不利因素，避免监察对象对其打击报复。监察委员会应开展各类活动来缓解监察官的工作压力、保证其心理健康。

2. 制定《监察委员会组织法》，优化监察委员会机构设置

目前，除中央军委、国家监察委员会之外的其他中央国家机关，都有相应的组织法对其性质、组织和运行原则进行规定，如《全国人民代表大会组织法》《国务院组织法》《人民法院组织法》和《人民检察院组织法》。参照已有的几部组织法，我们应尽快制定《监察委员会组织法》，对监察委员会的性质、组织和运行原则进行规定。正如马岭教授所指出："各中央级国家机构

都有自己的组织法,监察部没有自己的组织法不等于监察委员会可以没有自己的组织法。"❶ 需要说明的是,《监察法》与《监察委员会组织法》的侧重点是不同的。《监察法》主要规定监察委员会的性质、地位、职权等问题。《监察委员会组织法》的主要内容是:细化监察委员会主任、副主任、委员的任免程序、相关的提名程序;规范监察委员会的横向组织关系,规范监察委员会内设机构的设置以及分工,严格其内设机构增、废、改的程序,明确内设自我监督机构的职责和监督方式;规范监察委员会的纵向组织关系,其中,应该理顺三组关系:第一组是中央和省、市、县四级监察委员会之间的隶属管理、监督负责的关系;第二组是监察委员会对同级人大及其常委会监督、负责的关系。前两组关系构建的是以"垂直领导"模式为主的"双重领导"模式❷,第三组是监察委员会受上级党委监督的关系。

此外,《监察委员会组织法》还应该详细规定监察委员会的内设机构,县级纪委监察委派出的纪检监察机构的运作程序等。对此,笔者认为,设置监察委员会的内设机构应遵循以下原则:一是权力配置科学,职责划分明晰。监察委员会肩负多项职能,任务繁重,如果不能科学合理地配置内部职能,就会导致其行使职权时的混乱与低效。二是建立内部制约监督机制,要防止"灯下黑",避免拥有监察权的监察委员会本身却不受监督的局面。❸ 三是因地制宜,各地可以根据本地区纪检监察工作的实际需要,灵活地进行内设机构职权的划分,以适应本地区监察工作的开展。

3. 制定《监察程序法》,填补程序空白

参照相关的程序法,《监察程序法》应该对监督程序、调查程序、处置程序作出进一步细化,尤其应该对留置措施的程序性问题进行详细规定。并且设计一系列保障监察对象的制度,包括管辖制度、回避制度、听取申辩制度,监察活动公开制度、律师参与制度等。目前的职务犯罪的调查活动中,还没建立律师参与制度,这与程序公开和保障人员的原则是违背的,律师可以帮助被监察对象获得法律帮助,进行陈述和辩护。有必要借鉴《刑事诉讼法》的相关规定,引入律师参与制度。如果无法在整个监察程序中引入的话,至少应该在留置程序中引入。另外,《监察程序法》应该对标《刑事诉讼法》中的刑事诉讼程序标准,将监察程序和司法程序更新好地衔接起来,具体言之:

---

❶ 马岭:《关于监察制度立法问题的探讨》,载《法学评论》2017年第3期。
❷ 陈光中:《关于我国监察体制改革的几点看法》,载《环球法律评论》2017年第2期。
❸ 江国华等:《国家监察立法研究》,中国政法大学出版社2018年版,第214页。

第一，立案程序的衔接的完善措施。检察院的立案标准较高，必须有证据证明当事人涉嫌职务犯罪。但监察委员会的立案标准相对较低，《监察法》的表述为"涉嫌职务违法犯罪"，职务违法的外延极其广泛，任何违反宪法、法律、法规以及规章的行为都算是职务违法。现行的监察立案标准过低，涉嫌违法即可以立案，又不专设刑事立案程序，将造成较为明显不协调问题，❶因此笔者认为监察立案也应该进行针对违法和针对犯罪立案程序的分野，以便和检察院立案程序相协调。当然，如果引入刑事立案程序，也可以此程序中建立律师参与制度，以保障被监察人员的基本权利。

第二，留置措施和刑事逮捕措施的衔接的完善措施。留置措施的严厉性和逮捕措施是相当的，被采取留置措施的犯罪嫌疑人移送检察院审查起诉后，检察院仍然要作出逮捕和羁押必要性的审查，通过此程序对监察委员会进行制约和监督。为使两类措施相协调，应确认检察机关对留置转批捕案件进行审查的职责和权限。❷

第三，证据衔接的完善措施。《监察法》第47条确立了监察委员会将案件证据同被调查人一并移送的规定。对于监察委员会移送的各类证据，检察院应该直接采用为刑事诉讼证据还是再进行审查呢？笔者认为，为了节省国家资源，提高办案效率，符合监察体制改革的精神，对于证据的审查应该较先前省略程序，同时考虑到监察委员会自身为了和刑事诉讼证据标准相衔接，因此《监察程序法》中应该规范调查措施中的证据相关程序，主动对标刑事诉讼证据的标准，否则检察院在批准逮捕与审查起诉阶段仍然要对监察委员会所移交的证据进行转换，既影响办案效率，也削弱了监察委员会的公信力。检察院对证据的审查应该是形式审查，如果形式上符合标准，就可以直接转化为刑事证据。如果不符合标准，再进行实质审查，如确实存在问题，退回监察委员会补充调查。对于监察委员会提供的证人，在审判阶段出庭的，监察委员会应向检察院提供协助。

4. 修改《国家赔偿法》，创设监察赔偿制度

虽然《政务处分法》规定受处分的违法的公职人员可以依照《监察法》的有关规定申请复审、复核，但这本质上是一种过程救济，一旦政务处分生效，则无法再通过申请复审、复核进行救济，且《政务处分法》第56条第1款规定："复审、复核期间，不停止原政务处分决定的执行。"因此，对于不当的终局性政务处分或者不当政务处分已经对监察对象造成损失的，监察对

---

❶ 龙宗智：《监察与司法协调衔接的法规范分析》，载《政治与法律》2018年第1期。
❷ 韩大元：《论国家监察体制改革中的若干宪法问题》，载《法学评论》2017年第3期。

象应当依据《国家赔偿法》进行权利救济。但考虑到《国家赔偿法》目前规定的两种类型的国家赔偿对监察委员会的侵权行为都不适用，我们建议，应及时修改《国家赔偿法》，在第三章"刑事赔偿"后增加一章"监察赔偿"，增设一种新的国家赔偿类型。在监察委员会的行为一旦被认定违法后，根据监察对象的申请，国家应当尽快予以赔偿。具体说来，监察赔偿制度的内容主要包括如下内容。

首先，应确定监察赔偿的范围。我们认为，监察赔偿的范围应当限缩为：监察委员会的工作人员在行使职权时对公民、法人、其他组织违法采取措施或行为，并造成了实际损害结果。只有满足上述条件时，国家对监察委员会违法侵权的赔偿责任才能成立。如留置期间，监察委员会工作人员对被留置人有刑讯逼供、殴打、虐待等行为，侵犯被留置人的健康权、生命权，或者被留置人员的饮食、休息和安全等得不到保障，以及未及时提供医疗服务导致被留置人身体受到严重伤害或精神遭到损害等情况。此时，监察委员会就应当承担赔偿责任。

其次，应明确监察赔偿的请求权人。对此，笔者认为参照《国家赔偿法》第6条即可，即受害的公民、法人和其他组织有权要求监察委员会赔偿，当公民因为监察委员会的违法行为死亡时，其继承人和其他有扶养关系的亲属有权要求赔偿，当法人或其他组织终止时，其权利承受人有权要求赔偿。

最后，应构建监察赔偿的具体程序。对此，我们认为，应当在借鉴行政赔偿和司法赔偿程序设计的基础上，结合监察措施自身的特点，设计出一套切实可行的赔偿程序。这些程序应包括赔偿义务机关的确定程序和作出赔偿决定程序、上一级监察委员会的复议程序、法院赔偿委员会的决定程序和申诉程序。另外，参照行政赔偿和刑事赔偿程序，监察赔偿应当同样适用"复议前置"原则，即赔偿请求权人只能先提起复议，对复议决定不服的才能向人民法院赔偿委员会提出申请。此外，关于监察赔偿的审理管辖，应避免强势机关的干扰，以保障赔偿请求人的权益。对此，有的学者提出人民法院对监察赔偿案件的审理应实行"集中管辖"[1]，或者提高监察赔偿案件的审级管辖。应该说，这一建议有一定合理性。但是，如果赔偿请求权人对法院的赔偿委员会作出的决定不服，有权向上一级人民法院申诉的话，此时提级管辖监察赔偿案件就不适宜了。因而，"集中管辖"应当成为监察赔偿程序构建的最佳考量，但要避免被指定管辖法院工作量过于繁重的问题。

---

[1] 参见张红：《监察赔偿论要》，载《行政法学研究》2018年第6期，第76页。

# 第三章
# 监察委员会监督制约机制研究

监察委员会的成立,是健全党和国家监督体系的创制之举,是中国特色监察体制的具体表现。监察委员会整合了反腐资源,扩大了监察范围,实现了公职人员全覆盖,有利于建立集中统一、权威高效的监察体系,形成"不敢腐、不能腐、不想腐"的长效机制,促进我国反腐工作进一步发展。然而,监察委员会作为我国行使监察职能的专责机关,权力集中且厚重,在开展反腐工作的同时缺乏有效的监督制约,极易发生权力滥用的风险,产生新的腐败。孟德斯鸠就曾说过:"一切有权力的人都容易滥用权力,这是万古不易的一条经验。"[1] 因此,就产生了谁来监督监察委员会、如何对监察委员会进行有效监督制约的问题,建立一套完整的监察委员会监督制约机制就必须提上日程。为此,《监察法》专章规定了对监察委员会及其内部工作人员的监督,明确了对监察委员会进行监督制约的主体和方式,同时规定了监察事项报告制度、回避制度、脱密期管理制度、从业限制等内容,形成了监察委员会监督制约机制的雏形,防止监察权的异化,保障监察委员会正确行使权力。但是,随着国家监察体制改革的不断深化,对监察委员会的监督制约出现了很多理论和实践问题,影响监督制约机制作用的发挥。鉴于此,本章以监察委员会的监督制约机制为研究对象,结合立法和实践,分析目前我国对监察委员会监督制约存在的问题,针对问题提出完善建议,探索建立一套科学有效的监察委员会监督制约机制,以保障监察委员会正确行使权力,发挥其应有的职能。

一、监察委员会监督制约机制概述

(一)监察委员会监督制约机制构建的必要性

英国历史学家阿克顿勋爵曾说过:"权力导致腐败,绝对权力导致绝对腐

---

[1] 孟德斯鸠:《论法的精神》(上册),张雁深译,商务印书馆1961年版,第154页。

败。"❶ 从古至今的历史经验也告诉我们，权力是一把双刃剑，若运用得当，权力可以造福人民，促进社会发展，若使用不当，权力就会滥用、擅用，成为人们谋取私利的工具，导致腐败的发生。所以，权力是有界限的，不是自由行使的，世界上不存在无限制的、绝对的权力，权力必须在法律的范围内行使，必须对其进行有效的监督与制约，防止权力超越边界、恣意行使。为了保障监察委员会有效开展监察工作，《监察法》赋予了监察委员会丰富的监察权力，但权力越大，越有滥用的风险，要对其进行必要的监督与制约。需要注意的是，在监督制约的过程中也要遵循一定的原则，以防止过度干涉监察委员会，对监察委员会正常开展监察工作造成影响。

1. 防范监察权的异化

重大改革要于法有据，为了给监察体制改革提供法律依据和保障监察体制改革成果，我国修改了宪法，将监察制度的有关内容规定到了《宪法修正案》中，确立了监察委员会的宪法地位。另外，还专门制定了《监察法》，对监察制度的相关内容作了具体规定，以保障监察委员会开展监察工作有法可依。但监察委员会"位高权重"，为了防范监察权的异化，必须要对其进行监督制约。

一方面，从我国《宪法》的相关规定可以看出，监察委员会的地位高。我国的国家机构实行民主集中制原则，行政机关、司法机关由国家权力机关产生，对它负责，受它监督，现增加了监察机关，说明监察机关、行政机关和司法机关的地位平等。从监察权的运行和监察效果来看，监察委员会这样的地位有利于独立行使监察权，增强反腐力度，有利于建立集中统一、权威高效的监督体系；从权力监督制约方面看，监察委员会的地位与行政机关、司法机关平等，而监察委员会又与纪委合署办公，导致司法机关不能对其进行有效的监督和制约，监察权力因监督缺位可能导致滥用权力，侵犯被监察者的合法权利。

另一方面，根据《监察法》的规定，监察委员会拥有监督、调查、处置三项职责，办理具体监察案件时还可以采取谈话、询问、留置等多项措施，监察委员会的权力集中且厚重，就像童之伟教授所言，"历史上和当今世界任何国家，都没有权力如此巨大而又集中的监察机关"❷。要知道越是位高权重者越有滥用权力的风险，监察委员会作为国家监督者，拥有如此丰富的权力，一旦监察权被滥用，后果不言而喻。在实践中，监督者因贪污腐败锒铛入狱

---

❶ 阿克顿：《自由与权力》，侯建译，商务印书馆2001年版，第342页。
❷ 童之伟：《对监察委员会自身的监督制约何以强化》，载《法学评论》2017年第1期。

的情况不是个例。所以，有必要对监察委员会进行监督和制约，做到既不妨碍监察权充分有效行使，又能保证监察委员会在宪法和法律的范围内充分开展监察工作，保证监察人员正确、规范地行使监察权，让监察权在阳光下行使，更好发挥监察委员会应有的职能。

2. 防止出现"灯下黑"

为了防止监察委员会内部工作人员腐败，造成"灯下黑"，必须加强对监察委员会的监督与制约。自党的十八大着重强调反腐败以来，党和国家的反腐工作取得了显著的成果，通过"打虎""拍蝇""猎狐"等反腐行动，查处贪官人数之多，级别之高，查处范围覆盖之广，行动密度之大，涉及领域之宽，挖掘问题之深，都是前所未有的。❶ 而且查处的贪腐分子来源广泛，其中不乏中纪委和各级纪委的工作人员，例如魏健、钟世坚、邱大明等。这也同时说明执行监督职责的人员也会禁不住利益诱惑，也有可能陷入贪污腐败的沼泽，但是因为这些人员行使权力的特殊性，一旦他们违法违纪，将对反腐机构的权威性、公信力造成严重影响。所以，监察委员会必要要警惕腐败对其自身工作人员的侵蚀，必须要通过内外部的力量对监察委员会进行监督与制约，以确保监察委员会自身的廉洁，保证监察人员履职尽责，❷ 打造一支廉洁高效的监察队伍，促进反腐工作进一步发展。

3. 基于公民权利保障的考量

基于对公民权利保障的考量，有必要对监察委员会进行监督与制约。监察委员会拥有较大的权力，一旦滥用，就会侵犯监察对象的合法权利，具体言之：首先，根据《监察法》的规定，监察委员会拥有三项职责，可采取多项调查措施，如此规定确实有利于提高监察效率，增强反腐的效果，但是，这些调查措施中包含多项限制、剥夺公民财产权利的措施，如查封、调取、扣押等，也包含限制、剥夺公民人身自由权利的措施，如留置、限制出境等，还包含侵犯公民隐私权的技术调查措施，如通信监控、行踪监控等。一旦监察委员会的权力被滥用，就会侵害到公民的人身、财产等合法权利。其次，在监察人员和监察对象关系之间，监察对象天然处于弱势地位，监察对象也有人权，其合法权利仍然需要法律保护，监察委员会不能为了监察工作而滥用权力，忽视监察对象的人权，甚至侵犯监察对象的人权。

---

❶ 罗忠敏：《保持党的纯洁性——十八大以来我党反腐败斗争取得重大成效》，http://cpc.people.com.cn/n1/2016/0629/c404684-28509611.html，访问日期：2019年1月25日。

❷ 郑智超：《国家监察委自身监督与制约的内外途径——兼论香港廉政公署的自身监察与制衡机制》，载《广东开放大学学报》2018年第2期。

综上，监察委员会被赋予了很大的权力同时也增大了侵犯监察对象合法权利的危险，所以，有必要对监察委员会进行监督与制约，使其按照法定的权限和程序开展监察工作，保障监察对象的合法权利。❶而且"国家尊重和保障人权"已写入《宪法》，任何国家机关行使职权都要遵循这一原则，监察委员会也不能例外。

### （二）监察委员会监督制约机制构建的原则遵循

对监察委员会进行监督与制约应遵循一定的原则，具体包括：保证监察委员会依法独立行使监察权原则、外部与内部监督制约相结合原则、依法对监察委员会监督制约原则等，这些原则体现了对监察委员会监督与制约的基本要求和价值目标，决定着监督与制约的方向，对监察委员会进行监督与制约要始终坚持这些原则。

1. 保证监察委员会依法独立行使监察权原则

根据我国《监察法》第4条的规定，监察委员会依法独立行使监察权，不受行政机关、社会团体和个人的干涉。这是监察委员会进行监察工作的基础性原则，包括监督制约者在内，任何人不能非法干涉监察委员会依法开展监察工作。

监察委员会依法独立行使监察权的具体内涵是：一是依法，其明确了监察委员会行使监察权的界限，监察委员会应该按照法律规定的职权、方式和程序开展监察工作，不能超越法律规定的界限，随意行使监察权。二是独立，其表明了监察委员会行使监察权的重要特点，只有监察委员会独立行使职权，才可以有效防止其他权力的干扰，不受人情关系影响，从而公平、公正地行使监察权。当然，监察委员会的独立是整个机关的独立，而非个人的独立，❷监察委员会开展监察工作还要受上级监察委员会和同级党委的双重领导。三是不受干涉性，其表明监察委员会行使监察权不受其他权力的非法干涉，但是其必须要依法接受监督制约。换言之，监察委员会有权正常开展监察工作，只有监察委员会在错误行使权力、违法违纪时，监督制约者才会对其作出相应的约束，从而达到保证监察委员会正确、规范行使监察权的目的。

2. 外部与内部监督制约相结合原则

外部与内部监督制约相结合的原则是对监察委员会进行监督与制约必须

---

❶ 周智博：《模式创新：如何监督制约监察委员会——基于传统与新型监督模式对比的视角》，载《廉政文化研究》2018年第1期。

❷ 雷思远：《如何理解监委依法独立行使监察权——准确把握依法、独立、配合、制约四个关键词》，载《中国纪检监察》2018年第9期。

要遵循的一大原则。监察委员会地位高、权力大，如果缺少外部监督，会造成监察委员会"一家独大"的局面，可能会影响行政机关的正常运行，也可能影响司法机关的独立性；但如果缺少内部监督，则可能使监察委员会从内部产生腐败，影响监察委员会的权威性和公信力，所以，最好的监督制约方法是"双管齐下"，内部监督和外部监督同时发力，共同发挥监督、制约作用，形成系统、合理的监督制约机制。具体言之：

第一，在外部监督制约方面，主要包括党的领导、人大监督、司法机关与执法部门的监督制约以及民主监督、社会监督、舆论监督等。监察委员会及其工作人员要接受党的统一领导和监督，涉及重大问题要及时向党委请示报告，始终坚持党的领导这一政治原则；要自觉接受人大及常委会的监督，监察委员会由人大选举产生，必然要受人大监督，对人大负责，人大常委会有权听取和审议监察委员会的专项工作报告，有权组织执法检查；人大代表或者常委会组成人员可以依照法律规定的程序，就监察工作中的有关问题提出询问或者质询；监察委员会在处理职务犯罪案件时，要与司法机关互相制约，监察委员会要尊重审判机关的审判权，检察机关的逮捕权、审查起诉权和法律监督权，监察委员会对监察案件调查终结后，交由检察机关审查起诉，由审判机关进行审判，三者分工明确，互相配合又互相制约；监察机关要依法公开监察信息，自觉接受社会组织、人民群众和舆论的监督。

第二，在内部监督制约方面，要严防"灯下黑"，警惕贪污腐败对监察人员的侵蚀，注重纵向监督和横向监督。纵向监督是指上级监察委员会对下级监察委员会的监督，《监察法》规定下级监察委员会要接受上级监察委员会的领导，这种领导本身就包括业务领导和监督，上级监察委员会要听取下级监察委员会的关于线索处置和案件查办等事项的报告，也可以通过检查下级监察委员会的工作、受理复核申请等方式，发现并纠正下级监察委员会工作中存在的问题，监督下级监察委员会依法办案；横向监督是指监察委员会内部机构设置要职权明确、科学合理，实现监督、审查、调查业务部门的分设，在监督委员会内部设立纪检监察干部监督室等专门的监督机构，来专门监督监察委员会权力的行使。另外，还要制定规范的监察程序，严格按照监察程序办理监察案件，加强内部监督。

**3. 依法监督制约原则**

对监察委员会进行监督制约的基本要求就是要依法监督制约，这是法治原则在监督制约方面的具体体现。依法监督制约原则是指监督制约主体严格依照法律的规定对监察委员会进行监督与制约，不能滥用权力，随意干涉监察委员会的监察工作，影响监察委员会反腐工作的开展。监督制约主体要严格遵守宪法和法律，按照宪法和法律规定的方式和程序，依法在宪法和法律范围内进行监督制约，自觉维护宪法和法律的尊严和权威，严防监督制约的主体打着监督制约的名义而打听、过问监察委员会调查的案件，干涉案件正常办理。同时，也要防止监督制约主体不作为，消极懈怠、不履行自己的职责，这也是一种违法的表现，因此，要保证监督制约主体依法、积极履行监督制约职责。

### （三）监察委员会监督制约机制的具体设计

监察委员会作为新成立的国家机关，对它的监督制约方式与对其他国家机关的监督制约方式有相同之处。但是，因为监察委员会具体负责我国的反腐工作，行使国家监察职能，属于党和国家监督体系的重要组成部分，具有特殊性，除了用常规的途径对监察委员会进行监督制约以外，还要探索创建新的具有合法性、针对性的监督制约机制来监督制约监察委员会。目前，对监察委员会的监督与制约方面，我国形成了"五大监督"，具体包括党委监督、人大监督、司法机关与执法部门的监督制约、监察委员会的内部监督以及民主监督、社会监督、舆论监督等。

1. 党委监督

中国共产党是执政党，在反腐形势如此严峻的情况下，必须坚持中国共产党的领导。为了强化党对反腐败工作的集中统一领导，推动反腐工作进一步发展，国家进行监察体制改革，设立监察委员会，与纪委合署办公。监察委员会与纪委合署办公不是首创，而是对原先纪委和行政监察机关合署办公的继承与发展。原先纪委和行政监察机关合署办公实际主要以纪委的执纪检查为主，行政监察成为附属，不能有效发挥行政监察的作用，而此次国家监察体制改革，需要优化纪检监察合署办公的体制，将纪检和监察分离开来，让纪委和国家监察并行发挥作用。❶

纪委和监察委合署办公的具体表现为：在人事上，除了中央纪委和国家监察委以外，地方各级纪委和地方各级监察委的人员一身二职，既是纪检干部，也是监察干部；在调查措施上，监察委员会可采取多项措施，特别是用留置取代了"双规"措施；在职能上，纪委和监察委员会有明确的职责划分，纪委作为党内监督机关，根据党内法规和党的纪律履行监督、执纪、问责的

---

❶ 吴建雄：《监察委员会的职能定位和实现途径》，载《中国党政干部论坛》2017年第1期。

职责，是党自身净化的重要形式，而监察委员会作为国家机关，根据《宪法》《监察法》等相关法律法规的规定履行监督、调查、处置的职责。在党委领导下，纪委和监察委合署办公，充分体现了党内监督和国家监察的统一、党的纪律检查和国家监察的统一、依规治党和依法治国的统一，使反腐败的力量更加集中，反腐败覆盖面更广，纪委和监察委的责任更重。❶

监察委员会开展监察工作要接受党的领导，也要接受同级党委的监督。首先，为了加强党对纪律检查和国家监察工作的统一领导，中共中央办公厅印发了《中国共产党纪律检查机关监督执纪工作规则》，规定党委要定期听取、审议同级监察委员会的工作报告，从而对监察委员会进行监督；其次，党委要切实担负起监督主体责任，"党委书记定期主持分析反腐败形势的会议，对采取留置措施、作出处置决定等审核把关，确保党对监察工作的关键环节、重大问题的监督"；❷最后，党委要任命干部，也要监督干部，党委要加强对监察委员会中党员干部的监督，通过定期谈话等日常监督了解党员干部的思想、工作、生活状况，加强监察委员会党的建设，定期召开民主生活会，健全党员干部批评和自我批评机制，打造一支政治素质好，监察业务高的监察队伍。❸

2. 人大监督

我国的根本政治制度是人民代表大会制度，人大代表由人民选举产生，再由代表组成各级人大，各级人大作为我国的权力机关，其他国家机关都由它产生，对它负责，受它监督。因而，作为我国新型国家机关的监察委员会，也必须要由人大产生，对人大负责，受人大监督。由此，可以看出两点：一是人大作为我国的权力机关，高于行政机关、监察机关和司法机关，而且人大与其他国家机关是产生与被产生、监督与被监督的关系，对其他国家机关都有监督权；二是监察机关不再是行政机关的派生机关，其地位与行政机关、司法机关平等，都由人大产生，对它负责，受它监督。

各级监察委员会应当接受本级人大及其常委会的监督，这既是由监察委员会的法律地位确定的，又是由我国人大制度的政权组织形式所决定的。各级人大常委会可以采取听取、审议监察委员会的专项报告，组织执法检查等

---

❶《中纪委副书记杨晓渡就全面从严治党相关情况等答记者问》，http：//www. 12371. cn/2017/10/19/ARTI1508406057370176. shtml，访问日期：2019 年 1 月 29 日。

❷《以确立监察委员会宪法地位为契机健全党和国家监督体系》，http：//www. ccdi. gov. cn/yaowen/201803/t20180312_166089. html，访问日期：2019 年 1 月 29 日。

❸ 吴建雄：《监察体制改革试点视域下监察委员会职权的配置与运行规范》，载《新疆师范大学学报》（哲学社会科学版）2018 年第 5 期。

方式对监察委员会进行监督。对于关系到改革发展稳定大局的重大事项和涉及群众切身利益的事项，各级人大常委会可以根据需要听取、审议监察委员会的专项工作报告或组织执法检查，以防止监察权的滥用。另外，县级以上各级人大及其常委会举行会议时，人大代表或常委会的组成人员可以依照法律规定对监察工作中的问题提出询问和质询，监察委员会应就询问和质询事项作出回应，提出相关解决方案。

3. 司法机关与执法部门的监督制约

我国《宪法》和《监察法》明确规定了监察机关、司法机关和执法部门之间互相配合、互相监督的关系，但是这种关系存在的前提是办理职务违法和职务犯罪案件。"互相配合"是指监察机关、司法机关和执法部门在办理职务违法和职务犯罪案件时，要在各自职权范围内互相支持，提高办案效率；"互相制约"是指监察机关在办案时要受到司法机关和执法部门的制约，防止监察机关滥用权力造成冤假错案。

第一，监察委员会要受到执法部门的监督制约。执法部门包括公安机关，笔者在此以公安机关为例进行探讨，公安机关因掌握着专业技术手段和拥有专门的职权，导致在监察实践中监察委员会与公安机关呈现的多是互相配合关系。比如，监察委员会采取技术调查措施或决定通缉被调查人、限制其出境时，都需要公安机关的配合，但是对于公安机关怎样制约监察委员会，法律却并未作出具体规定。在实践中，公安机关的制约体现在配合之中，在协助监察委员会办案时，可在职权范围内对监察委员会进行适当的制约。比如，监察委员会想要通缉被调查人时，需要公安机关发布通缉令，若公安机关通过审查相关资料发现通缉不合理，可依法拒绝。

第二，监察委员会要受到检察机关的监督制约。检察机关作为我国法律监督机关，具有法定监督权，有权对监察委员会进行监督制约。监察体制改革虽然将检察机关的反贪、反渎、预防贪腐的资源整合到监察委员会，但是检察机关仍然拥有审查逮捕权、立案监督权、审查起诉权、补充侦查权和监察调查监督权等，[1] 仍有权对监察委员会进行监督、制约。具体表现为：其一，检察机关可使用审查逮捕权对监察委员会进行监督制约。监察委员会在调查过程中，发现需要逮捕被调查人时，监察委员会无权擅自决定逮捕，应提请检察机关批准，检察机关应按照法律规定的方式和程序进行审查，决定是否逮捕。其二，检察机关可使用审查起诉权和补充侦查权监督制约监察委

---

[1] 吴建雄：《国家监察体制改革背景下职务犯罪检察职能定位与机构设置》，载《国家行政学院学报》2018 年第 1 期。

员会。监察委员会对监察对象调查终结后无权直接起诉,而是移交检察机关进行审查,由检察机关决定是否起诉,若检察机关认为监察委员会调查的案件事实不清,证据不足,可退回监察委员会进行补充侦查,也可以自己行使补充侦查权,若检察机关认为移送的案件不符合起诉的条件,也可以作出不起诉的决定。然后,检察机关可使用立案监督权对监察委员会应当立案而不立案或不应当立案而立案的情况进行监督。其三,检察机关有权对监察委员会的调查活动进行监督,若发现监察委员会出现违法情况,应通知其纠正。❶

第三,监察委员会要受到审判机关的监督制约。审判机关拥有案件的审判权,未经其依法审判不能确定任何人有罪,审判机关可以使用审判权对监察委员会进行监督制约。审判机关在审判时要对监察委员会在调查阶段通过调查措施收集到的证据进行审查,排除非法证据,这就使得审判机关可以通过非法证据排除规则来监督制约监察委员会。另外,审判机关有权提出司法建议,通过提出司法建议的形式对监察委员会进行监督制约。

4. 监察委员会的内部监督

监察委员会履行职责的特殊性决定了监察委员会必须警惕其内部的腐败问题,监察委员会的内部腐败问题会对国家和社会产生严重的影响,所以,必须加强监察委员会的内部监督,建设一支忠诚于党、业务一流的监察队伍。

首先,上级监察委员会领导下级监察委员会,并对下级监察委进行监督。下级监察委员会要定期向上级监察委员会报告工作,重要线索处置、重大案件调查和审理等重大事项要经上级监察委员会批准,接受上级监察委员会的监督。此做法有利于上级监察委员会了解和支持下级监察委员会的工作,防止其他机关对监察委员会的随意干涉,保证下级监察委员会顺利开展监察工作。

其次,监察委员会的内部机构之间要互相监督制约。监察委员会的内部机构要根据职责进行科学划分。在监察实践中,虽然国家和地方监察委员会内设机构的数量不同,但执行具体职责的机构却大致相同,主要包括信访室、案件监督管理室、监督检查室、审查调查室、案件审理室、纪检监察干部监督室等内设职能部门。❷ 信访室统一对信访举报进行管理;案件监督管理室主要负责对发现的问题线索实行集中管理、动态更新、全程监控;同时,监督

---

❶ 陈辉、汪进元:《论"监、检、审"三机关间的分工、配合与制约关系》,载《南京社会科学》2018年第5期。

❷ 《中共中央纪律检查委员会中华人民共和国国家监察委员会组织机构》,http://www.ccdi.gov.cn/xxgk/zzjg/201901/t20190124_187625.html,访问日期:2019年2月25日。

部门与调查部门分开设立，监督部门对负责联系地区和单位进行日常监督；调查部门专门从事依法调查工作，不固定授权，实行"一次一授权"，进行调查时要严格按照调查程序；案件审理室主要负责对案件事实和证据问题进行审核把关，对事实不清、证据不足的，退回调查部门补充证据或重新进行调查，在内部分工上实现互相制约，以防监察委员会因权力集中而滥用监察权。❶

5. 民主监督、社会监督、舆论监督

民主监督主要是指人民政协或民主党派等对监察委员会的监督。在我国，中国共产党是执政党，民主党派是参政党，民主党派的作用是政治协商、参政议政、民主监督。人民政协可通过政协全体会议、常委会议、主席会议向党和政府提出建议案；各专门委员会可对监察委员会提出建议；可通过委员视察、委员报告、委员举报、反映社情民意或以其他方式对监察委员会提出批评或建议；可通过列席相关会议对监察委员会进行监督；政协委员、各民主党派人士等还可以担任特约监察员，监督监察委员会的工作。❷

社会监督是指社会组织和公民对监察委员会进行的监督，社会监督没有法律效力，但具有广泛性。我国《宪法》规定了公民对国家机关及其工作人员有批评、建议、申诉、控告、检举等权利。一方面，公民可以向监察委员会反映自己的意见，对监察委员会的不当行为进行批评、提出建议；另一方面，监察委员会在开展监察工作时，有时需要向相关公民了解案情、调查取证，若监察人员在此过程中损害公民的合法权利，公民可向监察人员所属的监察委员会或上级监察委员会提出控告、检举。社会组织也可以通过各种监督渠道，对监察委员会进行监督。

舆论监督是指社会各界通过广播、媒体、报纸、杂志、网络等平台发表自己的观点、看法，在社会上形成舆论，从而对监察委员会进行监督。监察委员会的相关监察信息也要在法律规定的范围内及时公开，接受社会上的舆论监督，这样有利于促使监察委员会依法行使权力。

## 二、监察委员会监督制约机制存在的不足

在对监察委员会的监督制约方面，我国目前已形成了"五大监督"，但并不是对监督作出了规定就能很好地发挥监督作用，从理论到实践，中间还有

---

❶ 《谁来监督监察委?》，http://xinwen.eastday.com/a/180227193231633.html，访问日期：2019年3月2日。

❷ 江国华：《中国监察法学》，中国政法大学出版社2018年版，第305页。

很长的路要走，更何况有的监督方式缺乏具体规定，影响监督、制约作用的发挥。结合目前我国"五大监督"的具体规定，监察委员会监督制约机制存在的不足主要如下。

## （一）党委监督易发生错位、越位

### 1. 存在"同体监督"之嫌

首先，国家监察体制改革后，纪委和监察委员会合署办公。纪委是党内机关，是党内专门负责纪律检查的机关，监察委员会是由人大产生的，是国家机关。在我国，中国共产党是执政党，党领导一切，纪委虽然和监察委员会合署办公，但是纪委仍然可对监察委员会进行监督。其次，纪委是专门的党内监督机关，受同级党委的领导和监督，在党内监督体系中，党委监督是全面的监督，有权通过定期召开民主生活会、听取纪委的工作汇报等途径对纪委进行监督。❶ 比如，在各级党的代表大会上，纪委会向党的代表大会报告上一任期的全面工作，在中央全会或地方各级党委全会上，纪委有时也会报告上一阶段的工作。❷ 纪委和监察委员会合署办公，汇报工作时，不可避免地会涉及监察委员会的相关监察工作，所以，监察委员会和纪委合署办公，监察委员会同样要接受党委的监督。另外，从人事来说，除中纪委和国家监察委以外，纪委和监察委员会人员重合，都是党员干部，按照党管干部原则，监察委员会的监察人员同样要接受党内的监督。综上，党委的监督存在"同体监督"之嫌，可能会影响监督作用的发挥。

### 2. 纪委和监察委合署办公易导致职权混同

国家监察体制改革的重要制度安排是新组建的监察委员会不设党组，与纪委合署办公，履行纪检、监察两项职能，实行"一套人马、两块牌子"。从机构整体来看，这个机构分为两个名称，一个是党的纪委，一个是国家的监察委；从人员来看，除了中央层面以外，工作人员的身份具有双重性，既是党的纪检干部，也是监察工作人员。❸ 这样的办公体制有利于解决反腐败体制机制不畅、资源力量分散、反腐效率低下的问题，而且还有利于加强党对反腐败工作的统一领导，实现党内监督和国家监察的统一。但是，纪委和监察委合署办公产生积极影响的同时也容易导致职权混同问题。

---

❶ 余哲西：《对纪委的监督首先来自党委》，载《中国纪检监察》2017年第5期。
❷ 黄健达：《双重属性视角下监察委员会与人民代表大会的关系》，载《北京社会科学》2019年第2期。
❸ 任建明、杨梦婕：《国家监察体制改革：总体方案、分析评论与对策建议》，载《河南社会科学》2017年第6期。

首先，纪委和监察委合署办公产生党纪与国法不容易衔接的问题。纪委履行职责的依据是党规党纪，而监察委员会执行监察职能的依据是国家法律。"在国家监察体制改革全面深化期，处理好党纪与国法的关系，是事关国家监察体制改革基本方向的重要问题"，治理腐败不能仅仅依靠法律，还要依靠党纪。❶ 纪委和监委合署办公，要处理好党纪和国法的衔接问题，不能用党纪代替国法，也不能强调国法而忽视党纪，更不能"纪法混淆"，否则就会导致纪委和监察委员会职权混同。在实践中，党纪和国法出现了不协调、不一致的问题，主要包括：党规党纪的规定过于零散，缺乏统一，在与法律衔接规定方面有的存在空白；国家法律没有与党纪很好地承接，而且还经常出现"纪法混淆"的情况。例如，有时对违法案件进行违纪处分，以纪律处分代替法律惩罚。

其次，在职责上，纪委根据党规党纪执行监督执纪问责的职责；而监察委员会根据法律法规针对公职人员执行监督调查处置的职责，但是在纪委和监委合署办公的体制下，监察委员会和纪委除了在中央层面以外，领导人员完全发生重合。在对象方面，因共产党是我国的执政党，大部分公职人员都是党员；纪委的监督对象和监察委员会的监察对象也会发生重合；而且，在纪委监委刚刚介入案件时，并不能明确行为人是违纪、违法还是犯罪，容易导致调查主体、调查措施的混用。因此，在监督主体重合、监督对象也重合的情况下，监察委员会和纪委极易产生职权混同问题。

3. 可能干涉监察委员会依法独立行使监察权

《监察法》规定国家监察工作要接受中国共产党的领导，同时也规定监察委员会依法独立行使监察权，不受其他机关和个人的非法干涉。这体现和反映了我国特色的监察制度，但同时也产生了坚持党的领导和监察委员会依法独立行使职权如何平衡的问题。

中国共产党是执政党，监察委员会应坚持党的领导，但是也要防止过度干涉，影响监察委员会独立行使监察权。在权力运行过程中，立案调查、批准采取限制人身自由的留置措施以及做出处分等重要事项由谁批准决定，是评判监察委员会是否独立行使监察权的重要标准，但这些同样也属于党的领导范围。从试点运行来看，目前已知的留置案件中，北京市留置第一案即北京市通州区李某涉嫌挪用公款罪一案，立案调查和留置措施是通州区监委报经区委同意后开始进行的，浙江省杭州市留置第一案也是区委书记审批的。

---

❶ 刘艳红：《〈监察法〉与其他规范衔接的基本问题研究》，载《法学论坛》2019年第1期。

党委主要负责人审批立案调查、留置措施等，就有干涉监察委员会独立行使监察权的风险。而且，由同级党委负责人审批，给予了党委负责人过问、干预监察案件的机会，可能导致新的腐败产生。

（二）人大监督力度不够

我国《宪法》规定人大及其常委会对监察委员会有监督权，《监察法》又相对细化了人大及其常委会对监察委员会进行监督的规定，具体包括听取、审议专项工作报告，组织执法检查，提出讯问或质询等，但是在人大及其常委会监督监察委员会过程中，产生了很多问题，需要对人大监督加以完善。

1. 监察委"全覆盖"与人大监督存在一定张力

首先，监察范围全覆盖是否会与人大制度之间产生逻辑上的冲突？众所周知，我国实行民主集中制原则，根据此原则，人民选出代表组成各级人大，由其代表人民行使管理国家的权力，人大作为国家权力机关，其他国家机关由它产生，并对它负责，受它监督。而国家监察体制改革扩大了监察范围，根据《监察法》的规定，人大及其常委会机关的工作人员属于监察委员会的监察范围。因此，有学者认为将人大及其常委会机关的工作人员纳入监察委员会的监察范围可能产生逻辑上的"悖论"。❶ 即：一方面人大及其常委会对监察委员会进行监督，另一方面监察委员会又要监督人大及其常委会机关的工作人员，这样就容易使人大及其常委会与监察委员会产生一种监督权力的冲突状态。

其次，人大及其常委会对监察委员会进行监督是否会存在人大监督党的政治风险？纪委和监察委合署办公，一套人马，两个机关，执行纪检、监察两种职能。党的纪律检查机关即纪委，是党内机构，具体负责党内监督，而从监察委员会的产生方式和职能来看，监察委员会是行使国家监察职能的专责机关，是国家机关，要受人大的监督。现在纪委和监委合署办公，所以，人大及其常委会对监察委员会进行监督就相当于对纪委进行监督，从而可能产生人大监督党的政治风险，这与党的领导地位和中国的政治逻辑不相符。

2. 人大监督法定形式运用不足

《监察法》中规定人大及其常委会对监察委员会的监督方式只包括听取和审议专项工作报告、组织执法检查、询问和质询，不仅监督方式少，且缺乏监督程序，不利于实际操作，影响了人大监督作用的发挥，而且监察委员会

---

❶ 秦前红：《监察体制改革的逻辑与方法》，载《环球法律评论》2017年第2期。

只向同级人大常委会作专项工作报告,而不是向同级人大作年度工作报告,不利于人大及其常委会对监察委员会的监督制约。具体言之:

(1) 监察委员会只向人大常委会作专项报告,不利于人大监督作用的发挥

人大是我国的权力机关,其他权力都是从人大权力中分工出来的,人大对同级其他国家机关有监督权,其监督形式有很多,具体包括:听取、审议工作报告;审查和批准计划和预算;对法律法规的实施情况进行检查;审查规范性文件并予以改变或撤销;质询或询问特定事项;罢免、审议、决定撤职案,等等。其中,听取、审议工作报告是人大最重要的监督方式,也是最为人熟知的人大监督方式,是对其他国家机关的工作情况进行的最为全面的监督。受监督的国家机关在一年召开一次的人大全体会议上报告工作,全体人大代表共同听取并对其报告进行审议,从而对该国家机关进行监督。❶ 在以往每年各级人大召开会议时,"一府两院"的负责人会向同级人大作工作报告,报告上一年度或上一任期的工作情况,接受同级人大的监督。每年的工作报告都会在社会上产生广泛关注,引起广泛讨论,这样也有利于接受社会的监督,提高政府和司法机关的公信力。

监察委员会是由人大产生的,人大当然有权对它进行监督,其理应像"一府两院"那样,在同级人大召开会议时,向同级人大报告工作。在《监察法》制定之前,学界对监察委员会如何向人大报告工作进行了探讨,比如马怀德教授认为监察委员会应向人大作年度工作报告,而不仅是专项工作报告。❷ 姜明安教授也持此观点,姜明安教授认为人大对监察委员会的监督,不能仅限于监察委员会向人大常委会作专项工作报告,而是向人大作年度性的报告。❸《监察法》制定时,对此作出了明确规定,但《监察法》规定的不是监察委员会向同级人大作年度工作报告,而是向同级人大常委会作专项报告,即监察委员会对开展监察工作中遇到的重大问题向人大常委会报告,接受人大常委会的监督。重大问题一般包括监察体制改革的情况、《监察法》实施中具体出现的问题、人民群众普遍关注的监察事项,等等,而且在报告监察委员会工作实绩的同时,对其监察工作中存在的不足、困难以及改进的措施等

---

❶ 黄健达:《双重属性视角下监察委员会与人民代表大会的关系》,载《北京社会科学》2019年第2期。

❷ 马怀德:《对监察法草案的七点看法》,https://www.sohu.com/a/205620231_480606,访问日期:2019年2月26日。

❸ 刘嫚:《反腐学者姜明安:建议监察委"应"定期向人大作报告》,http://www.oeeee.com/mp/a/BAAFRD00002017111257810.html,访问日期:2019年2月26日。

也要报告。❶ 笔者认为法律作出这样的规定，应该是考虑到人大一年只召开一次会议，而监察委员会在监察实践中遇到的重大问题会很多，监察委员会对人大作专项报告不切实际，因此《监察法》规定监察委员会向同级人大常委会作专项报告，以便人大常委会能随时听取其专项报告，对其进行监督。但是，这样的做法不利于人大对监察委员会进行监督。

（2）人大监督监察委员会方式少，监督程序缺乏

一般来说，人大及其常委会对其他国家机关的监督方式有很多，但监察委员会成立后，人大及其常委会对监察委员会的监督方式仅仅包括听取和审议监察委员会的专项工作报告，组织执法检查，对监察工作进行询问和质询等，明显比人大及其常委会的常规监督手段少，而且没有规定监督程序，整体关于人大监督的规定较为概括、笼统。这样，就会出现两个问题：一是人大采用一年召开一次会议的形式行使国家权力，经常性的监督职权由人大常委会行使，而各级人大常委会依照《中华人民共和国各级人民代表大会常务委员会监督法》（以下简称《监督法》）的相关规定对其他国家机关进行监督，那么，《监察法》规定的人大及其常委会对监察委员会的监督方式，是否适用《监督法》中所规定的监督程序呢？二是在《监察法》中未规定，但在《监督法》中规定的人大常委会的其他监督方式，是否能在监督监察委员会时使用呢？❷

（三）司法机关、执法部门与监察委互相制约难落实

1. 司法机关、执法部门难以有效制约监察委

国家监察体制改革，将行政监察上升为国家监察，使监察委员会成为一个独立于政府的国家机关。在宪法地位上，监察委员会与行政机关、审判机关、检察机关平等，在查办职务违法和职务犯罪案件时，与检察机关、审判机关、执法部门形成了相互配合、相互制约的关系。同时，监察委员会在办公体制上，沿袭了过去纪委和行政监察机关合署办公的体制，确立纪委和监察委员会合署办公。但是，这样一来，无形中提升了监察委员会的地位，更何况监察委员会可以采取限制公民财产、人身的调查措施，权力较大，使得检察机关、审判机关无法对其进行监督制约。

第一，公安机关等执法部门对监察委员会的制约，法律没有作出具体规

---

❶ 段鸿斌：《监察委员会专项工作报告监督程序之构建》，载《人大研究》2019年第2期。
❷ 秦前红：《我国监察机关的宪法定位——以国家机关相互间的关系为中心》，载《中外法学》2018年第3期。

定。在办理职务违法和职务犯罪案件中,"监察机关和检察机关、审判机关在办案中呈'流水作业'的工作形态"❶,具体来说,监察委员会负责调查,检察机关负责起诉,审判机关负责审判,在这个过程中,只有在调查阶段,公安机关能发挥一定的作用,即配合监察委员会采取相关调查措施。但是,其对监察委员会的监督作用却体现不出来,致使公安机关不能有效地监督制约监察委员会。

第二,检察机关对监察委员会的监督制约作用不能完全发挥。监察委员会整合了"检察机关查处贪污贿赂、失职渎职以及预防职务犯罪等工作的力量"❷,缩小了检察机关的职权,相对弱化了检察机关的监督作用。另外,《监察法》规定"人民检察院经审查,认为需要补充核实的,应当退回监察机关补充侦查,必要时可以自行补充侦查",此条款说明检察机关有一定的职务犯罪侦查权,可是"必要时"才能行使,而什么情况下可以认定为"必要时",法律并没有作出规定,这就导致在监察实践中,检察机关一般会将案件退回监察委员会补充侦查,而不会自行侦查,不能对监察委员会进行有效监督制约。

第三,审判机关也不能有效监督制约监察委员会。审判机关处于中立地位,应公平公正地审理案件,在庭审时可依法排除非法证据,也可以要求相关调查人员出庭作证,但是监察委员会的监察范围包括审判机关的法官,法官作出与监察委员会不同的意见时,往往会担心招来监察委员会的"报复",承担的心理压力较大,不利于公正审理案件,也不利于对监察委员会的监督制约。❸

2. 监察委员会与司法机关、执法部门衔接不畅

监察委员会在对公职人员进行监督、调查、处置时,必然会涉及与刑事司法的衔接问题,衔接机制不协调,会影响司法机关、执法部门对监察委员会的监督制约作用发挥。尽管我国《监察法》对监察委员会与司法机关、执法部门衔接问题做了规定,但是规定的内容较少,许多地方存在漏洞,导致其衔接不畅,具体言之:

第一,在调查主体方面,由于立法的模糊规定,使得监察委员会与司法

---

❶ 齐小力、陆冬华:《论公安机关和监察机关互相配合、互相制约》,载《中国人民公安大学学报》(社会科学版)2018年第3期。

❷ 《关于在北京市、山西省、浙江省开展国家监察体制改革试点工作的决定》,http://www.npc.gov.cn/npc/xinwen/2016-12/25/content_2004968.htm,访问日期:2019年2月27日。

❸ 郭华:《监察委员会与司法机关的衔接协调机制探索——兼论刑事诉讼法的修改》,载《贵州民族大学学报》(哲学社会科学版)2017年第2期。

机关的衔接出现问题。《监察法》规定"被调查人既涉嫌严重职务违法或者职务犯罪，又涉嫌其他违法犯罪的，一般应由监察委员会为主调查，其他机关予以协助"，这一规定确立了"监察优先"的原则，而我国的刑事诉讼程序对于这种互涉案件却采用"主罪为主"的原则，即以主罪来确定案件的处理程序，其他犯罪的处理程序起辅助作用，不管主罪是不是职务犯罪。这样，《监察法》确定的"监察优先"的原则就与"主罪为主"的原则产生冲突，❶ 若现实中出现行为人的主罪是其他违法犯罪，但同时又涉嫌严重职务违法或职务犯罪时，由监察委员会为主调查，其他机关予以协助的话，适用了"监察优先"原则，但是会与"主罪为主"的原则背离，而且所涉机关还容易因此产生冲突，加大案件侦查难度，影响案件办理效率。

第二，在级别管辖方面，监察委员会的监察程序与刑事司法程序也存在衔接不畅问题。《监察法》第16条、第17条对监察委员会的级别管辖作出了规定，如果下级监察委员会管辖的案件重大、复杂，但因其能力不足或其他原因，可以报请上级监察委员会管辖。但是，监察委员会没有起诉权，调查终结后要由检察院审查起诉，检察院提起公诉的管辖权适用《刑事诉讼法》，《刑事诉讼法》规定第一审普通刑事案件由基层人民法院管辖，危害国家安全、恐怖活动犯罪以及可能判处无期徒刑、死刑的案件由中级人民法院管辖。此时，报请上级监察委员会管辖的重大、复杂案件属哪个法院管辖，怎样移送就出现了问题，监察案件由中级人民法院管还是基层人民法院管，由上级监察委员会移送还是下级监察委员会移送，《监察法》未作规定。

第三，在调查程序的衔接问题上，监察委员会开展监察工作可采取12项调查措施，这些调查措施不仅仅有行政强制措施，还有刑事强制措施，现在却集中到一起，由监察委员会按照《监察法》的相关规定行使。《监察法》对调查程序的规定比较概括、笼统，有许多地方存在立法空白，使得监察委员会在实际操作中缺乏相关法律依据，从某种程度上扩大了监察委员会的自由裁量权，更不利于监察委员会的监督和制约。另外，监察委员会拥有的调查措施较多而且在内部进行，外部很难介入，不利于保障被调查者的合法权利，特别是查封、扣押、留置等措施的适用，若缺乏有效的监督与制约，极易对被调查者的财产、人身自由甚至生命造成严重威胁，侵犯人权，而且，法律规定调查权不同于刑事侦查权，不能依据《刑事诉讼法》的规定允许律

---

❶ 杜威：《国家监察体制改革的宪法学研究》，青岛大学2018年硕士学位论文，第22页。

师介入,❶ 被调查者无法寻求律师的帮助。

(四) 监察委员会内部监督不到位

加强监察委员会的内部监督,可以有效防止监察委员会的内部腐败问题,监察委员会内部监督包括:上下级监察委员会之间的纵向监督,监察委员会内部工作部门之间的横向监督。鉴于监察委员会内部监督的重要性,我国法律对监察委员会的内部监督作出了相关规定,在一定程度上能防止监察权的滥用,但是也存在一定局限性。

1. "双重领导"的困境

党章规定了地方各级纪委和基层纪委受"双重领导"的体制,而且上级纪委要加强对下级纪委的领导,后来《中共中央关于全面深化改革若干重大问题的决定》再次强调,"推进纪检工作双重领导体制具体化、程序化、制度化,加强上级纪委对下级纪委的领导"。❷ 在监察委员会与纪委合署办公的模式下,监察委员会在领导体制上与纪委的双重领导体制高度一致,要接受同级党委和上级监察委员会的双重领导。❸ "双重领导"体制具有积极影响,但是也会产生问题。例如,一般情况下,同级党委和上级监察委员会在反腐败的目标上是一致的,但不排除同级党委和上级监委因为对具体案件认识存在差异、同级党委害怕承担廉政建设的主体责任或者出于对地方的保护,同级党委和上级监委出现意见分歧,而此时,监察委员会是听取同级党委的意见还是听取上级监委的意见?❹ 另外,监察委员会受同级党委和上级监委的双重领导可能对正在办案的监察机关形成干涉,影响监察委员会依法独立行使权力。

2. 存在"自我监督"之嫌

监察委员会对所有公职人员进行监察,监察委员会属于国家机关,其内部的工作人员开展监察工作时,行使的是公权力,因此,监察委员会内部的监察人员也应该属于其监察范围之内。对此,最高检检察长张军就内设机构改革答记者问时说:"按照《监察法》和《刑事诉讼法》的规定,监察委员

---

❶ 杨宇冠、高童非:《论监察机关与审判机关、检察机关、执法部门的互相配合和制约》,载《新疆社会科学》2018年第3期。

❷ 《中共中央关于全面深化改革若干重大问题的决定》,http://politics.people.com.cn/n/2013/1116/c1001-23560979.html,访问日期:2019年2月6日。

❸ 纪轩闻:《以确立监察委员会宪法地位为契机 健全党和国家监督体系》,http://www.ccdi.gov.cn/yaowen/201803/t20180312_166089.html,访问日期:2019年3月2日。

❹ 秦前红:《监察机关依法开展自我监督之路径研究》,载《深圳社会科学》2018年第1期。

会的工作人员如果有违法或者涉嫌犯罪的情形，还是由纪委、监察委依法进行调查处理。涉嫌犯罪的，向检察机关移送起诉。"❶ 这说明监察委员会的工作人员职务违法时，由监察委员会自己处理，不让检察机关干涉，但是监察委员会内部自己调查自己，有"自我监督"之嫌，出现了许多弊端。一是监察委员会监督监察人员是在其内部进行，透明性较差，缺少外部权力的制约。监察委员会的监督人员和被监督人员都属于一个系统，相互认识，容易出现徇私枉法的情形。❷ 二是监察人员长期从事监察工作，具有一定的侦查和反侦查能力，增加内部监督的难度，可能使内部监督流于形式，不能发挥内部监督应有的作用。而且从监察人员来看，其权力较大，面对的诱惑比较多，容易滥用权力，在监察实践中，监察人员贪腐的情况也不是个例，而且监察人员贪污腐败造成的影响更大，会严重影响监察委员会的权威性和公信力。

（五）民主监督、社会监督和舆论监督乏力

1. 民主监督执行困难

人民政协的三大主要职能之一就是民主监督，在国家监察体制改革的背景下，要充分发挥民主监督的作用，加强人民政协和各民主党派对监察委员会的监督。但是民主监督是一种"协商性"的监督，没有法律强制效力，对监察委员会的监督难以有效执行。一方面，民主监督的制度化水平较低，从政协和民主党派知情到和监察委员会沟通，再到向监察委员会反馈，这中间缺乏有效的工作程序，政协、民主党派与监察委员会的互动机制需要完善，使得民主监督发挥的作用不强；另一方面，民主监督的自主监督性较差，政协和各民主党派对党和政府的依赖性较强，自主监督的意识不强，❸ 而且政协和民主党派自身的监督能力也有待加强。

2. 社会监督力度不够

社会监督、舆论监督是最广泛的监督，体现着社会的文明程度，但是监督渠道的缺乏和监察信息的不透明性影响着社会监督。一是监察委员会因办理案件的特殊性，监察信息一般都是对外封闭的，而社会监督的前提就是信息公开透明，监察委员会查办案件信息不公开、公开滞后，不利于社会了解监察委员会的工作，也不利于对监察委员会进行监督；二是监督渠道缺乏，

---

❶ 《国新办举行2019年首场新闻发布会 最高检领导就内设机构改革答记者问》，http://www.spp.gov.cn/tt/201901/t20190103_404282.shtml，访问日期：2019年2月20日。

❷ 乔虹：《纪检监察机关内部权力监督问题研究》，西北大学2018年硕士学位论文，第27页。

❸ 刘靖子：《国家监察体制改革与民主监督问题——探析监督的"一元多体"思考》，载《天津市社会主义学院学报》2017年第4期。

有时社会组织和人民群众发现线索后不知道向哪个机关举报，而且有时社会组织和人民群众向有关部门提供了案件线索，但是线索却石沉大海，没有后续的答复，影响社会组织和人民群众进行监督的积极性。

3. 舆论监督成效不明显

监察委员会对所有的公职人员进行监察，而有时公职人员的职务违法、职务犯罪存在特殊性，可能涉及国家秘密，这就使得监察委员会进行信息公开要进行审查、筛选，从而导致监察信息公开不及时，使得社会舆论难以对监察委员会进行有效监督，舆论监督作用发挥不出来，成效不明显。

### 三、监察委员会监督制约机制的完善

科学有效的监督制约机制既可以起到对监察委员会的监督制约作用，又不影响监察委员会的独立性，而我国目前对监察委员会监督制约的规定还不是很完备，所以，要针对监察委员会监督制约机制存在的上述问题，在借鉴域内外经验的基础上，不断完善监察委员会的监督制约机制，以期建立一套科学有效的监察委员会监督制约机制，避免监察委员会滥用监察权。具体建议如下：

#### （一）坚持与改善党委监督

监察委员会开展监察工作要接受党的统一领导，但是要正确认识和处理党的领导与监察独立的关系，党不能干涉监察委员会依法独立行使权力。另外，在纪监合署办公的体制下，还要理顺纪委和监察委员会的关系，以完善党委监督。

1. 正确认识和处理党的领导与监察独立的关系

正确认识党对监察委员会的领导，坚持党的领导是政治、组织和思想上的领导，而不是具体的业务领导，要保证监察委员会在党的领导下，依法独立行使监察权。

首先，党不能干涉监察委员会的具体工作。在全国推行监察体制改革之前，率先在北京市、山西省、浙江省进行了试点，其中关于留置措施，浙江省留置第一案和北京市留置第一案都是经党委负责人批准后才能适用，这样不仅使得党对监察委员会的具体业务进行了领导，而且，党委自己做决定的同时，又自己监督自己，有权力滥用的风险。因此，在《监察法》制定时，摒弃了这种做法，使用留置措施不必再经过党委主要负责人批准，与改革试点相比，留置措施的适用程序有了明显的进步。《监察法》规定采取留置措施

不仅要领导人员集体研究决定，而且市级以下监察机关采取留置措施要经上一级监察委员会批准，省级监察机关采取留置措施，要向国家监察委员会备案，这样就大大减少了党委对监察委员会具体业务的干预，使党委发挥真正的监督作用。因此，笔者认为要减少党委对监察委员会权力的干涉，需要完善党委监督方式，比如，可以通过审议、听取监察委员会报告的形式对监察工作进行原则性、宏观性的监督，对监察委员会内部的党员干部进行日常监督，等等。

其次，在党的领导下，监察委员会依法独立行使监察权，自主处理监察案件。党的领导和监察委员会独立行使监察权并不矛盾，两者是统一的，监察委员会依法独立开展监察工作的前提就是坚持党的领导，但要对党的领导有正确的认识，坚持党的领导是政治领导、思想领导、组织领导，是关于反腐政策、反腐路线、反腐方向的领导，是宏观的领导。

最后，要妥善处理党的领导与监察独立的关系。一方面，监察委员会要坚持党的领导，但是也要防止党委个别领导干部利用职权插手监察案件，干预监察活动，探索建立党委领导干部打听案件、过问案情的记录、问责机制，避免党委对监察案件的干涉，保证监察委员会依法独立行使监察权，充分调动其工作积极性，实现其反腐职能；另一方面，为了加强党对反腐败工作的领导，对监察委员会的反腐工作进行监督，要建立监察委员会重大报告事项制度，对于监察委员会在办理监察案件过程中遇到的重大事项要定期向同级党委的报告请示，以便同级党委的适时监督。所以，要坚持党对监察委员会反腐路线、反腐方针的领导，防止党对具体监察工作的干预，但同时也要保证监察委员会依法独立行使监察权，使监察委员会充分发挥监察职能。

2. 理顺纪委和监察委的关系

在我国进行国家监察体制改革之前，已有纪委和行政监察机关合署办公的先例，但是因党特殊的政治地位，再加上纪委和行政监察机关职责、权限分工不明，致使纪委处于明显的强势地位，行政监察机关处于从属地位，使行政监察成为纪委的附庸，行政监察的作用不能充分发挥，影响反腐的实际效能。国家监察体制改革后，纪委和监察委员会合署办公，但是要吸取以前的教训，理顺纪委和监察委员会的关系，防止出现同样职权不分的情况。必须明确的是，二者合署办公不代表二者融于一体，不分彼此，在党风建设方面，由纪委管理，而涉及职务违法和职务犯罪的，则由监察委员会调查，特定情况下纪委和监察委员会还能交换案件信息，相互配合，这种既有分工又有配合的运作模式与党章对纪委的要求相符，也符合监察委员会的职能定位。

具体言之：

第一，构建党纪和国法衔接协调机制。纪委根据党规党纪行使监督权力，监察委员会依据法律法规行使监察权力，因此，只有实现党规党纪与国家法律的有效衔接，才能构建纪委监委合署办公的有效模式，两者才能共同发力，加强反腐倡廉建设。一方面，坚持"纪在法前"，实现"纪法融合"。基于党的政治地位，要对党员严格要求，而党规党纪是治党管党的重要依据，所以其规定比法律严格，"纪在法前"可以从源头上对党员的腐败进行控制，用严格的党规党纪管理党员，从细节处抓问题，防微杜渐；另一方面，要坚持党规党纪与国家法律有界限，防止"纪法混淆"。❶纪委只能依据党规党纪对党员进行处分，监察委员会只能依据法律对公职人员进行监察，所以，在监督实践中，要对行为人的行为准确定性，然后依其性质采取相关措施。

第二，纪委和监察委员会要分工明确，各司其职，防止出现权力混同的情形，但也要在案件线索方面做到相互配合，提高反腐效率。其一，要做到纪委和监察委分工明确、各司其职。笔者认为，应从以下方面着手：一是在监督依据方面，纪委严格依照党规党纪开展党内监督活动，监察委员会则依据《宪法》《监察法》等相关法律行使监察权。纪委和监察委严格按照法定依据开展监督工作，对没有法定依据的事项，禁止越权进行。二是在监督对象方面，纪委是党内监督机关，监督对象是所有的党员，而监察委员会的监督对象是所有公职人员，既包括党员也包括非党员，实现公职人员全覆盖。在实践中，应严格区分监督对象，党员违纪违法的由纪委检查，其他行使公权力的人员则由监察委员会调查。三是在监督手段方面，纪委可以采取谈话等非限制人身自由的措施，监察委员会既可以采取谈话、询问等非限制人身自由的调查措施，又可以采取查封、扣押、留置等限制公民财产、自由的调查措施。和纪委能采取的监督检查措施相比，监察委员会可采取的调查措施明显增多，而且最重要的是用留置代替了"双规"，纪委和监察委员会在开展监督工作时，可采取的调查措施绝对不能混淆，特别是限制人身自由的留置措施，只能由监察委员会行使，而且仅限于调查严重的职务违法和职务犯罪时行使。其二，纪委和监察委互相配合是指当纪委在检查党员违法违纪情况时发现被检查对象同时涉嫌职务违法和职务犯罪，应将此情况及时通知监察委员会，并将此前掌握的案件信息全部告知监察委员会，从而使监察委员会及时采取调查措施，收集相关证据，提高办理案件的效率。当监察委员会发

---

❶ 刘艳红：《〈监察法〉与其他规范衔接的基本问题研究》，载《法学论坛》2019年第1期。

现党员干部违纪时，也要及时移交给纪委，由纪委负责调查处分。

综上，在合署办公的模式下，要厘清纪委和监察委的关系，实现党规党纪与国家法律的良好衔接，使纪委和监察委员会分工明确，但又在某些方面相互配合，并行发挥监察委员会和纪委的监督作用。

（二）加强人大监督

人大监督是一种最有效、最有力的监督方式，但是依据我国《宪法》和《监察法》的规定，人大监督方式较少，监督程序又相对缺乏，影响人大监督作用发挥。所以，要理顺监察委员会与人大的关系，完善人大监督方式，发挥人大监督的应有作用。

1. 理顺监察委员会和人大的关系

要理顺监察委员会与人大的关系，首先必须要准确界定两者的应然关系，即：一方面，监察委员会由人大及其常委会选举产生，对它负责，受它监督；另一方面，人大及其常委会机关的工作人员属于监察委员会的监察范围。在此基础上，我们必须明确以下两点：

第一，监察委员会不能对人大及其常委会进行监督。之所以如此，一是由我国的民主集中制原则决定的。我国在政治上实行民主集中制原则，民主集中制原则的一个重要内涵就是国家权力机关产生其他国家机关，其他国家机关对它负责，受它监督。❶ 监察委员会是人大产生的，当然要对人大负责，受人大监督。人大作为我国的权力机关，具有优越的地位，是"其他国家机关权力的直接来源"❷，是"其他国家机关的组织者与监督者，人大高踞其他国家机关之上"❸，人大自然不受其他国家机关的监督。二是按照议会自律原则，人大内部的事情，由其自己处理，其他国家机关不能干涉，监察委员会也不例外。另外，人大的监督权和监察委员会的监察权有明显的区别。人大作为权力机关，对它产生的国家机关有权进行监督，这其中当然也包括监察委员会，人大有权对国家机关的工作进行监督，也有权对国家机关负责人进行监督。而监察委员会有权对所有行使公权力的人员进行监督，监督对象是人，人大及其常委会机关的工作人员行使的是公权力，自然要受监察委员会的监督，因而，在监督人员范围上，两者有一部分是重合的。当然，两者的区别也很大：人大监督的重点是国家机关的工作情况，主要目标和任务是保

---

❶ 陈端洪：《宪治与主权》，法律出版社2007年版，第232页。
❷ 蔡定剑：《中国人民代表大会制度》，法律出版社2003年版，第27页。
❸ 何华辉主编：《人民代表大会制度的理论与实践》，武汉大学出版社1992年版，第1页。

障法律法规和人大及其常委会决定决议的实施，而监察委员会的监察重点是公职人员的廉政情况，主要目标和任务是反腐败。❶

第二，监察委员会能对人大及其常务委员会机关的工作人员进行监督。监察委员会的监督对象是公职人员，是对人的监督，由于人大及其常委会机关的工作人员履职时行使的是公权力，自然也属于监察委员会的监察范围。这里有个问题，即监察委员会能否对人大代表进行监察？对此，理论界与实务界都有争议。笔者认为，人大代表作为人大的组成部分，尽管也可以行使公权力，但其只能在人大开会时集体通过投票行使职权，而不能单独行使职权，因而，监察委员会不能对人大代表进行监察，否则无异于监察人大。但是考虑到我国人大代表多为兼职的情况，如果人大代兼有公职人员身份的，监察委员会自然可以对其进行监察，但监察委员会监察的是其"公职人员"身份，而不是"人大代表"身份。此外，考虑到公职人员兼有人大代表身份，在对其调查时，要遵循《宪法》等的相关规定，对其人身进行特别保护。❷

2. 完善人大监督方式

人大监督是最权威、最有力的监督，但我国《宪法》和《监察法》中关于人大及其常委会对监察委员会的监督规定较为模糊、笼统，监督手段少，缺乏监督程序，使得人大及其常委会的监督易于"流于形式"，影响了人大及其常委会监督权的行使。

（1）加快立法，制定《监察法》配套法律法规

自国家监察体制改革以来，对国家监察体制作出规定的只有《宪法》和《监察法》，不仅法律规定少，还存在不少法律空白。例如，《监察法》同时充当着监察组织法、监察程序法等，难以对监察制度做到全方位的规定，这其中就包括人大及其常委会对监察委员会的监督问题。面对我国严峻的反腐形势，我们必须要加快立法，制定《监察法》配套法律法规，为国家监察体制改革提供完善的规范依据，也为人大及其常委会监督监察委员会提供法律依据。可喜的是，2018年9月7日，随着《十三届全国人大常委会立法规划》的公布，《政务处分法》《监察官法》都已被纳入立法规划。2020年6月20日，十三届全国人大常委会第十九次会议审议通过了《政务处分法》。该法律的出台，可以有效地规范监察机关的政务处分活动，为监察机关实施政务处

---

❶ 姜明安：《国家监察立法的若干问题探讨》，载《法学杂志》2017年第3期。
❷ 马怀德：《再论国家监察立法的主要问题》，载《行政法学研究》2018年第1期。

分提供法律依据,进一步完善我国的监察制度。❶

(2) 修改《监督法》,为人大常委会监督监察委提供规范依据

《监察法》虽然规定了听取专项工作报告、组织执法检查、询问与质询等监督方式,可是却没有规定这些监督方式如何运作,使得人大及其常委会对监察委员会的监督易于"浮于表面",难以真正发挥监督作用。而对于如何解决这一问题,学界也存在不少争议。例如,有学者认为要加快相关立法,弥补法律空白;有学者认为人大常委会对监察委员会的监督应适用《监督法》,按照《监督法》规定的监督方式和监督程序进行,因而,只需要修改《监督法》即可,不需要重新制定相关立法。对此,笔者较为赞同秦前红教授的观点,认为加快相关立法确实能解决问题,可是立法成本较高,时间较长,立法条件还不成熟,不能及时解决问题,但是如果适用目前已有的《监督法》,人大常委会对监察委员会的监督问题就能得到较好的解决。❷ 这是因为,《监督法》是一部关于人大常委会进行监督工作的专门法律,对人大常委会的监督方式和监督程序做出了详细规定,所以,人大常委会对监察委员会的监督可适用《监督法》规定的监督程序。比如,现行的《监督法》对人大常委会听取和审议"一府两院"的专项工作报告作出了较为详细的规定,这些规定都经过了实践的检验,并取得了很好的效果,而且这些规定与监察委员会的性质和职权并不存在矛盾,只需稍加修改就可适用于监察委员会。❸ 另外,《监察法》没有规定规范性文件审查、特定问题调查等监督方式,但是考虑到监察委员会和人大的关系,人大常委会可以使用这些监督方式对监察委员会进行监督。❹ 例如,根据第十三届全国人大常委会第十四次会议通过的《全国人民代表大会常务委员会关于监察委员会制定监察法规的决定》,国家监察委员会有权根据宪法和法律制定监察法规,但其应当在监察法规公布后的30日内报全国人大常委会备案。当然,我们需要对《监督法》做出相应的修改,为人大常委会监督监察委提供规范依据。

(3) 应向人大作年度工作报告

尽管有学者认为监察委员会应该向人大做年度综合性的工作报告,但目

---

❶ 瞿芃:《政务处分法解读之一:为什么要制定公职人员政务处分法》,http://www.ccdi.gov.cn/toutiao/202006/t20200620_220504.html,访问日期:2020年6月20日。

❷ 秦前红主编:《监察法学教程》,法律出版社2019年版,第182~183页。

❸ 秦前红:《人大监督监察委员会的主要方式和途径——以国家监督体系现代化为视角》,载《法律科学》2020年第2期。

❹ 秦前红:《我国监察机关的宪法定位——以国家机关相互间的关系为中心》,载《中外法学》2018年第3期。

前法律只规定监察委员会向人大常委会作专项工作报告。其原因主要在于：监察委员会是行使国家监察职能的专责机关，针对的是公职人员，调查过程中往往会涉及许多党和国家的秘密，事关重大，涉及我国的国家利益和国家安全，调查需要具有非常高的保密性，❶ 因此，考虑到监察委员会工作的特殊性，不能在人大会议上作报告，以免泄露国家秘密，给党和国家造成损失。其实，中央军事委员会也不向人大报告工作，《宪法》只规定了中央军事委员会的主席对全国人大及其人大常委会负责。如此规定是因为军事涉及国家秘密，需要极高的保密性，不宜向人大报告。但是，监察委员会的涉密程度远比不上中央军事委员会，只是在具体的案件中会涉及国家秘密。监察委员会的工作计划、监察体制改革完成情况、监察成果等内容都不涉及国家秘密，而上述所罗列的情形都应该属于报告的内容，❷ 所以，监察委员会向人大作年度工作报告可以采取措施，避免泄露国家秘密。另外，还有人担心监察委员会向人大作年度工作报告，会产生"人大监督党"的政治风险。笔者认为这种担忧是不必要的，监察委员会虽然与纪委合署办公，但监察委员会与纪委是两个机关，性质根本不同，而监察委员会只是代表国家监察机关向人大报告工作，并不是代表党内监督专责机关的纪委向人大报告工作，自然不会产生"人大监督党"的政治风险。综上，为了使人大更好地监督监察委员会，笔者认为监察委员会应向人大作年度工作报告，这样也有利于增强人大监督实效。

（4）发挥监察和司法委员会应有的功能

对于如何贯彻落实人大监督的作用，保证监察权不被滥用，学界对此早有研究，并提出很多建议。以童之伟教授为代表的学者认为应在层级较高的各级人民代表大会内增设对应的常设机构，以专门监督监察委员会，从而加强对监察委员会的监督。而有的学者对增设常设机构持反对态度，如武汉大学的靳海婷认为在人大内部设置专门的监督机构对监察委员会进行监督，在一定程度上可以加强对监察委员会的监督，但是，这样并不能从根本上解决问题，而且会造成机构冗杂。❸ 2018 年 3 月 22 日，中共中央印发了《深化党和国家机构改革方案》，其中规定将原先的全国人大内务司法委员会更名为全

---

❶ 《监委为什么向人大常委会作专项工作报告》，http://www.hebcdi.gov.cn/2018-04/13/content_6845294.htm，访问日期：2019 年 3 月 5 日。

❷ 黄健达：《双重属性视角下监察委员会与人民代表大会的关系》，载《北京社会科学》2019 年第 2 期。

❸ 靳海婷：《论人大监督权与监察委监察权之关系、界限与衔接》，载《华侨大学学报》（哲学社会科学版）2018 年第 5 期。

国人大监察和司法委员会,并规定"全国人大监察和司法委员会在原有工作职责的基础上,增加配合深化国家监察体制改革、完善国家监察制度体系、推动实现党内监督和国家机关监督有机统一方面的职责"。从这个规定来看,与童之伟教授的观点较为相似,笔者也非常赞同这一规定。在 2019 年全国人大有关负责人答记者问时,全国人大监察和司法委员会副主任委员徐显明说,全国人大监察和司法委员会在成立的一年里,主要开展了以下工作:"开展监察体制改革和监察法实施情况的调研;推动完善监察法的配套法律;加强与国家监察委员会及其派驻机构的沟通和协调,加强与地方人大对口委员会的联系等等"[1] 这说明,监察和司法委员会能有效推动国家监察体制的深化改革,促进国家反腐工作的进一步发展,未来我们应进一步发挥其应有的功能。

(三)强化司法机关和执法部门的监督与制约

为确保监察委员会正确行使权力,必须要用权力制约权力。但是,不完善的法律规定以及现实中出现的诸多问题,限制了司法机关和执法部门对监察委员会监督、制约作用的发挥。所以,要寻求有效的解决方法,发挥司法机关、执法部门的监督、制约作用。

1. 完善监察委员会和司法机关、执法部门互相制约机制

监察委员会、检察机关、审判机关和行政执法部门在案件线索方面可以做到相互配合,在查办职务违法和职务犯罪案件时,也可以在职权范围内予以支持、配合。但是在互相制约方面,监察委员会、检察机关、审判机关和执法部门之间还存在一定的问题。特别是监察委员会和纪委合署办公,导致审判机关和检察机关难以对其形成有效监督与制约。要解决这一问题,就应从以下方面着手:

首先,要发挥公安机关等执法部门的监督制约作用。因缺乏公安机关等执法部门监督制约监察委员会的具体法律规定,在监察实践中,公安机关等执法部门与监察委员会呈现出来的多是互相配合的关系,公安机关等执法部门的监督作用很难发挥出来。有学者认为:"从公安与监察机关的关系来看,公安主要是协助监察机关进行调查,这种协助同时也是一种制约。"[2] 笔者赞同这种观点,认为公安机关等执法部门的监督制约作用可以通过在协助监察委员会调查案件时发挥出来。在查办案件时,要明确公安机关等执法部门在

---

[1] 靳昊:《切实助力经济社会发展和改革攻坚——全国人大相关负责人就人大监督工作答记者问》,http://www.gov.cn/xinwen/2019-03/11/content_5372747.htm,访问日期:2019 年 3 月 11 日。
[2] 陈光中:《〈监察法〉是党规转向国法的重要变化》,载《中国新闻周刊》2018 年第 11 期。

协助监察委员会时双方的责任,严格按照法律规定的权限配合工作,同时公安机关等执法部门如果在配合工作时发现有《监察法》第 65 条规定的情形,要及时向有关部门报告。

其次,要加强检察机关的监督与制约作用。国家监察体制改革后,检察机关的反贪反渎职等部门划归监察委员会,职权相应缩小,因此,有一部分学者认为检察机关职权的缩小会导致检察机关重新定位。但是,笔者并不赞同这一观点,认为这样并不会改变检察机关的法律性质,检察机关仍然是法律监督机关。而且,笔者还认为检察机关的反贪反渎职职能被转隶后,改变了检察机关以往在贪污、贿赂方面"自侦、自捕、自诉"、同体监督的弊端,❶ 有利于检察机关自身整合,更好地发挥其法律监督机关的作用。从目前的法律规定来看,检察机关可以通过诉讼监督的方式对监察委员会进行监督,检察机关具有决定逮捕的权限,也有提起公诉的权限,检察机关可以通过审查逮捕、审查起诉等方式监督监察委员会。另外,为了加强检察机关的监督制约作用,笔者建议加强检察机关的诉讼监督,赋予检察机关调查核实权,当被调查人不配合时,检察机关也可以采取相关措施;对检察监督的约束力进行强化,取得应有的检察监督效果。❷ 还有,要完善相关法律规定,有效促进监察法和刑诉法的有效衔接,比如,《监察法》第 47 条规定:"人民检察院经审查,认为需要补充核实的,应当退回监察机关补充调查,必要时可以自行补充侦查。"什么是"必要时"呢?此时就需要对《监察法》规定得比较模糊的地方作出具体规定,使得检察机关的职务犯罪侦查权落到实处,加强检察机关对监察委员会的监督、制约。

最后,要加强审判机关的监督与制约。由于纪监合署,为了防范出现"监察中心主义",我们应继续推进"以审判为中心"的诉讼制度改革,❸ 减少监察委员会对审判机关的影响,保持审判机关的中立地位,保证其公平、公正地审理案件。目前,审判机关主要是通过排除非法证据、通知调查人员出庭作证等方式对监察委员会进行监督制约,但在实践中,由于法官受监察委员会的监察,办理案件时承受压力较大,很容易影响审判机关对监察委员会监督制约作用的发挥。为了解决这个问题,必须坚持审判独立,"审判独立的重要意涵是法官独立,法官可自主地审核证据、认定事实、适用法律和作

---

❶ 贺卫:《监察体制改革背景下的"检—监"衔接机制构建》,载《犯罪研究》2018 年第 6 期。
❷ 朱孝清:《国家监察体制改革后检察制度的巩固与发展》,载《法学研究》2018 年第 4 期。
❸ 秦前红:《我国监察机关的宪法定位——以国家机关相互间的关系为中心》,载《中外法学》2018 年第 3 期。

出裁判"❶，这就要求监察委员会只能对法官的个人违法违纪以及道德品行等情况进行监督，而不能插足法官具体办案，以保障法官独立，保障法官依法公平公正地审查证据，作出裁判。

2. 实现监察委员会与司法机关、执法部门有效衔接

第一，应明确互涉案件的调查主体。在互涉案件的调查过程中，《监察法》第34条第2款确立了"监察优先"的原则，与传统刑事程序确定的"主罪为主"的原则相冲突。在实践中，易发生某些案件的调查主体与案件性质不相符，调查措施不到位的情况，影响办案效果。笔者认为，应根据不同情况对此作出具体规定，而不能笼统地规定"一般应当监察机关为主调查，其他机关予以协助"，以明确案件调查主体。

第二，应明确特殊情形下的管辖主体。在管辖方面，尽管《监察法》规定得比较明确，但对特殊情形下的管辖主体并没有作出明确规定。如对下级监察委员会报请上级监察委员会管辖的重大、复杂案件，应由哪个检察院负责起诉、怎么移送等问题缺乏法律依据，导致实践中无所遵循。对此，我们应完善《监察法》或作出相关司法解释，对这些问题作出具体规定。而在此之前，管辖问题可以协商解决，监察委员会在移送审查起诉前，可以与检察院、法院沟通协调，对案件管辖相关事宜达成一致意见。

第三，应实现调查措施的规范化。一要严格规范监察委员会行使调查权的程序，严格的程序可以保证调查权的正确行使，还要遵循比例原则，调查措施的适用要与被调查人所犯的罪行相匹配。二要完善留置措施的相关规定，对留置的适用情形、留置的批准主体、留置场所、留置期限和留置对象的权利保障作出严格限定，防止留置措施滥用，保障被调查人的合法权利。其中，关于留置场所，《监察法》只规定依照国家有关规定执行，在实践中，监察场所一般有两个：看守所和原先纪委的"双规"场所。出于对监察委员会的监督考虑，留置在看守所比较合理，有利于节省人力、办公资源，方便有关机关监督，还有利于保障被调查者的人权。三要有条件地允许律师介入监察委员会调查取证，可以在不泄露国家秘密的情况下，允许律师给被调查者提供法律帮助，保障被调查者的合法权利。目前，不允许律师介入应该是考虑到监察委员会不是司法机关，不适用《刑事诉讼法》，而且监察委员会调查的职务违法、职务犯罪案件具有私密性，不易取证，有时还涉及国家机密，所以不宜由律师介入。但是监察委员会拥有如此大的权力，特别是监察委员会的

---

❶ 秦前红、叶海波等：《国家监察制度改革研究》，法律出版社2018年版，第150页。

留置措施，严重限制了被调查者的人身自由，而且一般持续时间较长，若缺乏必要的监督，易侵犯被调查者的合法权利。在调查阶段允许律师介入，确实会对案件调查造成一定影响，但是也可以监督监察委员会，保障被调查人的合法权利，使案件调查的事实清楚，证据合法。❶ 因此，笔者认为在一些不涉及国家秘密的案件中，可以允许律师的介入，帮助被调查者行使合法权利，这样也有利于律师对监察委员会的监察工作进行监督。

（四）完善监察委员会内部监督

监察委员会作为我国专门的监察机关，有较大权力的同时，可能有更大的腐败风险。而监察委员会内部腐败造成的后果更为严重，不仅会影响监察工作的开展，而且会对监察委员会和监察人员的公信力造成影响，因此，有必要完善监察委员会内部监督体系。

1. 解决"双重领导"的困境

党章规定纪委实行"双重领导"的领导体制，在实践中，纪委要受同级党委和上级纪委的共同领导，导致下级纪委在履行职责时面临较大压力和干扰，纪委监督的独立性和权威性受到影响。鉴于这一问题，党的十八大以来，中央推动党的纪律检查工作双重领导体制改革，提出"两个为主"，❷ 在人事和业务上强化了上级纪委的领导，提高了各级纪委的权威性和工作积极性。❸ 纪委和监察委合署办公，监察委相应也受"双重领导"，即受同级党委和上级监委的领导，也面临党的纪律检查工作改革之前的困境。此外，当同级党委和上级监察委的意见不同，产生冲突时，监察委员会该如何选择，法律没有作出规定。

在笔者看来，首先，应坚持党的领导是政治领导，是对监察委员会的整体事项、宏观方向的领导以及监察委员会的工作人员的组织领导，是原则性的领导，而非具体监察工作的业务领导。❹ 然后，要进一步完善上级纪委监察委对下级纪委监察委的领导，"落实查办案件以上级纪委监委领导为主的要

---

❶ 陈光中、兰哲：《监察制度改革的重大成就与完善期待》，载《行政法学研究》2018年第4期。

❷ 《中共中央关于全面深化改革若干重大问题的决定》中规定："查办腐败案件以上级纪委领导为主，线索处置和案件查办在向同级党委报告的同时必须向上级纪委报告；各级纪委书记、副书记的提名和考察以上级纪委会同组织部门为主。"

❸ 蒋来用：《国家监察体制改革的史鉴与对策》，载《国家行政学院学报》2017年第2期。

❹ 秦前红、石泽华：《论监察权的独立行使及其外部衔接》，载《法治现代化研究》2018年第1期。

求"❶。一方面，出于地方保护主义考虑，同级党委可能消极懈怠，不能发挥监督作用，而上级监察委员会却不存在这个问题；另一方面，有时下级监察委员会因能力有限或存在某些问题，导致办案质量不高，坚持上级监察委员会的领导，上级可以支持下级监察委员会，提高其办案效率。另外，在干部选任方面，下级监察委员会干部提名考察应以上级监察委员会会同组织部门为主，以在下级监察委员会领导干部的选任方面加强上级监察委员会的领导和监督，从而提高上级监察委员会对下级监察委员会监督的实效性，使监督真正落到实处。

2. 引入外部监督

"中纪委这个地方，谁查中纪委啊？"这是魏建在面对中央纪录片《打铁还需自身硬》镜头时所说的话，魏建先后在多个纪检监察室工作过，联系过多个地区和部门，而他打招呼帮人办事，也遍及他联系过的十多个省市区。经调查，魏建涉案总额达千万元，为他送钱送物的人员多达100人，利益输送的背后，是赤裸裸的权钱交易，魏建的权力自然就是手中的监督执纪权。党的十八大以来，查办的像魏建这样的人不在少数，经常能听到纪委监委内部人员被查办的消息，这说明执剑的人的内部也存在贪腐，要强化内部监督制约，同时引入外部监督，内外监督共同发力，以保证监察委员会正确行使权力。

第一，引入外部监督，赋予检察机关对监察委员会内部人员职务犯罪的监督权。虽然最高人民检察院的检察长在回答媒体问题时提到，监察委员会内部工作人员的职务犯罪由监察委员会自己处理，检察机关不会主动介入。但是，如果在监察委员会内部人员涉嫌职务违法、职务犯罪时，由其自己监督、自己处置，就会使监察委员会既当运动员又当裁判员，不免有"自我监督"之嫌，可能造成监察委员会的内部腐败，从而导致监察委员会权威性受损和公信力下降。因此，笔者认为要引入外部监督，赋予检察机关对监察委员会内部人员职务犯罪的监督权，从外部加强监督。这样不仅符合检察机关的法律定位，还符合我国《宪法》的规定。具体言之：一方面，检察机关是我国的法律监督机关，法律监督是法律运行不可或缺的，基于我国的权力运行模式，必须坚持检察机关的宪法定位。检察机关负责对权力进行监督，保障法治的统一和法律的正确行使，现在我国的国家机关增加了监察委员会，检察机关对其监督是应有之义。但是，一般情况下检察机关仅对被监督的机

---

❶ 马森述：《怎么改，改成什么样？中央纪委国家监委法规室主任解读深化监察体制改革》，http://politics.gmw.cn/2019-03/14/content_32641174.htm，访问日期：2019年3月14日。

关作出的违法行为和错误决定进行监督,也就是对事监督。现在赋予检察机关对监察人员职务犯罪的监督权,使得检察机关既能对监察委员会行为的合法性进行监督,又能对其人员进行监督,❶从而增强监督制约的效力。另一方面,检察机关对监察委员会内部人员的监督符合我国《宪法》的规定。我国《宪法》明确规定检察机关和监察委员会在办理职务违法和职务犯罪案件时存在互相制约的关系,检察机关对监察委员会内部人员的监督就是其最好的体现。

第二,要加强监察委员会内部机构的互相监督与制约。监察委员会执行监督、调查、处置职责,要根据职责,科学划分内部职权,线索管理、立案、调查、处理、申诉和监督等事项要由监察委员会内部各个机构行使,做到内部机构分工明确,互相配合又互相制约。特别是发挥内部专门的监督机构(纪检监察干部监督室)的作用,选任业务能力强、技术水平高的人员进入纪检监察干部监督室,对监察委员会内部人员进行日常监督。

第三,完善监察委员会的内部制度。明确监察委员会的调查程序、调查时限,要求监察人员严格按照规定的程序和权限开展监察工作,不得以非法方式采取调查措施,在进行重要的取证工作时,要对全过程进行录音、录像,以防止权力的滥用,侵犯监察对象的合法权利。另外,要建立严格的审批制度、重要事项领导集体决定制度、回避制度、脱密管理制度以及对监察机关及其工作人员不当行为的申诉和责任追究制度,以促进监察人员正确履职。

(五)加强民主监督、社会监督和舆论监督

1. 发挥民主监督应有的作用

首先,建立健全政协、民主党派与监察委员会的互动机制。监察委员会要定期向政协、民主党派通报情况,以便政协、民主党派知悉相关情况,提出有效的建议,监察委员会还要听取民主党派的意见,积极探索在政协和民主党派内部设置专门的民主监督机构,以更顺畅地与监察委员会对接,加强监督。其次,发挥特约监察员的监督作用。笔者查阅相关资料发现省级以上监察委员会(包括国家监察委员会)的组成人员中没有民主党派人士,而按照我国《宪法》的相关规定,监察委员会是国家监察机关,行使国家监察的职能,而不是党内监督,其组成人员中应该有其他党派的人员,以发挥民主党派参政议政的作用。所以,要充分发挥特约监察员的作用,从社会各界中,

---

❶ 朱孝清:《国家监察体制改革后检察制度的巩固与发展》,载《法学研究》2018年第4期。

包括政协委员和民主党派人士中聘请特约监察员,❶ 对监察委员会及其工作人员进行监督。最后,提高政协、民主党派的监督能力和自主监督意识,监督监察委员会及其工作人员。❷

2. 拓宽社会监督渠道

首先,监察信息公开是对监察委员会进行监督的前提,依法公开监察信息,进一步建立健全工作信息发布机制,对于社会广泛关注、涉及人民群众切身利益的职务违法和犯罪案件查办工作,应当依法将有关情况及时向社会公开,回应群众关切,但对涉及国家秘密的信息要做好保密工作。建议各级监察委员会每年公布监察案件的处理情况,适时公布典型案例,让社会大众了解监察委员会的工作。其次,拓宽监督渠道,创建监察信息公开的平台,可在监察委员会的官网、新闻网、政府官网、微信等平台定期、主动地公开监察信息,接受社会监督。最后,监察委员会内部已设立信访室,官网上还设立专门的线索提供平台,要发挥信访室和平台的作用,接受、处理社会提供的线索,并根据情况进行调查,给予答复。

3. 正确处理舆论监督与监察独立的关系

舆论监督因其广泛性、开放性、及时性的特点,在反腐败的过程中发挥着越来越重要的作用,"严书记"事件就是最好的例子。❸ "严书记"倒台的背后舆论发挥了很大的力量,这说明舆论运用得好,可以发挥重要的监督作用。但同时,我们也要意识到舆论具有两面性,舆论运用得不好,对社会、对司法系统、对监察委员会都会产生不良的影响。在过去的司法审判中,有时媒体歪曲事件,用一些极具煽动性的词语对案件进行歪曲报道,严重影响民众情绪,从而形成社会舆论,对法官施加舆论压力,影响法官独立办案,导致"舆论裁判"。在监察委员会办案过程中,要严防舆论主导监察委员会案件的查办情况。所以,要正确处理舆论监督与监察独立的关系,让舆论监督

---

❶ 《国家监察委员会特约监察员工作办法》第 2 条第 2 款规定:"特约监察员主要从全国人大代表中优选聘请,也可以从全国政协委员,中央和国家机关有关部门工作人员,各民主党派成员、无党派人士,企业、事业单位和社会团体代表,专家学者,媒体和文艺工作者,以及一线代表和基层群众中优选聘请。"

❷ 张建明:《国家监察体制改革中民主监督制度设计探讨》,载《统一战线学研究》2017 年第 6 期。

❸ "严书记"是中纪委 2018 年度十大反腐热词之一,"严书记"事件源于一张微信群聊截图,2018 年 5 月 11 日,有网友在社交媒体上爆料了"严书记女儿"的妈妈在幼儿园家长群里飞扬跋扈的言辞,引发了网络广泛关注,随后网友继续深挖,"严书记"在网络上"火了",3 天后,四川省纪委监委回应已及时介入调查,最后,"严书记"因违法违纪被开除党籍和公职,往后很长时间内要在监狱度过,轰轰烈烈的"严书记事件"落下帷幕。

发挥应有的作用。

首先，监察委员会要依法独立开展监察工作，对于保密的事情要做好保密工作，而对于需要公开的信息，要主动公开，建立健全工作信息发布机制，接受新闻媒体监督。对于社会影响大、关注度高的热点监察案件，要及时与新闻媒体沟通，通过新闻媒体发布权威消息，回应社会的关切。对于新闻媒体报道的不实消息，要及时辟谣，防止不实消息进一步传播，对监察委员会的工作造成不利影响。此外，监察委员会要正确对待新闻媒体的各种意见，对于新闻媒体中指出的问题，要积极进行回应，作出处理，充分发挥舆论监督的作用。

其次，新闻媒体要加强社会责任心，要准确、客观地发表批评性的报道，不能歪曲事实，报道不实的消息，在报道之前，要对报道的消息加以审核，保障发布信息的正确性。另外，舆论监督介入时机要把握好，新闻媒体介入得太早，会对监察员会调查取证造成困难，若新闻媒体介入得太晚，又不能发挥舆论的监督作用，所以，监察委员会要与新闻媒体适时互动，发挥舆论监督的作用。

综上，因公民权利意识的不断加强和媒体力量的不断增大，舆论监督在我国反腐败中发挥的作用越来越大，监察委员会应利用好这一监督方式，充分发挥舆论监督的力量，从而保证监察委员会正确行使权力。

# 第四章
# 监察留置措施研究

以留置取代"双规",是国家监察体制改革的重要内容之一,体现了中国法治的进步。但是,由于留置措施是一项牵涉人身自由的调查措施,在这个过程中,如何平衡惩罚腐败与保障人权的关系是国家监察体制改革中必须重视的一个环节。正是基于如此,笔者根据《监察法》及相关法律规定,对监察体制改革中的这一创新手段的内容、实施办法、存在的不足与具体建议做出论述,以期对《监察法》关于留置措施的部分内容作出完善。

## 一、监察留置措施的概念及性质

留置措施作为监察机关的一项重要调查手段,也是监察机关区分于其他国家机关最核心的一项权力。研究留置措施应当首先明确其概念,否则就无法从根源上对留置措施及其现存的问题做出论述。明确留置措施的内涵与外延有利于更好地解释崭新出台的《监察法》,也有利于实现监察制度与刑事诉讼制度的完整衔接。

### (一)留置措施的概念界定

"留置"一词不是《监察法》所独有的,在我国的其他法律中也可瞥见"留置"的身影。其中,我国的《中华人民共和国物权法》(以下简称《物权法》)、《中华人民共和国人民警察法》(以下简称《警察法》)等法律中也有关于"留置"的若干规定,但是以上几部法律法规并未对"留置"一词的含义做出清晰的释明,没有对专门概念加以严格区分。[1] 若不能够对所要解决的法律问题的概念加以严格限定,就很难使概念发挥其应有的工具价值,进而会导致法律问题得不到清楚理性的思考,也就更谈不上对于问题的解决。为

---

[1] 监察留置措施作为一项调查措施,不同于《警察法》上的留置,亦不同于民法意义上的留置。参见尹维达:《留置措施初探》,载《太原理工大学学报(社会科学版)》2017年第2期。

了将《监察法》中的"留置"与其他法律中的"留置"区分开来,笔者首先对其他法律规范中留置的概念进行说明,而后对《监察法》中留置措施的概念做出界定。

1. 相关法律规范中留置的概念

"留置"在《现代汉语小词典》中的意思为"把人或物留下来放在某处。"[1]世界上最早使用"留置"一词的国家是日本。日本将实施逮捕后的羁押场所命名为"留置场",负责逮捕后的羁押。可以看出,在此语境之下的留置是一项作用于人身自由的控制手段。将"留置"一词引入我国的是《警察法》,并且在其后出台的《公安机关办理刑事案件程序规定》中该词被继续沿用。留置在本法中是公安机关打击违法犯罪行为的保障措施与辅助手段,对于有违法犯罪嫌疑的人员,警方可以进行盘问和留置,留置期间不超过24小时。[2]从这个角度看,留置是一项具有行政性质的强制措施,负责对行政相对人进行短期盘问。

在我国的法律语境中,提起"留置",更多人熟悉的是其在民事法律领域中的适用。我国《物权法》所规定的留置权是担保物权的一种,其指的是债权人合法占有债务人的动产,在债务人不履行到期债务时,债权人为担保其债权留置该动产并可以就该留置的动产折价或者以拍卖、变卖所获得的价款优先受偿的权利。[3]留置权强调对物的占有和控制。我国的《中华人民共和国民事诉讼法》(以下简称《民事诉讼法》)中也有关于"留置送达"的相关规定。留置送达是指当受送达人或者他的同住成年家属无理拒绝接收诉讼文书时,送达人应当邀请有关基层组织的代表或者其他人到场,说明情况,并在送达回证上写明受送达人拒收的事实、送达的日期,由送达人、取证人签名或盖章,然后把诉讼文书留在受送达人的处所,即视为送达。[4]受送达人的主观态度是拒绝接收诉讼文书,送达人将诉讼文书留在受送达人处所的行为,实质上是在行使具有强制性的公权力。

通过解读"留置"在以上几部法律法规中的体现,我们可以提炼出:无论是在私法领域还是公法领域,留置都带有一定的强制性,即基于实现一定

---

[1] 详见《现代汉语小词典》,商务印书馆1980版,第162页。
[2] 《中华人民共和国人民警察法》第9条规定:"对被盘问人的留置时间自带至公安机关之时起不超过二十四小时,在特殊情况下,经县级以上公安机关批准,可以延长至四十八小时,并应当留有盘问记录。"
[3] 王利明:《物权法研究(下卷)》,中国人民大学出版社2013年版,第1387页。
[4] 杨建华:《民事诉讼法要论》,北京大学出版社2013年版,第140页。

的目的将相对方的某种权利客体（财产或者人身）进行暂时控制。❶ 这就引出下文的探讨：何为《监察法》中的"留置措施"。

2.《监察法》中留置的概念

王岐山同志在十二届全国人大四次会议上提出，监察机关进行留置时可以参照公安机关的留置执法。❷ 虽然监察机关的留置措施来源于行政留置，但是其并不受行政法的调整。公安机关使用的留置措施与监察机关使用的留置措施由于属于不同的权力性质，因而两者具有本质上的区别。《警察法》中的留置是继续盘问的辅助手段，并不是一项独立的权力，而《监察法》中的留置措施则是一项独立的调查措施，与询问、冻结等调查措施并列。

通过研究《监察法》中关于留置措施的相关规定，笔者认为，留置措施的概念要素主要包括：监察委员会、公职人员、严重职务违法、职务犯罪、暂时剥夺人身自由、调查措施。❸ 结合留置措施的适用条件、对象和场所等规定，笔者认为，可以将《监察法》中的留置措施定义为：监察委员会依据《监察法》的相关规定，基于保障职务犯罪调查活动顺利进行的目的，暂时剥夺涉事公职人员及相关人员的人身自由，使其在一定期限内不得离开留置地点以调查其是否存在严重职务违法和职务犯罪事实的一种监察调查措施。

（二）监察留置措施的性质探讨

尽管留置措施的具体适用得到了《监察法》的规定，但是《监察法》却仍未明确留置措施的性质定位。由于留置措施针对的案件并非普通的刑事犯罪，而是严重职务违法和职务犯罪案件，留置措施的性质就显现出更为复杂的一面。究竟如何为留置措施定性，事关调查活动是只受《监察法》调整还是也受其他法律调整的问题，❹ 也决定着监察留置程序是否能够得到科学的采用。由于《监察法》出台时间不久，学界对于留置措施的定性还存在一定争议，目前主要存在以下几个争议观点：

1. 监察措施说

该观点认为留置措施属于监察措施，既与刑事强制措施存在不同之处，

---

❶ 赵伟：《权力的新生：论监察留置权的制度面相与规范化运行》，载《广西政法管理干部学院学报》2018年第3期。

❷ 李福森：《王岐山两会上说的这三句话值得细思量》，http://www.china.com.cn/lianghui/news/2017-03/07/content_40421382.htm，访问日期：2019年2月4日。

❸ 赵伟：《权力的新生：论监察留置权的制度面相与规范化运行》，载《广西政法管理干部学院学报》2018年第3期。

❹ 秦前红、叶海波等：《国家监察制度改革研究》，法律出版社2018年版，第199页。

也有别于党纪审查措施，抑或是具有双重性质。❶ 监察委员会是党和国家实现自我监督的政治机关，监察权是传统的三权——立法权、司法权、行政权之外的"第四种"权力，其明确定性为国家监督权，在反腐治理中发挥着独特作用。❷ 留置措施作为隶属于监察权下的一种职能，与查封、扣押等其他调查手段并列，理应归属监察措施。

笔者认为，该观点仍徘徊在监察权是一项特殊的权力，而未对监察权的性质作出明确的定论，对于属于监察权下的二级权力——调查权，则更没有确定其性质。留置措施作为调查权下的一种调查措施，将其笼统地定性为监察措施，有扩大其权力属性之嫌。❸ 而且，否定其本质类似于侦查手段的特性不利于研究后续与刑事诉讼过程的衔接。因此，笔者对该观点不予赞同。

2. 党纪审查措施说

该观点认为，监察权是由"双规"❹ 衍生而来，即使以法律形式对其进行规定，留置措施的本质也并未发生改变，其只是实现"双规"合法化的一种形式，是取代"双规"的一种羁押措施，所以性质还是党纪审查措施。对此，笔者认为，留置措施与"双规"确存在相似之处，具体表现为：规范的对象范围大部分重合、限制被调查人于特定场所、期间不允许律师向被调查人提供帮助，等等。可以看出，留置措施的制度设计，明显依赖"双规"的路径特征。❺ 除此之外，留置措施还遵循了"双规"的期限、条件的相关规定和实践做法。但是，将留置措施视为党纪审查措施的这种观点是对留置措施片面、错误的理解。一方面，留置措施由《监察法》以法律条文形式明确加以规定，所以不再是单纯的党纪审查措施，而是国家监察权的一部分；❻ 另一方面，《监察法》中留置对象的范围并不完全与"双规"适用对象的范围重合。留置措施适用的对象既包括公职人员，也包括实施职务犯罪的非身份犯共犯，而"双规"只能适用于有违纪行为的中共党员。如果违纪的中共党

---

❶ 吴建雄：《试点地区用留置取代"两规"措施的实践探索》，载《新疆大学学报》（哲学社会科学版）2018年第1期。

❷ 魏昌东：《国家监察委员会方案之辨正：属性、职能与职责定位》，载《法学》2017年第3期。

❸ 王梦瑶：《三权合一：论监察委员会留置权的性质定位》，载《福建警察学院学报》2018年第3期。

❹ "双规"是中国共产党对党内违纪人员进行调查的一种措施。1994年《中国共产党纪律检查机关案件检查工作条例》第28条第3项规定："要求有关人员在规定时间、地点就案件所涉及的问题做出说明。"

❺ 梁三利：《留置取代"两规"措施的法治化路径》，载《天津行政学院学报》2018年第1期。

❻ 杨宇冠、高童非：《监察机关留置问题研究》，载《浙江工商大学学报》2018年第5期。

员并未涉嫌职务违法、犯罪的，不能采取留置措施，所以留置措施不能一般性地适用于党员违纪案件。❶ 除此之外，二者还有一项重要区别：通过实施留置措施取得的证据可以直接移送人民检察院审查起诉，而"双规"获得的证据要通过检察院的审查、固定才能成为刑事诉讼的证据。因而，将留置措施视为党纪审查措施的观点，忽略了"双规"法治化的实质与《监察法》独特的制度创新，故此，笔者认为这种观点存在着明显的错误。

3. 刑事强制措施说

该观点认为，留置措施作为一种限制人身自由的调查手段，本质上与刑事诉讼中的强制措施有很大程度上的共通之处。❷ 例如，留置措施与逮捕都可视为对被调查人或者犯罪嫌疑人在特定场所的羁押，❸ 留置措施与拘留都可视为对被调查人或者犯罪嫌疑人人身自由的剥夺。❹ 二者期限的延长也具有要经监察机关或者侦查机关的上级机关决定等共性。除此之外，有学者认为，留置措施也可类比刑事诉讼中的指定居所监视居住制度。❺

但是，笔者认为，该观点在逻辑上存在一定的漏洞。首先，虽然刑事强制措施与留置措施都有限制人身自由的制度外观，但刑事强制措施的实施目的是为了保证刑事诉讼的顺利进行，而留置措施并非刑事强制措施，其本质是一种调查手段，相应地，其制度设计旨在调查严重职务违法或职务犯罪的案件事实，这两种手段对于功能的定位并不相同。其次，该观点过于夸大留置措施在职务犯罪中的作用，而忽视了其还可以适用于严重职务违法案件的调查。尽管留置措施在目前的实践中主要适用于打击职务犯罪活动，但是在日后的具体应用中，对于严重的职务违法行为留置措施也将发挥出不容小觑的力量。因此，可以说，将留置措施视为刑事强制措施的观点忽略了留置措施的目的性与复合性，该观点有失偏颇。

4. 刑事行政双重性质说

该观点认为，留置措施作为监察机关实施调查的一项手段，兼具了刑事性质和行政性质。❻ 这一看法目前占主流地位。❼ 首先，留置措施与《刑事诉

---

❶ 刘艳红：《程序自然法作为规则自治的必要条件——〈监察法〉留置权运作的法治化途径》，载《华东政法大学学报》2018 年第 3 期。
❷ 陈卫东：《职务犯罪调查程序若干问题研究》，载《政治与法律》2018 年第 1 期。
❸ 张建伟：《法律正当程序视野下的新监察制度》，载《环球法律评论》2017 年第 2 期。
❹ 秦前红、叶海波等：《国家监察制度改革研究》，法律出版社 2018 年版，第 183 页。
❺ 孙煜华：《构建与监察改革相适应的职务犯罪侦查法治模式》，载《法学》2017 年第 7 期。
❻ 江国华、王冲：《监察委员会留置措施论析》，载《湖北社会科学》2018 年第 9 期。
❼ 秦前红、叶海波等：《国家监察制度改革研究》，法律出版社 2018 年版，第 163 页。

讼法》修改前检察院对于职务犯罪的侦查权比较类似,可以看作具有刑事侦查性质。尽管国家监察体制改革的决策者强调调查权并非侦查权,但是其实质上具有刑事侦查权的基本属性❶;同时,对于职务违法案件,留置措施又体现出"双指"❷的类似功能,并参照《警察法》中公安机关常用的留置方法作出执行,❸这体现了留置措施的行政性质。"双指"作为行政监察机关的调查手段,有效地规制了职务违法行为。但是较之"双指",留置措施又增设了很多限制条件,如留置措施只适用于"涉及案情重大、复杂的""可能逃跑、自杀的""可能串供或者伪造、隐匿、毁灭证据的"和"可能有其他妨碍调查行为的"四项情形。❹基于留置措施既可以适用于职务犯罪案件,也可以适用于严重职务违法案件,❺此观点便认为留置措施是一种具有双重性质的调查手段。❻笔者赞同此观点,认为该观点考虑到了留置措施的目的性与复合性,能够将留置措施的属性明确化,使其既能够受到《监察法》的调整,又能够受到《刑事诉讼法》的制约,这对于引入被调查人可以聘请律师辩护等制度具有重要的意义。

综上所述,笔者认为,上述四种观点在一定程度上都有其各自的道理,但是支撑于某些观点的理论依据也略显薄弱。国家监察体制改革处于探索初期,难以用单独的部门法理论将其研究透彻。❼也正是基于留置措施的复杂面相,我们在把握其性质时更要厘清留置措施与刑事强制措施、"双规""双指"的关系,总结出留置措施作为监察权下属职能的特性,并明确划定职权范围,以免造成与其他权力的混淆,防止出现权力滥用的情形。

### (三) 监察留置措施的合法性与正当性

结合历史条件观看,"双规"形成于特定的历史背景下,长期以来都是党自我监督的一项重要手段,因适合于反腐败案件自身的特殊性,成效明显,

---

❶ 褚福民:《以审判为中心与国家监察体制改革》,载《比较法研究》2019年第1期。

❷ 原《中华人民共和国行政监察法》(2018年已废止)第20条第3项规定:"监察机关在调查违反行政纪律行为时,可以根据实际情况和需要采取下列措施:责令有违反行政纪律嫌疑的人员在指定的时间、地点就调查事项涉及的问题作出解释和说明。"

❸ 王晓:《监察委员会的留置措施论要》,载《北京联合大学学报》(社会科学版)2017年第4期。

❹ 刘艳红:《程序自然法作为规则自治的必要条件——〈监察法〉留置权运作的法治化途径》,载《华东政法大学学报》2018年第3期。

❺ 秦前红、叶海波等:《国家监察制度改革研究》,法律出版社2018年版,第165页。

❻ 尹维达:《留置措施初探》,载《太原理工大学学报》(社会科学版)2017年第2期。

❼ 叶青:《监察机关调查犯罪程序的流转与衔接》,载《华东政法大学学报》2018年第3期。

"双规"被称为反腐利器。但是,"双规"也因其限制人身自由、实施过程封闭不透明、执行地点隐蔽、缺乏外部监督等缺点而备受争议,其中,"双规"面临的最大争议即是合宪性争议。为此,党的十九大报告明确指出,将以留置措施取代"双规"。可以说,国家监察体制改革是否具有正当性,能否坚持和发展监察法治,在很大程度上取决于留置措施的合法性和正当性。❶ 对此,我们在梳理完留置措施的性质之后,有必要继续探讨其存在的合法性基础与正当性基础。

1. 监察留置措施的合法性研究

习近平总书记在党的十九大报告中明确指出,要推进反腐败国家立法,制定国家监察法,依法赋予监察委员会职责权限和调查手段,用留置取代"双规"措施。❷ 2018年,我们修改了《宪法》,明确了监察委员会的法律地位,也由此奠定了国家监察体制改革的合法性基础。2018年3月20日,第十三届全国人民代表大会一次会议表决通过了《监察法》,留置措施以法律形式得到规定,上升为国家意志。

我们之所以要以留置取代"双规"措施,是因为"双规"措施在实践中弊病丛生,特别是存在合法性争议。例如,"双规"的调查手段是采取封闭式调查进行询问,客观上是一种限制人身自由的行为,实行"双规"期间可能存在刑讯逼供等行为,这使"双规"成为"一种不受限制的法外权力机制",❸ 加之其处理过程并不公开,缺乏相应的监督机制,权力极其容易被滥用,这些问题导致"双规"合法性困境渐显。在实践中,大量存在对不具备党员身份的涉嫌腐败犯罪的犯罪嫌疑人采取"双规"的情形,对于"双规"规定的适用界限已然形同虚设。❹ 这事实上是一种违法行为,违反了法律保留原则。法律保留原则❺的目的主要在于保障公民的权利。根据法律保留原则,只有全国人大及其常委会制定和通过的法律才能够对限制公民人身自由的强制措施和处罚事项进行规定。如此,"双规"并无可以设定限制剥夺人身自由的规定的合法性基础,并可能涉嫌存在违反"尊重和保障人权"的宪法精神。

---

❶ 陈越峰:《监察措施的合法性研究》,载《环球法律评论》2017年第2期。

❷ 习近平:《决胜全面建成小康社会 夺取新时代中国特色社会主义伟大胜利——在中国共产党第十九次全国代表大会上的报告》,http://www.xinhuanet.com/2017-10/27/c_1121867529.htm,访问日期:2019年3月3日。

❸ 邵燕祥:《"双规"的办法要不要改一改》,载《炎黄春秋》2009年第3期。

❹ 杨宇冠、高童非:《监察机关留置问题研究》,载《浙江工商大学学报》2018年第5期。

❺ 法律保留原则源起行政法,是指凡属宪法和法律规定的只能由法律规定的事项,只能由法律加以规定或者由有法律授权的行政机关规定。参见 [德] 奥托·迈耶:《德国行政法》,刘飞译,商务印书馆2002年版,第32页。

因而，用留置措施取代"双规"符合法律保留原则的要求，也体现了国家运用法治方式惩治腐败的决心。由于留置措施涉及对公职人员人身自由剥夺的问题，所以必须严格遵循法律保留原则。这就要求留置措施只能由法律加以规定，在具体实践中，也不得以制定或者修改下位法的方式来改变《监察法》中有关留置措施的相关规定。❶

如前文所述，用留置措施取代"双规"，通过构建国家监察体系，把监督范围从党内人员扩大到了全体公职人员，对于不能够适用党纪处理的公职人员，依法实施监察。由于留置措施将党纪和国法进行了衔接，作为这一过程重要节点的留置措施的属性和定位也就具有了一定的特殊性，立法时应当严格依照《宪法》，以此保证监察体制改革能够以法治化的方式实现有序推进。❷ 另外，法治化包含形式法治和实质法治，一方面，留置措施要符合《宪法》的体系要求，另一方面，留置措施的相关规定也要落实基本人权保障制度。在推进全面依法治国的背景下，继续沿用"双规"这种变相拘禁的方法显然有违"善于运用法治思维和法治方式反对腐败"的法治思想，"双规"与法治建设不符的诸多弊端必须革除。❸ 推进国家监察体制改革，使国家治理腐败符合当下时代的法治理念已是势在必行，用留置措施替代"双规"更是摆脱纪法难容困境、整合反腐资源的重要改革举措。❹ 执政党通过立法将党的政治手段转化为符合宪法规范的国家监察手段，此项做法体现了一种积极的政治姿态。❺ 这既赋予了留置措施以巨大的权威，也彰显了我国推进全面依法治国的决心。

2. 监察留置措施的正当性研究

一项措施是否具有正当性，需要我们作出价值判断。留置措施作为刚刚诞生不久的一项新型措施，我们有必要对其创设的正当性基础加以研究。运用宪法学原理分析留置措施正当性的学理基础，可以通过公法契约理论进行论证。该理论认为，政府与公民之间的关系是一种契约关系，公权力来自于人民权利的让与，公职人员作为公权力的行使者必须服从契约规定，完成特殊义务。公职人员享有公权力带来的支配能力，也享受着特定的社会地位，

---

❶ 赵伟：《权力的新生：论监察留置权的制度面相与规范化运行》，载《广西政法管理干部学院学报》2018年第3期。

❷ 任进：《宪法视域下的监察体制改革》，载《行政管理改革》2017年第3期。

❸ 陈华：《宪法原理视域下留置措施正当性探析》，载《山东警察学院学报》2018年第5期。

❹ 刘艳红、夏伟：《法治反腐视域下国家监察体制改革的新路径》，载《武汉大学学报》（哲学社会科学版）2018年第1期。

❺ 梁三利：《留置取代"两规"措施的法治化路径》，载《天津行政学院学报》2018年第1期。

还会获得光荣的荣誉与丰厚的待遇，然而在权与利赋予的获得感中，公职人员也要付出一定的代价，这个代价就是公法契约理论中指出的公职人员需要承担的义务。从这个角度看，对于公民与公职人员差别对待具有一定的合理性与必要性。公职人员行使权力必须接受来自多方面的监督，同时公职人员的基本权利也会得到扣减。❶ 从更好地推行国家廉政建设的角度来说，对公职人员个人权利进行合理扣减具有一定的正当性。

由于我国的政治体制决定了我国的绝大部分领导都是党员，所以从长远来看，要保证执政党继续稳定执政，执政党自身加强对党内部的管理十分有必要，反腐败斗争必将是一项长期任务。谈及反腐败治理必定牵涉人权保障问题，如何权衡高效反腐机制下存在的利与弊就成为立法者最应当重视的问题。由于通过"双规""双指"解决的党内违纪和行政违法案件的数量也是有目共睹，所以我们要结合中国实践来考察留置措施的正当性。实践是检验真理的唯一标准，忽视中国特色、脱离我国基本政治环境对国家监察体制改革进行研究是不可取的。研究监察留置措施的正当性，必然要立足于中国本土环境。考虑到留置措施在目前办理严重职务违法和职务犯罪中发挥着重要作用，我们不能因为其涉及对人身自由的限制就否定其存在的现实意义。尽管留置措施的制度规范目前还不成熟，但是我们可以通过日后的实践情况和学理研究寻找出解决问题行之有效的方案，而不是一味地否定留置措施的效用。

目前我国的反腐态势还很严峻，职务违法与职务犯罪的行为人还依然抱有侥幸心理，这使得落实国家监察体制改革尤为重要。由于腐败案件具有无被害人、无物理意义上的现场、无目击证人、视听资料和物证、书证等不变证据、嫌疑人具有较强的反侦察能力以及对口供证据高度依赖等特性,❷ 被调查人在实施相应行为后必然会迅速毁灭、隐匿罪证或者与相关人员串供以逃避法律制裁，加之实施行为的被调查人往往具有一定的政治、经济地位，在一定范围内会形成一定的势力范围，对抗调查的能力远大于一般的刑事犯罪嫌疑人，如果不及时限制其人身自由将会导致更多的资源被非法利用。以贿赂案件为例，行受贿双方往往会在其他人不在场的情况下实施行为，不存在一般犯罪中的人证、物证，并且双方普遍会约定"攻守同盟"，给作为重要证据的口供的获取带来困难，使得监察机关在调查时很难顺利进行。监察机关通过利用留置措施，有利于形成对被调查人的震慑，从而使被调查人端正态度、承认错误并及时破获案件。同时，基于监察机关管辖案件的复杂性，被

---

❶ 郑刚：《论公职人员人权克减之理据》，载《云南行政学院学报》2012年第3期。
❷ 刘忠：《解读双规——侦查技术视域内的反贪非正式程序》，载《中外法学》2014年第4期。

调查人一旦被告知涉嫌严重职务违法或者职务犯罪，涉案案情严重者可能会自杀或者发生意外死亡。从这个角度来说，采取留置措施也是对被调查人的一种物理保护。借此机会，监察机关可以进行严格看管，更有助于实施说服教育，为案件的顺利攻破提供有利的保障。

随着反腐败治理的程度不断加大，监察对象的人权问题也面临着越来越多的关注，❶ 二者之间的复杂关系影响着国家监察体制的改革方向，也体现着我国在面对腐败治理和人道主义的双重选择上的价值倾向。《监察法》中对于留置措施适用的明确规定，体现了国家将反腐败治理引入法治轨道的必胜决心，随着留置措施的不断完善，留置措施也会以法律法规的形式使其适用的正当性基础不断充实。

### 二、监察留置措施的适用

作为国家监察体制改革中的一项重要组成部分，留置措施事关监察工作的稳健推进。《监察法》虽然对留置措施的适用作出了规定，但是由于《监察法》出台不久，很多规定还较为粗略。对此，有必要对《监察法》中关于留置措施的规定进行研究，并在以后及时进行修改与细化，以完善留置措施在现实中的适用。

#### （一）监察留置措施的适用条件

国家将行政监察权和检察院的自侦权整合到监察委员会后，监察机关的权力行使范围大大拓宽，明确负责涉嫌贪污贿赂、滥用职权、玩忽职守、权力寻租、利益输送、徇私舞弊和浪费国家资财7大类职务违法和职务犯罪案件，共涉及88个罪名。这项规定明确了留置措施适用的案件范围即为严重职务违法和职务犯罪，同时，根据《监察法》第22条第1款❷规定的留置措施的适用条件，也说明采取留置措施需以被调查人的行为事实和是否有采取留置措施的必要性为基础。

1. 事实条件

该项规定要求，一旦监察机关决定行使留置措施，必须要掌握被调查人

---

❶ 屈超立、慈海威：《留置措施的法治化研究》，载《理论探索》2018年第6期。
❷ 《中华人民共和国监察法》第22条第1款规定："被调查人涉嫌贪污贿赂、失职渎职等严重职务违法或者职务犯罪，监察机关已经掌握其部分违法犯罪事实及证据，仍有重要问题需要进一步调查，并有下列情形之一的，经监察机关依法审批，可以将其留置在特定场所：（一）涉及案情重大、复杂的；（二）可能逃跑、自杀的；（三）可能串供或者伪造、隐匿、毁灭证据的；（四）可能有其他妨碍调查行为的。"

存在的涉嫌严重职务违法或者职务犯罪的事实证据。首先，留置措施的事实发生条件是有证据证明发生了违法、犯罪事实，且该事实涉嫌贪污贿赂等犯罪，属于监察机关的管辖范围；其次，有证据证明该项违法犯罪事实是被调查人所为，且情节已经达到严重违法或者犯罪的程度；最后，被调查人实施违法、犯罪行为的证据已经查证属实。❶ 监察机关不能凭借主观臆测而不考虑客观事实就留置被调查人。同时，案件的部分证据和事实已经由监察机关掌握，并且仍有重要问题需要进一步调查，监察机关为了全面掌握被调查人的事实才能采取留置措施。

另外，采取留置措施，还需要具有调查的必要性，即"仍有重要问题需要进一步调查"。监察机关在调查过程中根据推断，认为被调查人还涉嫌其他严重职务违法或者职务犯罪的，并且符合其他适用留置措施条件的，应当对被调查人采取留置措施。从中可以看出，此项规定也包含了被调查人存在新的犯罪事实的情形。若不及时实施留置措施，被调查人可能采取行动，造成新的危害后果，同时也会阻碍监察机关的调查进程。正是由于被调查人具有一定的危险性，才应当采取留置措施。《监察法》也规定了留置措施的延长条件，这是考虑到严重职务违法和职务犯罪的复杂性❷，在留置措施适用条件与延长适用留置措施的问题上做出了良好衔接。

2. 情节条件

为了明确"重要问题"的含义，实现《监察法》条文内部的协调以及与不同部门法相关规定的和谐一致，我们可以采取体系解释的方法，根据其他部门法中的相关规定作出理解。那么何为"重要问题"？在此，笔者借鉴《中华人民共和国刑法》（以下简称《刑法》）中关于自首和坦白的相关规定，认为"重要问题"主要涉及以下方面：监察机关尚未掌握的被调查人及其共犯的事实和证据，或者是被调查人其他案件的犯罪事实和证据。同时，具有以下四种情形之一的，可以采取留置措施：❸

（1）涉及案情重大、复杂

明确了"重要问题"的范围，就应当聚焦"案情重大、复杂"的认定标准。由于"重大复杂"的标准过于抽象笼统，在实践中难以把握，容易造成对留置措施的滥用。对此，我们在立法上应进一步地完善与明确，而参照其他部门法及相关解释有助于我们合理确定"案情重大、复杂"的范围。根据

---

❶ 江国华：《中国监察法学》，中国政法大学出版社 2018 年版，第 112 页。
❷ 王飞跃：《监察留置适用中的程序问题》，载《法学杂志》2018 年第 5 期。
❸ 柳发进、滕修福：《浅谈监察机关行使留置权的法定性》，载《人大建设》2018 年第 7 期。

《刑法》《刑事诉讼法》与《关于办理贪污贿赂刑事案件适用法律若干问题的解释》中关于"案情重大、复杂"的类似表述,笔者认为"案情重大、复杂"应当包含以下情形:❶

第一,案件社会关注程度高。公职人员实施违法犯罪行为会严重损害公权力的威信,对国家形象造成损害,也会造成多人上访的后果,影响社会稳定。对于此类案件,理应纳入"案情重大、复杂"的范围。重点彻查此类案件不仅有助于治理腐败,也有助于维护国家机关的公信力。

第二,涉案金额较大。参照《人民检察院刑事诉讼规则》中对于"特别重大贿赂犯罪案件"涉案金额方面的认定,贿赂犯罪数额在 50 万元以上的可以认定为"案情重大、复杂"。职务违法犯罪通常与金钱相关,具体数额的衡量具有明确性,可以作为衡量案件严重性的重要标准。

第三,案件涉及其他专业知识。公职人员职务违法和犯罪往往涉及财产的转移,这并非普通的案件侦办方式可以解决。若案件涉及网络跟踪、电子监督、电子查证等情形,便给调查取证活动带来一定困难。对于此情形,监察机关可以聘请或者指派具有专门知识的人对案件进行检查,对被调查人进行追踪。

第四,案件牵涉的法律关系众多。案件涉及多个法律关系便可认定为复杂。此种情形下,被调查人往往涉及多项案件。在实践中,这种情形发生的概率很大,被调查人的违法或者犯罪行为往往不是第一次,这就存在其他有待调查的案件事实,且案件之间具有牵连关系,对于这种复杂的案件若不采取留置措施会降低办案效率,增加办案阻碍,所以及时采取留置措施有利于厘清被调查人与各项行为之间的关系,从而提高办案效率。

第五,涉外或者涉港澳台案件。贪污贿赂案件发生后,被调查人往往会在第一时间将财产转移到境外,这涉及国与国之间的外交关系或者区际司法协助的问题。目前反腐已经成为国际社会的共识,国家监察委员会更要顺应时代背景,维护我国良好的大国形象。当然,这也需要监察委员会加强与国际、区际的交流、合作,深入探讨关于惩治腐败问题的理念,建立追踪外逃犯罪人员的引渡机制。

(2)可能逃跑、自杀

现实中,对于可能逃跑的情形比较容易界定。如果被调查人实施了办理护照、购买机票车票等行为的,可以认定为其有逃跑倾向。在此种情形下将

---

❶ 杨霜依:《〈监察法〉中留置措施适用条件探析》,载《山东行政学院学报》2018 年第 5 期。

其留置能够保证案件得以及时调查。相比之下，可能自杀的情形不易确定，但是在实务中却经常发生。为了避免被调查人自杀对案件的调查带来不利影响，监察机关应当引入心理评估机制，并且加强完善留置场所的设施建设。

（3）可能串供或者毁灭、伪造、销毁、转移、隐匿证据

被调查人一旦出现以上妨碍调查取证的情形就应当将其留置。众所周知，职务违法与职务犯罪的被调查人具有一定的影响力，且该类案件的实施具有较强的隐蔽性，案件调查取证难度高，相关证据极其容易毁损、灭失。出于维护被调查人或者惧怕打击报复的心理，被调查人的同案犯或者亲友容易对被调查人实施证据的毁灭、伪造、销毁、转移与隐匿。因此，当监察机关发现被调查人具有以上倾向时，应当将其及时留置。

（4）可能有其他妨碍调查的行为

笔者认为，对于第四项"可能有其他妨碍调查的行为"的规定应当加以细化，避免出现口袋式规定，致使监察机关滥用自由裁量侵犯被调查人人权。随着我国的立法技术日渐成熟，立法工作者不宜再使用此种立法方式进行立法活动。《刑事诉讼法》中拘留、逮捕的适用条件以及犯罪嫌疑人在取保候审期间违反规定可进行逮捕的情形都是以详细的条件做出了列举，并没有出现"兜底条款"这样笼统的立法方式。留置措施的适用条件也应当借鉴《刑事诉讼法》的规定方式，尽可能详细地以列举式的方法作出规定，如：对同案犯、举报人、控告人、证人实施威胁恐吓、打击报复的；有危害国家安全、公共安全或者社会秩序的现实危险的；❶ 可能导致同案犯逃避调查的；❷ 威胁或者贿赂相关监察人员的；等等。

需要说明的是，如果监察机关采取讯问、查询等其他调查手段能够确保调查工作顺利进行的，就不应当再采取留置措施。在被调查人积极主动配合调查时，也可以不适用留置措施。实践中也出现了不采取留置措施的案例。例如，在2018年海口市监察委员会办理的一起案件中，对被调查人吴某就没有采取留置措施而直接移送检察院起诉。正是由于吴某做到了"两个主动"和"两个稳定"，在立案后配合工作，主动交代监察机关还未发现的其他违纪行为，主动全额退赃，真诚悔过；保持供述稳定，不反复翻供，精神状态稳

---

❶ 《中华人民共和国刑事诉讼法》第81条第1款规定："对有证据证明有犯罪事实，可能判处徒刑以上刑罚的犯罪嫌疑人、被告人，采取取保候审不足以防止发生下列社会危险性的，应当予以逮捕：（一）可能实施新的犯罪的；（二）有危害国家安全、公共安全或者社会秩序的现实危险的；（三）可能毁灭、伪造证据，干扰证人作证或者串供的；（四）可能对被害人、举报人、控告人实施打击报复的；（五）企图自杀或者逃跑的。"

❷ 赵晓光：《规范监察留置程序》，载《中国党政干部论坛》2018年第4期。

定，态度端正，不逃跑、自杀。❶ 应当肯定，海口市监察委员会的这一做法是正确的。对于不具有留置必要的被调查人不采取留置措施既符合比例原则的基本要求，亦是监察机关科学行使监察权力的价值选择。对于此类情形，监察机关可以考虑适用一些对人身自由限制较轻的措施，例如限制出境等。

## （二）监察留置措施的适用对象

根据我国《监察法》第 15 条❷规定，监察对象的范围包括《中华人民共和国公务员法》（以下简称《公务员法》）所规定的国家公职人员、由法律授权行使公共权力的公务人员、事业单位的管理人员、国有企业的管理人员、群众自治组织中的管理人员以及其他依法行使公共职务的人员等。当被调查人涉嫌贪污贿赂、失职渎职等严重职务违法或者职务犯罪，且满足留置措施的其他条件时，就可以对其适用留置措施。该范围实质上是对"双规"和"双指"适用对象范围的一个整合，把行使公权力的人员用统一的法律规范进行了较为彻底的规制，实现了多项监督之间的衔接。

然而，在实践中存在这样一个问题，即：公立医院的医生和公立学校的教师属不属于《监察法》的监察对象？医生与教师收受红包的现象持续了很久，而这类现象却很少得到处理结果。对此，笔者认为，根据《监察法》第 15 条规定，公立机构的医生与教师并不属于监察对象范围，因为第 15 条规定的是事业单位的管理人员，而医生与教师的本职工作并不是行使管理职能，所以对于公立机构的医生与教师收受礼金以及其他的问题，仍应按照《刑法》第 163 条规定的非国家工作人员受贿罪进行定罪量刑，而不应适用《监察法》来规制。

与此相类似的一个问题还涉及人大代表是否可以成为监察机关的监察对象？笔者认为，人大代表并非一项职业，人大代表不等同于人大及其常委会机关的工作人员，如办公厅、秘书局等办事机构的工作人员。❸ 人大代表与人

---

❶ 段相宇：《快查快结留置不是突破案件必需手段》，http：//www.ccdi.gov.cn/yaowen/201805/t20180530_172791.html，访问日期：2019 年 3 月 1 日。

❷ 《中华人民共和国监察法》第 15 条规定："监察机关对下列公职人员和有关人员进行监察：（一）中国共产党机关、人民代表大会及其常务委员会机关、人民政府、监察委员会、人民法院、人民检察院、中国人民政治协商会议各级委员会机关、民主党派机关和工商业联合会机关的公务员，以及参照《中华人民共和国公务员法》管理的人员；（二）法律、法规授权或者受国家机关依法委托管理公共事务的组织中从事公务的人员；（三）国有企业管理人员；（四）公办的教育、科研、文化、医疗卫生、体育等单位中从事管理的人员；（五）基层群众性自治组织中从事管理的人员；（六）其他依法履行公职的人员。"

❸ 秦前红、叶海波等：《国家监察制度改革研究》，法律出版社 2018 年版，第 147 页。

大及其常委会机关工作人员的工作内容不同，其行使的权利也并非国家公权力，而是人民行使权利的一项重要体现。由于人大代表不属于公职人员的范围，所以不能构成监察机关的监察对象。但是就人大代表在其他工作活动中涉嫌严重职务违法或者职务犯罪的行为，监察机关可以进行调查。

关于监察对象与留置对象的关系问题在理论界也存在一定争论，以下是两种相对的观点。观点一：监察对象等同于留置对象。该观点认为，采取留置措施之前要先进行立案，只有对监察对象才可以进行立案，进而适用留置措施。对非监察对象的其他人员是不可以依照《监察法》进行立案并采取留置措施的。观点二：监察对象不等同于留置对象。❶ 该观点认为，实践中存在对不具有公职人员身份的人采取留置措施的情形，这从侧面反映了监察对象不完全等同于留置对象，二者范围可以交叉重合。对此，笔者支持第二种观点。根据《监察法》第 22 条第 2 款❷规定，可以得知对于非国家公职人员的人也可以采取留置措施。之所以作如此规定，是因为在严重职务违法和职务犯罪案件的调查中，往往发生一个案件涉及的人员身份存在差异的情况。比如行贿受贿案中，行贿人并不必然具有公职人员的身份，但是这样的人员却往往与最重要的证据有关，为了调查案件，监察机关有理由对此类人员进行留置。如前所述，这种方式既可以促进案件证据的梳理，有利于巩固证据，形成稳定的证据链条，❸ 也能在一定程度上保证此类被调查人员的人身安全，或者防止其外逃联系涉案的其他人员。从中我们可以得出结论：监察对象与留置对象的范围并不完全重合，对于非公职人员的被调查人也可以适用留置措施，这也符合党的十九大关于"行贿受贿一起查"的要旨。❹ 但是应当注意，监察机关对于非监察对象的人员采取留置措施的，对留置措施适用时的审批程序应当严于对监察对象适用留置措施时的审批程序。❺

---

❶ 朱金刚：《正确理解监察对象与留置对象的关系》，载《中国纪检监察报》2018 年 9 月 26 日，第 8 版。

❷ 《中华人民共和国监察法》第 22 条第 2 款规定："对涉嫌行贿犯罪或者共同职务犯罪的涉案人员，监察机关可以依照前款规定采取留置措施。"

❸ 江国华：《中国监察法学》，中国政法大学出版社 2018 年版，第 112 页。

❹ 2018 年 1 月 11 日，经河南省市委主要领导审批，平顶山市纪委监委对新华区人民法院原党组书记、院长杨某采取留置措施。其中，王某、侯某是两位较为典型的行贿人，对于调查组的询问不如实交代问题，对此，平顶山市纪委监委果断对其二人采取留置措施。随着调查的不断深入，杨某在得知王某、侯某被留置后交代了犯罪事实，王某、侯某得知杨某交代问题后心理防线崩塌，也交代了犯罪过程。此案件得以迅速侦破。参见江国华：《中国监察法学》，中国政法大学出版社 2018 年版，第 126~127 页。

❺ 杨宇冠、高童非：《监察机关留置问题研究》，载《浙江工商大学学报》2018 年第 5 期。

### （三）监察留置措施的适用场所

关于留置措施的场所问题，《监察法》第 22 条规定，留置场所的设置、管理和监督依照国家有关规定执行；《监察法》第 44 条第 2 款❶规定，对留置场所最基本的要求是必须能够保证满足被调查人的基本生活需要。从国家监察体制改革的试点经验来看，北京、浙江、山西三地的经验主要把留置场所划定为实施"双规"的场所和看守所，❷当然实践中也存在利用被调查人的住所以及指定的宾馆为留置场所的情形。在试点改革过程中，试点地区的监察委员会也因地制宜地探索出了一些具体程序。例如，浙江省乐清市的基层监察委员会推进建设高标准留置场所，动用财政力量，提高留置场所的硬件设施配置；与公安部门协调，在看守所设置监察留置专区，包括监视区与提审区；公安机关为此招录协警，供监察机关调配使用，从而建立起一支专门陪护留置对象的队伍。❸浙江省的这次创新设计为建设留置场所提供了宝贵的实践经验。

尽管实践中存在对留置措施适用场所的积极探索，然而具体将留置场所设置在何地并且配备何种设施仍需要国家统一作出规定。《监察法》仅用一个法条规定留置场所，在具体实践中会产生留置地点不统一、对被调查人人权保障的标准不一致等有关问题，有待于我们将《监察法》关于留置场所的设置规定进行进一步细化。

笔者认为，为了高效实现治理腐败的目标，将留置场所设定在看守所在目前来讲比较具有可操作性。首先，看守所分布广泛、管理经验成熟，便于及时采取留置措施；其次，看守所隶属于公安机关，与被调查人无利害关系，对于监察机关来说具有一定的中立性，❹能够保证做到"查押分离"，有利于实现公安机关对监察机关调查活动的监督，同时也能保证驻所检察人员对留置措施的执行发挥法律监督职能；最后，看守所羁押与留置期限关于折抵刑期的规定具有一致性，均为羁押（留置）一日折抵管制两日或者折抵拘役、

---

❶ 《中华人民共和国监察法》第 44 条第 2 款规定："监察机关应当保障被留置人员的饮食、休息和安全，提供医疗服务。"

❷ 《积极探索实践形成宝贵经验国家监察体制改革试点取得实效——国家监察体制改革试点工作综述》，http://www.xinhuanet.com/legal/2017-11/05/c_1121908387.htm，访问日期：2019 年 2 月 12 日。

❸ 赵晓光：《规范监察留置程序》，载《中国党政干部论坛》2018 年第 4 期。

❹ 汪海燕：《监察制度与〈刑事诉讼法〉的衔接》，载《政法论坛》2017 年第 6 期。

有期徒刑一日，同时也能保证检察院先行拘留被调查人后转为逮捕的程序便利。❶ 基于这三层原因，留置场所不应当设定在监察机关的办案场所，设置在看守所更为适合。这样也可以合理利用看守所的先天优势和后续可开发资源，有利于在节约国家成本的同时实现在法治化的轨道内规范留置措施的目的。

另外，从全国看守所的看押区域来看，主要分为治安看押区域和刑事看押区域。针对监察机关办理案件的特殊性，有必要对看守所的看押区域进行改造，为监察机关调查案件提供保障。留置措施应当彻底根除审批和执行一体化的诟病，在建设留置场所的过程中，应当借鉴浙江省乐清市的有益经验，开辟独立的监察留置区域，保证能够单独关押被调查人，设置完备的监控录像设施。目前我国的看守所都能实现全程录音录像，有利于在惩治腐败之时更好地保障人权。

此外，考虑到被调查人往往社会关系复杂、年龄较大、身体素质欠佳，一旦被留置很可能出现健康状况恶化等现象，有的甚至有自残、自杀的倾向。对此，应当完成留置场所更为科学合理的建设，设置安全屏障，配备24小时值守的医务室，实行全方位的看护管理。看护被调查人的人员应当经过专业培训，具备法律知识，加强对《宪法》和《监察法》的学习，同时也应当对看护人员的纪律和保密工作提出具体要求。强化看护人员的责任意识，保证在看管过程中正确履行职责，避免出现对被调查人以权谋私、侵犯人权的现象。对此，《监察法》在日后可以考虑出台关于留置场所的实施细则，对于场所的设置、设施的维护、看护人员等方面提出具体规定，形成统一规范，以确保在实践中不会发生侵犯被调查人人权的违法行为。

最后，从其他角度看，在看守所设立留置专区也能够为由留置措施转入刑事诉讼程序提供顺利衔接。在浙江省的实践中，从解除留置措施到采取逮捕基本能够在一天之内完成，这无疑便利了监察程序与刑事诉讼程序的无缝衔接。同时，设置留置专区也能够满足被调查人家属与被调查人会面的要求，能够改善被调查人的生活，为延伸其法律权利提供硬件支撑。

（四）监察留置措施的适用期限

关于监察留置措施适用的期限问题，《监察法》第43条❷作出了明确的规

---

❶ 甘新萍：《监察留置场所法治化建设及规范化运行刍议》，载《北京警察学院学报》2018年第3期。

❷ 《中华人民共和国监察法》第43条规定："留置时间不得超过三个月。在特殊情况下，可以延长一次，延长时间不得超过三个月。"

定。尽管该项规定与刑事诉讼中监视居住的规定保持一致，但是对于一项限制人身自由的调查手段来说，留置期间仍然过长，甚至留置措施比逮捕对人身自由的限制还要严厉。❶ 笔者认为，由于被调查人所犯的行为性质不同，可以根据其是严重职务违法与职务犯罪的类型设定三档留置期限，区分情形设置留置期限也是比例原则的要求，这样有利于严格控制留置措施的适用，避免不当适用造成与案件严重性的失调。该规定的设定同时也包含了防止留置措施变相沦为监察机关的羁押手段的目的，以杜绝出现超期留置的情形。由于对职务违法和职务犯罪案件调查取证有一定难度，所以有的案件需要长时间查证。因此，需要延长留置期限。但是如何保证把留置措施对人身自由的侵害降到最低，就需要对延长的情形加以严格限制，具体可以规定为：一是被调查人涉及案情重大，可能被判处死刑；二是涉案人员关系复杂；三是案件取证困难。

对于采取留置措施的期限是否可以重新计算的问题，笔者认为《监察法》已经基于案件的复杂性做出了规定。根据《监察法》第43条第2款❷规定，考虑到留置措施延长适用的制度设计，"特殊情况"应当包含另有重要罪行的行为，对于此情形可以适用留置措施的延长规定，无须重新计算留置期限。❸反之，会导致"留置期限不得超过6个月的限制被架空。❹"

实践中还会产生对于补充调查后能否再适用留置措施的问题。对于已经由检察院提起公诉的案件，在审查起诉过程中，检察院认为缺少相关事实和证据的，可以将案件退回监察机关进行补充调查。笔者认为，此项过程可以参照《刑事诉讼法》关于补充侦查的规定执行，补充调查后不可以再适用留置措施。补充调查属于检察院提起公诉的阶段，而不是监察机关调查案件的阶段❺，监察机关对案件的调查是为了配合检察院顺利地完成起诉工作，此时监察机关并无对被调查人采取留置措施的权力。如此来看，应当明确规定：在补充调查后，监察机关不得再次适用留置措施。

### （五）监察留置措施的适用程序

如前所述，《监察法》虽然规定了留置措施的适用条件、适用对象、适用

---

❶ 艾明：《刑事诉讼法中的侦查概括条款》，载《法学研究》2017年第4期。
❷ 《中华人民共和国监察法》第43条第2款规定："留置时间不得超过三个月。在特殊情况下，可以延长一次，延长时间不得超过三个月。省级以下监察机关采取留置措施的，延长留置时间应当报上一级监察机关批准。监察机关发现采取留置措施不当的，应当解释解除。"
❸ 杨宇冠、高童非：《监察机关留置问题研究》，载《浙江工商大学学报》2018年第5期。
❹ 王飞跃：《监察留置适用中的程序问题》，载《法学杂志》2018年第5期。
❺ 马海舰：《重新计算侦查羁押期限法律适用研究》，载《人民检察》2003年第1期。

场所以及适用期限，但是对于留置措施如何启动、解除或者重新适用等程序性问题并未涉及。尽管2019年7月新出台的《监察机关监督执法工作规定》第29~34条对留置措施的适用程序作出了进一步的规定，但是许多问题仍未得到明确的指示。在此，有必要探讨留置措施适用的程序规范，将留置措施的运行加以细化，使留置措施在日后的使用中做到有法可依。考虑到监察机关办理案件的程序大致是在收到问题后进行初步核实、做出立案决定、依法审批、确定调查方案，最后做出处理结果，决定是否移交检察院提起公诉。在此，笔者将对其中最重要的几个环节进行研究，以期为《监察法》规则的细化提供参考借鉴。

1. 审批程序

监察机关办理案件，对于有线索的应当进行初步核实，核实后依法履行审批程序。但是，关于如何规定留置措施的审批主体问题，在监察体制试点改革的过程中却未能得到一致的结论。山西省的监察委员会自行决定采取留置措施；浙江省由监察委员会领导人员集体研究决定是否留置，在监察委员会主任批准后还需向上一级监察委员会报批，对于同级党委人员采取留置措施的，还须经本级党委书记批准并签名；北京市则规定留置措施由同级党委主要负责人批准。从以上可以看出，监察委员会在研究决定后须要报上一级监察委员会批准，有涉及同级党委的，也要报同级党委书记批准。❶ 三地中两地都由党委负责人批准决定适用留置措施，党委批准留置措施不免有越俎代庖、减少监察机关职能之嫌，并且，综合以往的经验来看，由党委负责人审批可能会造成大量的冤假错案，所以在《监察法》制定时摒弃了这种批准办法。

根据我国《监察法》第44条规定，市级、县级的监察委员会采取留置措施时，应当提交上一级监察委员会批准，省级监察委员会采取留置措施时，应当报国家监察委员会备案。这项将留置措施决定权上提的规定，来源于检察院在办理自侦案件时上提逮捕权的规定，这有利于更好地将留置措施的适用落到实处，实现上级机关对下级机关的指导与监督，消解同级党委对办理案件的干预。

但是，关于留置措施的审批程序，笔者认为还略有不足，其中最受学者诟病的地方在于其执行权和决定权的一体化。此种做法尚未达到国际通行的司法审查标准。对比刑事诉讼中逮捕的决定程序，逮捕的决定权与执行权是

---

❶ 谭世贵：《监察体制改革中的留置措施：由来、性质及完善》，载《甘肃社会科学》2018年第2期。

相分离的，无论是检察院审查批捕还是法院决定逮捕，最后都由公安机关执行逮捕程序，这样有利于做到客观中立，保障犯罪嫌疑人或者被告人的人权。监察机关自己批准决定采取留置措施，不利于审查被调查人是否符合留置措施的适用条件。由监察机关自批自办，会使监察机关对被调查人产生先入为主的心理预判，使批准程序流于形式，不利于被调查人人权的保护。

此外，对于被调查人存在逃跑、自杀倾向的，来不及报请审批的，应当赋予办案人员紧急留置权，确保后续工作能够顺利完成。❶

2. 执行程序

我国《监察法》第41条第1款❷明确规定，调查人员在采取留置措施时，应当由二人以上的工作人员依照法律规定出示证件，出具书面通知，形成笔录、报告等书面材料，并由被调查人与相关人员签名、盖章。通过参照《刑事诉讼法》的相关程序规定，具体在监察人员的执行过程中，应向被调查人出示留置决定书，决定书应当注明留置的理由、期限、场所、被调查人员的权利救济方式以及执行人员的具体信息，由被调查人在执行回执上签字。被调查人无理由拒绝签字的，应当注明情况。整个过程应当邀请两名以上与案件无关的人员作为见证人，见证执行过程是否合法，没有见证人的应当全程录音录像。执行过程中，要听取被调查人的陈述、申辩，并记录其陈述和申辩的内容。由于与刑事侦查程序有所区分，故监察机关未配法警队伍，也不得使用手铐等警用工具。尽管公安机关予以协助，但仍应当通过制定办案细则明确执行程序，做到有法可依。❸

在执行留置措施后，应当在24小时以内通知被留置人员所在单位和家属，但有可能毁灭、伪造证据，干扰证人作证或者串供等妨碍调查情形的除外。在妨碍调查的情形消失后，监察机关应当立即履行通知义务。这既可以实现对被调查人的人权保障，也能够在一定程度上防止监察机关权力的滥用。

3. 解除程序

根据我国《监察法》第43条规定，对被调查人采取留置措施不当的，应当及时解除。留置措施的解除主体应当依照"谁批准，谁解除"的原则，留置措施的解除程序也应当比照启动程序进行，具体而言：市级、县级监察委

---

❶ 谭世贵：《监察体制改革中的留置措施：由来、性质及完善》，载《甘肃社会科学》2018年第2期。

❷ 《中华人民共和国监察法》第41条第1款规定："调查人员采取讯问、询问、留置、搜查、调取、查封、扣押、勘验检查等调查措施，均应当依照规定出示证件，出具书面通知，由二人以上进行，形成笔录、报告等书面材料，并由相关人员签名、盖章。"

❸ 叶青：《监察机关调查犯罪程序的流转与衔接》，载《华东政法大学学报》2018年第3期。

员会作出的适用留置措施的决定，由其上一级监察委员会批准解除，省级监察委员会作出的适用留置措施的决定，由其自己批准解除，但须报国家监察委员会备案。

留置措施的适用有必要性，解除也要有必要性。留置措施的解除包含两种类型：自动解除与决定解除。自动解除具有两种情形：其一，是在留置措施实施届满后，留置措施自动解除；其二，是在检察院对被调查人采取拘留时，留置措施自动解除。决定解除是由监察机关根据特定事由决定是否解除留置措施。解除留置措施的特定事由分为案情原因与案外原因。基于以下几类案情原因，经过监察机关调查核实，可以解除留置措施：一是通过调查活动发现被调查人既无职务违法也无职务犯罪行为的，应当及时解除留置措施；二是事实和证据发生重大变化、案件事实已查证属实、被调查人确无留置的必要的，应当解除留置措施。案外原因往往基于人道主义的考虑，对于被调查人在留置期间发生重病、怀孕（包括流产）或者是需要赡养的人员的唯一扶养人的情形，应当经过审批后对被调查人解除留置措施。❶ 解除留置措施的，应当发给《留置解除通知书》，载明解除留置的理由、时间、执行人员姓名等内容，并通知其家属及单位，以便为被调查人获得救济提供便利。

在留置措施解除后，若有再次适用的必要应当再次对被调查人进行留置。留置措施的再次适用应当严格规范，具体可以限于以下几种情形：一是因被调查人的原因决定解除留置措施的，如被调查人身患重病、怀孕（包括流产）或者系被扶养人的第一扶养人的，待导致解除的事由消除后，可以再次适用留置措施；二是由于监察机关判断错误，在立案后认为被调查人的行为不构成严重职务违法或者职务犯罪由此解除留置措施，而后又在调查过程中发现被调查人完全符合留置措施的适用条件，有采取留置措施的必要的，可以再次适用留置措施。

### 三、监察留置措施适用中存在的问题

由于《监察法》出台时间不久，关于留置措施的自洽性还有待检验。留置措施的设置虽然有利于实现集中与高效的反腐，但却没有妥善地处理好法律规则之间的矛盾与法法衔接等问题。❷ 对惩治腐败的权力进行大规模整合后，《监察法》的实施必然涉及人权保障、权力监督、法法衔接等方面内容。

---

❶ 姚建龙、张丹：《监察委员会留置措施适用疑难问题辨析》，载《法治社会》2018 年第 5 期。
❷ 刘艳红：《程序自然法作为规则自治的必要条件——〈监察法〉留置权运作的法治化途径》，载《华东政法大学学报》2018 年第 3 期。

对此，我们可以从两方面入手研究，一是以留置措施规则本身为突破口，二是针对其他相关联的规则进行考察，对当前监察机关实施留置措施的实践中遇到的疑难问题与不足之处进行分析，及时发现问题、解决问题，从而保证整部法律能够实现切实高效的运转。

（一）对于严重职务违法与职务犯罪的适用标准过于统一

依据我国《监察法》的相关规定，留置措施针对的案件类型是严重职务违法和职务犯罪，但是事实上，在实践中对于二者的具体操作存在很大不同。在改革前，严重的职务违法行为由《行政监察法》中的"双指"规制，职务犯罪由检察院根据《刑事诉讼法》负责立案侦查。改革之后，这两种情形都统一适用《监察法》规定的留置措施。考虑到留置措施具有严厉的限制人身自由的属性，我们不应将其概括地用于严重职务违法和职务犯罪案件的调查。针对严重职务违法和职务犯罪两种情形，我们必须有所区分，否则，就会出现一系列问题。例如，从《监察法》第 44 条第 3 款❶规定可以明显看出，这项规定只考虑到了被调查人涉嫌职务犯罪的情形。对于涉嫌严重职务违法的行为无须判处刑罚，只需进行行政处分即可，但是若根据该项规定，对于留置期间被限制的人身自由不能折抵刑期。即使是严重的职务违法，其对于社会的损害也要弱于职务犯罪，职务犯罪的被调查人刑期都可以得到折抵，但因严重职务违法被限制的人身自由却不能得到折抵，这是法律规则制定时出现的冲突，表明立法还不尽完善与严谨。

与此相类似的具有逻辑错误的还有涉及留置对象的问题。基于共犯关系，对于行贿犯罪或者其他职务犯罪的共犯，监察机关可以采取留置措施，那么按照逻辑，对帮助实施严重职务违法行为的非公职人员也应当规定可以适用留置措施，然而《监察法》中对此并无规定。这不得不说是一种逻辑安排上的混乱。可以说，对于留置措施"一刀切"地适用于两种情形，在立法上或许看似简便，但是当其运用到实际生活中时会引发一系列的问题。顶层设计的逻辑若有所欠缺，则会衍生出一系列问题，导致法律规则的适用出现不清晰的情形，无法确保留置措施的适用合情合理。❷

另外，对于涉嫌职务违法的与涉嫌职务犯罪的两类人不加以情形区分地

---

❶《中华人民共和国监察法》第 44 条第 3 款规定："被留置人员涉嫌犯罪移送司法机关后，被依法判处管制、拘役和有期徒刑的，留置一日折抵管制两日，折抵拘役、有期徒刑一日。"

❷ 刘艳红：《程序自然法作为规则自洽的必要条件——〈监察法〉留置权运作的法治化途径》，载《华东政法大学学报》2018 年第 3 期。

适用留置措施，有违背比例原则的嫌疑。从比例原则的角度出发，通过对以上内容进行总结，笔者认为，留置措施面临着两个问题：一是将留置措施适用于违法行为，实质上已经违反了最小损害原则；二是没有规定留置措施关于严重职务违法与职务犯罪的区别适用，违反了适当性原则。❶ 对此，适用留置措施时应当严格遵循比例原则，制定更为合理的制度设计。

（二）与刑事诉讼程序衔接不畅

《监察法》对于留置措施的规定决定着留置措施实施的法律后果，这事关监察机关与检察院、法院在司法活动中的衔接问题。在《刑事诉讼法》修改后，两法在移送起诉、刑期折抵等方面实现了良好衔接，但是对于其他细节问题，如案件的管辖、留置期间获得的证据以及刑事强制措施的转换几个方面，只是做到了模糊化的处理，在具体实践操作中还是很难起到导向性的作用，故《监察法》与《刑事诉讼法》适用中的程序衔接问题具有讨论的必要。❷

1. 管辖处理

涉及案件的管辖方面，《监察法》第 34 条第 2 款❸和修改后的《刑事诉讼法》第 19 条❹分别作出了规定，这就引出了如何处理管辖权竞合的问题。管辖权竞合是指不同的主管机关对同一个被调查人都具有管辖权限，从而引起竞合的情形。❺ 对于此问题，《监察法》仅作出了以上的粗略规定，很难统一实践中遇到的不同情形。比如，实践中会出现公职人员因职务犯罪在被留置期间发现还涉嫌其他非职务犯罪的，或者公职人员因犯非职务犯罪在公安机关实施了强制措施之后，又发现其涉嫌腐败犯罪的等情形，此时应当如何实现二者管辖的衔接，《监察法》与《刑事诉讼法》并没有给出明确规定。

根据以上的规定可以看出，公安机关、检察机关、监察机关的案件管辖范围并不明晰，甚至存在着一个罪名、一个公职人员对应两种机关管辖的情形。对此，我们有必要对公安机关、检察机关、监察机关对于案件的管辖范

---

❶ 屈超立、慈海威：《留置措施的法治化研究》，载《理论探索》2018 年第 6 期。
❷ 龙宗智：《监察与司法协调衔接的法规范分析》，载《政治与法律》2018 年第 1 期。
❸ 《中华人民共和国监察法》第 34 条第 2 款规定："被调查人既涉嫌严重职务违法或者职务犯罪，又涉嫌其他违法犯罪的，一般应当由监察机关为主调查，其他机关予以协助。"
❹ 《中华人民共和国刑事诉讼法》第 19 条规定："刑事案件的侦查由公安机关进行，检察院可以对在对诉讼活动实行法律监督中发现的司法工作人员利用职权实施的非法拘禁、刑讯逼供、非法搜查等侵犯公民权利、损害司法公正的犯罪立案侦查。对于公安机关管辖的国家机关工作人员利用职权实施的重大犯罪案件，也可以由检察院立案侦查。"
❺ 江国华：《中国监察法学》，中国政法大学出版社 2018 年版，第 189 页。

围作出梳理，对于管辖权竞合问题作出具体的适用规定，保证国家机关的管辖权处在清晰状态，维护国家机关的公信力，也有助于建立监察机关与公安机关和检察院"互相配合"的有效机制。

根据《监察法》第34条的规定，监察机关具有排他性管辖权。❶ 如此规定，可能会导致监察机关实行管辖权超出原有的监察范围，最终可能会形成"长臂管辖"的不合理状态。❷ 监察权这一"超级权力"的行使自然有利于国家反腐政策的落实，但是若只关注机关思维，而不够重视程序思维，就可能会出现与国家监察体制改革的最终目的南辕北辙的不利后果。如果不加区分地将监察机关的管辖权扩大到其他非职务犯罪案件，可能会造成监察机关对权力的滥用，而众所周知，《监察法》中关于被调查人保障救济的相关机制仍有待完善，将被调查人不分情形地置于监察机关的管辖范围中，会导致被调查人在诉讼过程中应有的程序保障缺失。因此，必须对监察机关的管辖权进行合理的限制，以此来降低该规定对被调查人造成的风险。❸

2. 证据使用问题

证据是刑事诉讼的基石，能够保障无罪之人不受刑事追究，也能够对有罪之人进行准确的定罪量刑，贯彻"罪责刑相适应"的基本原则，在一定意义上起到实现司法公正、防止冤假错案发生的作用。❹ 我国《监察法》确立了新的证据规则，即监察机关依照《监察法》第33条规定收集的言辞、物证等证据材料，在刑事诉讼中可以作为证据使用，不再像行政机关在行政执法过程中收集的证据一样需要对实物证据与言辞证据予以区别对待。❺ 除此之外，该项规定还明确了监察机关通过留置措施取得的与案件事实有关的证据可以经过检察院审查后作为证据起诉，这大大提高了办理腐败案件的效率。

尽管如此，留置期间获得的证明案件事实的材料并不必然成为法院最终定罪量刑的依据，仍须经法庭进行法庭调查后，才能认定其是否可以作为对被调查人定罪量刑的证据。出于此种制度设计，监察机关收集的证据如果不具有合法性、关联性或者真实性，法庭便会予以排除，无须检察院进行转化。

---

❶ 朱福惠：《论检察机关对监察机关职务犯罪调查的制约》，载《法学评论》2018年第3期。

❷ 王一超：《论〈监察法〉与〈刑事诉讼法〉适用中的程序衔接》，载《法治研究》2018年第6期。

❸ 王一超：《论〈监察法〉与〈刑事诉讼法〉适用中的程序衔接》，载《法治研究》2018年第6期。

❹ 高峰：《刑事监察与审查起诉工作衔接问题探析》，载《中国刑警学院学报》2019年第1期。

❺ 《中华人民共和国刑事诉讼法》第54条第2款规定："行政机关在行政执法和查办案件过程中收集的物证、书证、视听资料、电子数据等证据材料，在刑事诉讼中可以作为证据使用。"

但是，在律师无法介入的情况下，如此取得的证据的收集是否合法、内容是否真实都会受到质疑。众所周知的是，职务犯罪获取的证据大多为口供，如何确保口供的真实性与合法性是一大难题。《监察法》对于证据的相关规定过于粗疏，在现实的调查过程中可能会导致无法可依，其仅就非法证据排除作出了原则性规定，具体的适用程序还没有得到细化，这就会导致在目前的案件审理中非法证据很难得到排除。在我国的法治实践中，非法证据排除程序适用的情况本身就少之又少，这已经不利于实现以审判为中心的司法责任制改革，也不利于对犯罪嫌疑人或者被告人的人权进行保障。《监察法》仅就其作出原则性规定而不深入规范如何排除获取的非法证据，难以给监察工作人员以工作指导和严厉威慑，从而可能会导致以刑讯等非法方式获取口供的现象滋生。

由于监察机关移送的证据不需要转化即可适用于刑事诉讼程序，这也会导致法院在审理过程中对监察笔录产生预判，造成"监察中心主义"，从而影响法院发挥应有的审判职能。同时，由于监察机关与纪委合署办公，会在一定程度上为法院的审判工作带来困难。这些都是取舍留置期间获得的证据需要深刻考量的重要因素。

3. 刑事措施衔接问题

被调查人被采取留置措施而移送至检察院后，就涉及留置措施与刑事强制措施应当如何衔接的问题。在实践中，监察机关将被调查人移送检察院后，依照《刑事诉讼法》的有关规定，检察院应当对被调查人先行拘留，再考虑转换其他的刑事强制措施。对此，如果在后续转变成逮捕措施，可能会造成对被调查人长时间的未决羁押，可能会导致判决作出后应折抵刑期超过服刑期限的问题。况且，由于我国确实存在未决羁押的情形，也较为普遍，被调查人经历留置期限后再次经历羁押期限，可能会加重总体羁押期限过长的不合理性。❶ 为了减少此类现象的发生，必须对留置后适用的刑事措施作出指导，以免留置措施与刑事羁押同时适用，增加对被调查人人身自由的限制不利影响。

（三）对被调查人保障救济制度的缺失

由于我国受"重实体轻程序"观念的影响较深，正当法律程序的观念还没有深入我国的法治实践。《监察法》作为刚刚诞生不久的新法，对于程序方面的

---

❶ 江国华、王冲：《监察委员会留置措施论析》，载《湖北社会科学》2018年第9期。

规定更是不甚详尽。正如季卫东教授所说:"缺乏程序要件的法制是难以协调运作的,硬要推行之,则极易与古代法家的严刑峻法同构化,其结果往往是'治法'存,法治亡。"❶《监察法》作为一部法律,应当具有法律的共性,即制定目的是为了保护自由而不是剥夺自由。这就要求监察体制改革的过程中应当妥善处理好权力与权利的关系,不能"只转权力,不转权利"。❷ 留置措施作为监察机关最严厉的一项调查手段,极有可能侵害被调查人的人身权利。又因留置措施的调查强度最为有力,很容易造成留置措施被扩大化适用的现象。

"律师的参与和代理基于当事人的陈述、申辩权,后者属于正当程序的基本要素",❸ 也即当事人的陈述、申辩权是正当程序的基本要素,律师的辩护权是在这一要素上作出的延伸。❹监察机关在采取留置措施时,应当遵循正当的法律程序。正当法律程序原则要求保障被追诉者的知情权、陈述申辩权与救济权,但是《监察法》中对于被调查人是否享有申辩的权利的问题与律师是否能够介入留置期间并没有作出规定,对于被调查人在事后可以申请救济的规定也比较粗略。对此,笔者从以下三个问题入手,以发掘《监察法》关于程序方面规定的不足,从而寻找到科学合理的应对方法。

1. 未赋予被调查人申辩权

听取陈述申辩制度是现代行政程序制度中一项较为常见的制度,是指行政主体在作出具体行政行为时,应当听取行政相对人讲述案情和作出对自己有利辩解的制度。尤其是在会对行政相对人产生不利影响的程序中,必须听取当事人的意见。❺ 以行政处罚程序为例,行政机关在对行政相对人作出处罚决定时,若未告知行政相对人具有陈述、申辩的权利,则会导致程序违法的后果。❻ 法律之所以赋予行政相对人陈述、申辩权,就是为了便于行政主体能在工作中查明事实真相,正确处理案件。

《监察法》第20条仅规定涉嫌职务违法的被调查人有陈述的权利,然而对于被调查人是否享有申辩权却进行了规避。如前所述,笔者已经明确,留置措施是一项既具备刑事性质又具备行政性质的调查措施,忽略被调查人在留置期间本该享有的申辩权与正当法律程序原则所要求的内容不符。剥夺被

---

❶ 季卫东:《法律程序的意义》,中国法制出版社2012年版,第123页。
❷ 熊秋红:《监察体制改革中职务犯罪侦查权比较研究》,载《环球法律评论》2017年第2期。
❸ 陈越峰:《监察措施的合法性研究》,载《环球法律评论》2017年第2期。
❹ 梁三利:《留置取代"两规"措施的法治化路径》,载《天津行政学院学报》2018年第1期。
❺ 张顺生:《陈述申辩不走形式》,载《医药经济报》2013年12月16日,第2版。
❻ 赵江风:《行政处罚听取陈述及申辩程序的司法审查——基于裁判文书的实证分析》,载《山东审判》2017年第1期。

调查人的申辩权，一方面会造成监察机关行使权力缺乏正当法律程序原则的约束，可能会出现违法采取留置措施的现象；另一方面也不利于保障被调查人的正当权利，可能导致冤假错案的发生。综上，《监察法》没有规定被调查人有为自己申辩的权利，这在立法上有失严谨。

2. 未规定被调查人获得律师帮助权

辩护制度是实现程序正义的重要保障。日本学者田口守一认为："只有辩护人在场，才能确保犯罪嫌疑人沉默或陈述的完全自愿性。"❶ 作为"双规"的衍生物，留置措施没有对律师介入的问题作出规定。对于被调查人是否可以聘请律师辩护这个问题，在《监察法（草案）》向全社会征求意见以来，毫无疑问就产生了两种声音。当然，支持聘请律师的是多数声音。

在第十三届全国人民代表大会召开期间，2018年3月14日，浙江省监察委员会主任刘建超谈到了留置期间不允许被调查人聘请律师的几点理由：一是留置措施由《监察法》规定，不受《刑事诉讼法》调整；二是基于职务违法犯罪工作的特殊性，禁止律师介入有利于排除干扰因素；三是在案件移送司法机关后，可以再聘请律师辩护。❷ 对此，笔者也有三条针对性的反对意见：其一，同样作为法律，《刑事诉讼法》贯彻了保障人权的理念，犯罪嫌疑人在被羁押期间有聘请律师辩护的权利，而《监察法》无此规定。虽然涉嫌严重职务违法与职务犯罪的人群较普通公民相比受教育水平可能会更高一些，但这不能合理论证对该群体削弱权利保障具有合法性。❸ 换言之，办理的案件性质特殊不能构成监察机关不保障基本人权的理由。其二，认为律师会造成干扰因素而排除其介入，这说到底是对律师工作的不信任，是对整个社会实现法治目标的决心的不自信。在监察委员会主导调查的情况下，律师很难阻碍调查工作的进行。借鉴《刑事诉讼法》中控辩双方平等对抗的基本原则，《监察法》排斥律师的提前介入也令人感到疑惑。这种观念是不符合法治逻辑的，这也体现了在我国法治观念还尚未深入人心，实现法治社会的建设任重道远。其三，尽管在案件移交司法机关后被调查人可以聘请律师，但是在移交司法机关前也可能存在着监察机关侵犯被调查人人权的问题，在此期间被调查人如何实现对自身权利的维护，若不允许其聘请律师，这将会是一个难题。尽管近年来部分律师因为涉嫌伪造证据、妨害作证等问题造成了对案件

---

❶ 田口守一：《刑事诉讼法》，刘迪等译，法律出版社2000年版，第93页。

❷ 赵萌：《刘建超详谈留置细节》，http://www.sohu.com/a/225577596_137462，访问日期：2019年2月24日。

❸ 陈卫东：《职务犯罪监察调查程序若干问题研究》，载《政治与法律》2018年第1期。

办理的困难因素，但是若因此剥夺被调查人获得律师帮助的权利显然有悖法治理念。

此外，关于律师介入调查程序，在监察委员会职务犯罪调查权系由检察院转隶而享有的背景下，既然辩护律师有权在侦查阶段介入刑事诉讼程序，无理由禁止其在监察机关采取留置措施调查职务犯罪时介入案件调查活动的权利。❶ 本次监察体制改革只是对权力进行了优化配置，原有的职务犯罪诉讼程序中当事人的辩护权应当保留。❷《刑事诉讼法》中，涉嫌国家安全犯罪和恐怖活动犯罪的犯罪嫌疑人都能聘请律师，举重以明轻，对于被采取留置措施的被调查人也应当具有聘请律师的权利。况且，即便是特别重大贿赂犯罪案件，犯罪嫌疑人也有聘请律师的权利，对于留置措施下的被调查人更不应当限制其获得律师帮助的权利。❸"监察体制改革中，不能因为职务犯罪侦查权转隶为监察调查权就将这来之不易的权利保障化为乌有。"❹ 根据法律面前人人平等的原则，无论是普通案件中的犯罪嫌疑人、被告人，还是职务犯罪中的公职人员，都应当同样享有获得律师帮助的权利。正如陈光中教授指出，基于程序公正和人权保障的基本要求，应当允许被调查人在被采取留置措施后有权聘请律师，目的是确保其具有必要的防御能力。❺ 留置措施一旦被采取就有可能长达数月之久，在如此长的时间内没有律师提供法律保障，是对人权的蔑视。前文说到，基于公法契约理论，公职人员可以为社会正常运转牺牲一部分权利，但是其基本人权也应受到法律的保障。而且，根据联合国《保护所有遭受任何形式拘留或监禁的人的原则》第 11 条❻规定与联合国《关于律师作用的基本原则》第 7 条❼规定，结合我国香港地区《廉政公署

---

❶ 秦前红、石泽华：《监察委员会留置措施研究》，载《苏州大学学报》2017 年第 4 期。

❷ 包晓彤、黄明涛：《监察委员会留置措施中律师介入问题研究》，载《特区实践与理论》2018 年第 4 期。

❸ 吴高庆、夏文忠：《监察体制改革背景下留置措施与刑事诉讼制度的衔接》，载《廉政文化研究》2018 年第 1 期。

❹ 陈光中、姜丹：《关于〈监察法（草案）〉的八点修改意见》，载《比较法研究》2017 年第 6 期。

❺ 陈光中、邵俊：《我国监察体制改革若干问题的思考》，载《中国法学》2017 年第 4 期。

❻ 联合国《保护所有遭受任何形式拘留或监禁的人的原则》第 11 条规定："1. 任何人如未及时得到司法当局或其他当局审问的有效机会，不应予以拘留。被拘留人应有权为自己辩护或依法由律师协助辩护；2. 被拘留人与其如果有的律师，应及时获得完整的通知，说明拘留的任何命令及拘留理由；3. 司法当局或其他当局应被授权根据情况对拘留的持续进行审查。"

❼ 联合国《关于律师作用的基本原则》第 7 条规定："各国政府还应确保，被逮捕或拘留的所有的人，不论是否受到刑事指控，均应迅速得到机会与一名律师联系，不管在何种情况下至迟不得超过自逮捕或拘留之时起的四十八小时。"

（被扣留者的处理）令》第 4 条❶规定，笔者认为，当事人有权聘请律师保护作为一项国际通用的准则，我国必须将准则的精神注入《监察法》，否则将会不利于跨国反腐追究过程中国际合作的展开，也会有损我国正逐步迈向法治国家的大国形象。

综上，根据价值位阶的原理，为了保护更高层次的价值，我们有必要牺牲一些强硬措施带来的胜利成果，如此才能保证国家监察体制改革始终在方向正确的道路上前进。通过借鉴《刑事诉讼法》的相关规定我们可以体会到，随着其三次修改，对于人权的保障也越来越完善。《监察法》诞生在这样一个法治时代，尽管是部新生法律，但是其内容也应当学习和吸收《刑事诉讼法》的有关精神。一言以蔽之，允许律师在留置期间介入既有利于保障被调查人的基本人权不被侵犯，也有利于我国增强对法治社会建设的信心，而《监察法》的出台却将其大大忽略，这是立法上的一个漏洞，应当得到尽快的补救。

3. 对被调查人的救济权规定不甚详细

《监察法》第 60 条规定，在监察机关采取调查措施的过程中，发生侵害被调查人的人身、财产等合法权益的现象的，被调查人及其近亲属有权申诉。可以说，这一规定落实了宪法规定的申诉权，维护了宪法权威。然而，《监察法》第 49 条对于被调查人的申请复审、复核权，仅以一个条文的形式规定了非常有限的内容，即"监察对象对处理决定不服的，可以申请复审、复核"，但是对于监察对象之外的人是否有权利申请复审、复核没有作出明确规定。同时，也未对哪些情形可以申请复审、复核作出相应的规定。复审、复核程序是监察对象寻求权利救济的双重保险措施，这些相关内容过于模糊会给寻求救济的被调查人造成困难，也不利于落实《宪法》中"尊重和保障人权"的精神。因此，应当对《监察法》中涉及申请人、申请内容、申请方式等内容的规定予以明确。

除此之外，还涉及关于国家赔偿的相关问题。监察机关作为国家机关，在其错误行使职权时应当承担赔偿责任。而在《监察法（草案）》的二审稿中才增加被调查人申请国家赔偿的权利，这表明《监察法》对国家赔偿环节还未足够重视。随着《监察法》的深入实施，在留置措施的救济途径上，《国

---

❶ 《廉政公署（被扣留者的处理）令》第 4 条规定："被扣留者须获给予合理机会，以便与法律顾问通信，并在一名廉署人员在场但听不见的情况下与其法律顾问商议，除非此项通信或商议对有关的涉嫌罪行的调查或执法会构成不合理的阻碍或延误。"

家赔偿法》也应当做出相应的修改与调整,❶ 以完善不同法律之间的衔接。

（四）对监察留置措施的监督制约机制不健全

我国《监察法》之所以赋予监察委员会"留置"这样高效的调查手段,是为了更有力地打击严重职务违法和职务犯罪行为。在这个过程中如何权衡实体正义与程序正义,保证不会因专注于惩治犯罪而造成矫枉过正也是一个至关重要的议题。根据《宪法》第 37 条第 2 款❷的规定,同时依照《宪法》和《刑事诉讼法》中保障人权的原则,留置措施的适用过程理应受到监督。

留置措施由监察机关独立行使,缺乏监督和制约,权力在运行时不可避免地会出现偏差,很容易造成权力滥用的现象。监察机关行使监察权具有独立性,留置措施的审批、执行以及期限的延长都由监察机关独立行使。❸ 监察机关对留置措施的适用采取"自批自办"的方式,没有外部的审批机制,不利于审查被调查人是否符合留置措施的适用条件。由于监察机关独立办案,容易造成对案件的批准流于形式,也会使监察机关在处理案件的事实与证据时产生先入为主的倾向性。基于高效反腐的目的,会造成不可避免地最大限度地使用留置措施。监察机关自行授权、实施,难以保证留置措施的适用具有中立性。❹ 通过类比刑事诉讼中的逮捕,不难发现其决定、批准、执行都分属不同的机关完成,这在一定程度上有利于实现权力之间的彼此制衡。如此一来,留置措施的批准模式就会架空刑事诉讼塑造的分权制衡效果,规避了其他权力对于监察机关的限制。

**四、监察留置措施法治化之途径**

《监察法》对于职务犯罪的规定大致有两个方向:一是通过《监察法》本身设置规定,明确适用规则与程序,发挥《监察法》的独立性。此部分会与《刑事诉讼法》存在区别,甚至可能严于《刑事诉讼法》；二是参照《刑事诉讼法》的相关规定,将其中的部分规则适用于《监察法》的总体运行。由此可见,留置措施虽然是《监察法》规定的,但是也应当借鉴《刑事诉讼法》关于程序设计的若干规定,对留置措施的适用进行规制,这样才能更好

---

❶ 陈越峰:《监察措施的合法性研究》,载《环球法律评论》2017 年第 2 期。

❷ 《中华人民共和国宪法》第 37 条第 2 款规定:"任何公民,非经人民检察院批准或者决定或者人民法院决定,并由公安机关执行,不受逮捕。"

❸ 王梦瑶:《三权合一:论监察委员会留置权的性质定位》,载《福建警察学院学报》2018 年第 3 期。

❹ 陈瑞华:《论国家监察权的性质》,载《比较法研究》2019 年第 1 期。

地推进国家监察体制改革的法治化进程。

(一) 运用比例原则实现留置期限的分野

国家行使公权力会在一定程度上与公民的基本权利发生冲突，考虑公权力行使是否具有适当性就显得尤为重要。留置措施的严厉性自不待言，目前我国留置措施的制度设计却似乎没有考虑到该措施在惩治腐败犯罪时，对于监察对象人身自由也会造成一定的侵害，难以保证其在现实的运用中不会发生侵权现象。从法治的角度出发，留置措施对于监察对象人身自由的限制必须受到比例原则的约束。尽管比例原则是来源于行政法中的一项原则，但目前比例原则已经突破了原行政法范围的局限，成为一项公法领域通用的原则，在《刑事诉讼法》中也有所体现。正如余凌云教授指出：比例原则是在宪政国家、法治以及宪法基本权利保障等理念浸润下逐渐提炼出的具有宪法阶位的规范性要求。❶ 那么作为新诞生的公法《监察法》，就有必要引入比例原则的内涵精神，以促进《监察法》在更好地完成反腐使命的同时注重落实对公民人身权利的保护。

比例原则包含三个子原则：合目的性原则、适当性原则和最小损害原则，其具体含义是指，限制公民权利的行使除了有法律依据这一前提外，还必须选择使用对人侵害最小的方式进行。公权力的行使如果会对公民的权利造成不利影响，这一不利影响就需限制在尽可能小的范围内，不能以侵害公民权利更严重的方式行使权力。比例原则着眼于法益的均衡，考查规则设定的目的是否具有正当性。基于合目的性的要求，监察机关采取留置措施要能够达到实现查清职务违法犯罪的这一目的；基于适当性的要求，监察机关正是出于调查案件的必要性才能实施留置措施；基于最小损害原则的要求，监察机关应当在多种查清违法犯罪的方式中选择出对公民侵害最小的一种方式，也即满足"法益相称性"。在监察领域，比例原则是指监察机关在采取留置措施时应当兼顾调查违法犯罪的目的和被调查人的人权保护，在满足查清案情的前提下，将对被调查人人身自由的限制控制在最小的范围内。其内涵包括两个方面：一是应当将留置措施的适用条件限制在职务违法或职务犯罪达到一定程度；二是规定留置期限，尽量缩短限制人身自由的时间，减少不必要的羁押。❷

根据文义解释，"严重职务违法"的危害性虽然严重，但是却尚未达到犯

---

❶ 余凌云：《行政法讲义》，清华大学出版社 2014 年版，第 83~84 页。
❷ 江国华、王冲：《监察委员会留置措施论析》，载《湖北社会科学》2018 年第 9 期。

罪的程度。对于严重职务违法若是留置长达 3 个月之久，会让人对留置的必要性产生怀疑。将"严重职务违法"排除留置措施的范围，虽然解决了规则冲突，但会将《监察法》设置留置措施的效果付之一炬。❶ 所以对于较职务犯罪严重性更轻的严重职务违法来说，应当设置侵害程度更小的调查手段。纵观整部《监察法》，能够限制人身自由的调查手段仅留置一种，而比例原则要求对于实现目的之措施必须提供选择，以供行使者选择出既合目的又能保证损害最小的手段。通过类比《刑事诉讼法》，我们可以了解到，《刑事诉讼法》已将比例原则的此项要求贯彻落实，对于刑事强制措施设定出了 5 种类型，力度从小到大，对应危险性不同的犯罪嫌疑人或者被告人。今后我们对《监察法》进行修改或者细化时，可以通过借鉴《刑事诉讼法》的有关规定，针对不同的情形适用不同的留置期间，以达到对被调查人的人身限制与其所犯的违法犯罪行为危害性相称的效果。

笔者认为，根据被调查人的危险性以及客观情况，可以将留置期限进行分类规定。综合考虑职务违法与职务犯罪案件查处的实际需要，将职务违法与职务犯罪适用留置期间分别予以规定，按照严重职务违法、一般职务犯罪和重大职务犯罪划分出三种类型，设置短、中、长的留置期间。❷ 具体方案可以设置为：对于涉嫌严重职务违法的被调查人，留置的期间应当设置为 1~7 日，最长期限不得超过 10 日；对于涉嫌一般职务犯罪的被调查人，留置的期间应当设置为 15 日~1 个月，最长期限可以延长一个月；对于涉嫌重大职务犯罪的被调查人，留置的期间应当设置为 1~3 个月，最长期限可以延长 3 个月。如此设置，可以将严重职务违法与职务犯罪的界限清晰化，针对不同情形的案件适用不同的留置期限，贯彻比例原则的相关精神，做到惩罚职务违法犯罪与人权保障相平衡。

（二）完善与刑事诉讼程序的衔接机制

《监察法》颁布后一项重要的问题就是监察调查如何实现与刑事诉讼程序的衔接。对此，党的十三届全国人大常委会第六次会议通过了《刑事诉讼法》的修改，对二者工作中的重点问题作出了回应，使刑事司法程序与当前监察体制改革有力衔接。

---

❶ 刘艳红：《程序自然法作为规则自治的必要条件——〈监察法〉留置权运作的法治化途径》，载《华东政法大学学报》2018 年第 3 期。

❷ 赵伟：《权力的新生：论监察留置权的制度面相与规范化运行》，载《广西政法管理干部学院学报》2018 年第 3 期。

首先，应当明确《监察法》与《刑事诉讼法》的关系。二者都是由全国人大制定的基本法律，法律地位相同，都应当遵守《宪法》的有关精神与原则；其次，《监察法》的颁布并不消解《刑事诉讼法》的重要性。《刑事诉讼法》作为我国的"小宪法"，在刑事诉讼领域承担着惩罚犯罪、保障人权的使命，而《监察法》作为我国第一部统领反腐败治理的法律，也发挥着其重要的作用，❶ 二者各负其责，共同推进依法治国的有序发展；最后，《刑事诉讼法》对于《监察法》具有一定的独立价值。监察机关以追究被调查人的刑事责任为目的而实施留置措施，这要与司法程序挂钩，所以必须以《刑事诉讼法》对《监察法》进行更高层次的规范，以使监察机关的调查工作更高效地进入司法程序。

基于我国当前反腐的严峻形势，也为了顺应《联合国反腐败公约》中赋予反腐机关的独立地位与专职权能，我国设置了监察委员会。但是，监察委员会不是一家独大，在法治国家中要做到与其他国家机关互相配合、互相制约。而且，在监察委员会采取留置措施与司法机关进行合理衔接的过程中，应当格外关注其是否涉及对公民基本权利的影响，以此作为价值判断的基本标准。❷ 针对前面提出的问题，笔者对于监察程序与司法程序的衔接问题做出如下构想。

1. 管辖竞合之细化

合理确定管辖，有利于各级监察机关和其他国家机关之间依法履行自己的职责，行使自己的职权，将属于自己管辖的案件或问题线索管起来、管好、处理好。❸《刑事诉讼法》修改后，检察院管辖的罪名呈现出以下特点：一是犯罪主体是司法工作人员；二是犯罪客观方面以利用职权为手段；三是犯罪客体是公民权利与司法公正。尽管《监察法》和修改后的《刑事诉讼法》对于案件管辖根据类型做出了安排，《刑事诉讼法》对贪污贿赂等犯罪案件的侦查、起诉、拘留等程序做出了适应监察体制改革的修正，但是由于规定的不够详细，实践中的情况又纷繁复杂，监察机关、检察院、公安机关等国家机关在依法履行职责的过程中，都有可能发现国家公职人员涉嫌职务违法与职务犯罪的线索，所以针对管辖权竞合的情形有必要一一列举作出讨论。笔者认为，具体处理方式为：第一，原则上，监察机关处理案件具有专属性和排

---

❶ 卞建林：《监察调查与刑事诉讼的衔接》，载《法商研究》2019年第1期。
❷ 陈越峰：《监察措施的合法性研究》，载《环球法律评论》2017年第2期。
❸ 秦前红、石泽华：《论监察权的独立行使及其外部衔接》，载《法治现代化研究》2017年第6期。

他性的特点。对于《监察法》第 34 条规定的管辖竞合，一般情况下应当以监察机关作为主要办案机关进行调查，同时需要其他机关予以协助。监察机关在处理公职人员的违法犯罪活动时居于主要地位，故当被调查人涉嫌不同种类的违法犯罪并出现管辖竞合的情形时，应当以由监察机关为主导、其他机关为协助的模式进行调查。第二，对于非国家机关工作人员的公职人员涉嫌职务违法与职务犯罪的，应当由监察机关管辖。第三，对于监察机关管辖的 88 个罪名里，有的罪名公安机关和监察机关都有权力管辖，公职人员如果通过行使公权力犯此罪，就应当由监察机关管辖；公职人员如果并未行使公权力而犯此罪，应当由公安机关管辖，比如重大责任事故罪。第四，修改后的《刑事诉讼法》第 19 条规定，检察院可以对诉讼活动中发现的司法工作人员利用职权实施的非法拘禁、刑讯逼供、非法搜查等侵犯公民权利、损害司法公正的犯罪进行管辖，换言之，也可以由监察机关管辖，因为监察机关本身就对这些犯罪有管辖权。具体情况应当由两机关协商确定管辖权的归属，建立案件管辖的前置协调沟通机制。

从以上规则的设计构想中可以看出，笔者不提倡监察机关使用"遇事则管"的管辖制度，这一规定改变了过去对于案件牵连管辖的处理原则。通过参考《最高人民法院、最高人民检察院、公安部、国家安全部、司法部、全国人大常委会法制工作委员会关于刑事诉讼法实施中若干问题的规定》第 6 条❶规定，我们可以借鉴其制度设计的合理性，应当首先分析主罪与从罪，具体到监察机关与其他机关出现管辖权竞合的情形时，如果主罪属于监察机关的管辖范围由监察机关受理，反之，则应当由另外两机关依照《刑事诉讼法》的规定确定管辖权，而不应采取"一刀切"的方式，笼统地规定凡是涉及职务犯罪的案件就应当由监察机关管辖。

2. 落实证据相关规则

《监察法》第 33 条规定，监察机关收集的物证、书证、证人证言、被调查人供述和辩解、视听资料、电子数据等证据材料在刑事诉讼中可以作为证据使用。笔者认为，考虑到留置措施也适用于严重职务违法行为，监察机关收集的证据种类还应包括受害人的陈述以及被调查人的陈述，以此作为与之

---

❶ 《最高人民法院、最高人民检察院、公安部、国家安全部、司法部、全国人大常委会法制工作委员会关于刑事诉讼法实施中若干问题的规定》第 6 条规定："公安机关侦查刑事案件涉及人民检察院管辖的贪污贿赂案件时，应当将贪污贿赂案件移送人民检察院；人民检察院侦查贪污贿赂案件涉及公安机关管辖的刑事案件移送公安机关。在上述情况中，如果涉嫌主罪属于公安机关管辖，由公安机关为主侦查，人民检察院予以配合；如果涉嫌主罪属于人民检察院管辖，由人民检察院为主侦查，公安机关予以配合。"

相应的证据。❶ 所以，监察机关取证虽然不直接适用《刑事诉讼法》，但必须参照《刑事诉讼法》的侦查取证规则。❷ 在证据转化方面，应当明确监察机关移送的证据必须符合《刑事诉讼法》对于证据的要求，即要满足形式要件、实质要件和证明标准三方面的要求，以实现调查程序与司法程序的有力衔接。有学者认为，对于监察机关在调查过程中收集的所有证据，都可以转化为刑事诉讼中的证据；❸ 对此，陈光中教授有不同观点，他认为，实物证据可以直接移送检察院，但对于言辞证据，只有属于职务犯罪范围的言辞证据才可以进行移送。❹ 笔者赞同该观点，因为只有在职务犯罪案件中才会涉及证据移送、提起公诉的问题，所以监察机关在移送案件时需要对案件的证据进行区分，受害人陈述和被调查人的陈述不存在证据移送问题。

《监察法》第5条规定，监察机关应当以事实为依据、以法律为准绳，在适用法律上一律平等，保障当事人的合法权益等。除此之外，也应当贯彻《刑事诉讼法》中的相关原则，如不得强迫自证其罪、疑罪从无等。❺ 为了保证留置期间取得的证据合法有效，应当遵循《监察法》第41条第2款❻规定，在监察机关进行调查活动时应当全程录音录像，若不贯彻"全程"二字则会导致录音录像流于形式，无法起到其真正的作用。同时，也要完善非法证据的随案移送制度。随案移送非法证据尽管会导致法院在一定程度上受到不良影响，产生预判性，但是若不随案移送非法证据，则不利于律师对证据的了解，会导致无法为犯罪嫌疑人、被告人提供辩护。

3. 实现留置措施与刑事强制措施的顺利衔接

《监察法》并没有对监察机关将案件移送检察院后，检察院应该对被调查人采取何种刑事强制措施进行规定。考虑到采取取保候审与监视居住对于大部分职务犯罪人员来说可能会影响后续的审查起诉，而逮捕的适用条件又比较严格，所以对于监察机关移送的案件可以先行拘留，然后再根据案件情况作出处理。❼ 为衔接《监察法》与《刑事诉讼法》的相关规定，《刑事诉讼法》修改后作出明确规定，即"对于监察机关移送起诉的已采取留置措施的

---

❶ 兰跃军：《论监察证据在刑事诉讼中使用》，载《证据科学》2018年第6期。

❷ 张中：《论监察案件的证据标准——以刑事诉讼证据为参照》，载《比较法研究》2019年第1期。

❸ 纵博：《监察体制改革中的证据制度问题探讨》，载《法学》2018年第2期。

❹ 陈光中、邵俊：《我国监察体制改革若干问题的思考》，载《中国法学》2017年第4期。

❺ 张中：《论监察案件的证据标准——以刑事诉讼证据为参照》，载《比较法研究》2019年第1期。

❻ 《中华人民共和国监察法》第41条第2款规定："调查人员进行讯问以及搜查、查封、扣押等重要取证工作，应当对全过程进行录音录像，留存备查。"

❼ 杨宇冠、高童非：《监察机关留置问题研究》，载《浙江工商大学学报》2018年第5期。

案件，人民检察院应当对犯罪嫌疑人先行拘留，留置措施自动解除。人民检察院应当在拘留后的十日以内作出是否逮捕、取保候审或者监视居住的决定。在特殊情况下，决定的时间可以延长一日至四日。人民检察院决定采取强制措施的期间不计入审查起诉期限"，此项规定以对人身自由限制时间较短的拘留作为两个程序的过渡也更符合比例原则的要求。鉴于留置措施的适用有明确的期限要求，故监察机关在移送案件时应当告知，为检察院在留置期限届满前审查决定采取相应的强制措施预留充足的时间。

由于留置措施与刑事强制措施的适用条件、适用期限等规定不尽相同，所以需要对留置措施与刑事强制措施的衔接作出具体规定，具体如下：其一，监察机关对于被调查人已经采取留置措施的，如果留置期限不能保证其他非职务案件犯罪的查明，而一旦解除留置措施又可能引发被调查人逃跑、自杀、串供或者伪造、隐匿、毁灭证据的情形，案件可以暂时移交相关的侦查机关，由侦查机关决定采取何种刑事强制措施以保障案件的顺利查清。在案件的事实和证据得到巩固后，再移交检察院提起公诉，进入司法程序。其二，在对犯罪嫌疑人已经采取刑事强制措施的情形下，由于犯罪嫌疑人又涉嫌职务案件，可以考虑该人员的羁押情况。如果对被调查人采取留置措施最长期间能够保证案件顺利查清，原办案机关采取的刑事强制措施可以予以解除；反之，如果留置的最长期间不能保证案件顺利查清，可以由原办案机关继续办理该非职务案件，在原办案机关结束侦查行为后，移交监察机关，监察机关再决定是否对被调查人采取留置措施。

对于前面提到的采取留置措施后再适用逮捕，可能会导致未决羁押期限过长的问题，应当在一定范围内限制留置后逮捕的适用，根据被调查人的具体情况注意规范留置向羁押转化过程中出现的时限问题。检察院审查案件后认为对犯罪嫌疑人有必要进行逮捕的，必须依照《刑事诉讼法》的相关规定进行羁押必要性审查，以这种方式使留置措施的适用也受到《刑事诉讼法》的规制。❶ 我们要明确，留置措施不能因为其针对的对象、案件特殊就成为一块不受约束的"法外之地"，适用留置措施必须保证将对被调查人的侵害降低到最小，不能因为自身的"独特性"就要求刑事诉讼程序为其开绿灯。

涉及检察院在审查起诉过程中认为需要补充调查的问题的，笔者认为，应当将案件退回监察机关补充调查，但是对于犯罪嫌疑人则无须退回监察机关，也即应当遵循"案退人不退"的处理原则。此时案件已经处于审查起诉

---

❶ 卞建林：《监察调查与刑事诉讼的衔接》，载《法商研究》2019年第1期。

阶段，主要负责者是检察院，监察机关对案件进行的补充调查只是完成协助调查的工作。正如陈卫东教授所说，我国检察院的补充侦查权并不是属于传统意义上的侦查机关的侦查权，而是源于公诉权的一项应有权力。❶ 检察人员也可以自行在看守所内对犯罪嫌疑人进行补充讯问。对此，应当在《监察法》中强化在补充调查过程中不得对被调查人采取留置措施的规定，以确保两法在法律逻辑上实现更好的衔接。

### （三）健全监察留置措施下的保障救济机制

《宪法》是公民权利的保障书，监察权的运行也要落实这一重要原则。由于监察对象范围显著扩大，因此，更不得对如此庞大的群体的权利有所忽视。正所谓"无救济则无权利"，对于遭到侵害的公民提供救济是法治的应有之义。只有植根于法治土壤，才能保证监察权得到规范运行，才能确保监察体制改革始终保持正确方向。

#### 1. 落实被调查人的申辩权

如前所述，《监察法》中并无赋予被调查人申辩权的制度设计，而为被调查人规定申辩的权利是落实正当程序原则的关键一步。对于完善被调查人申辩权，可以参照《中华人民共和国行政处罚法》（以下简称《行政处罚法》）第32条❷和第41条❸作出的程序性规定，在采取留置措施时必须履行告知义务，充分听取被调查人的陈述、申辩意见，同时记录在案，在被调查人阅读后签名或盖章，将材料整理归档。若未履行此项程序，可以认为监察机关违反了正当法律程序的原则，根据《监察法》第65条❹规定，追究监察

---

❶ 陈卫东：《职务犯罪监察调查程序若干问题研究》，载《政治与法律》2018年第1期。
❷ 《中华人民共和国行政处罚法》第32条："当事人有权进行陈述和申辩。行政机关必须充分听取当事人的意见，对当事人提出的事实、理由和证据，应当进行复核；当事人提出的事实、理由或者证据成立的，行政机关应当采纳。行政机关不得因当事人申辩而加重处罚。"
❸ 《中华人民共和国行政处罚法》第41条规定："行政机关及其执法人员在作出行政处罚决定之前，不依法向当事人告知或拒绝听取当事人的陈述、申辩，行政处罚决定不能成立。"
❹ 《中华人民共和国监察法》第65条规定："监察机关及其工作人员有下列行为之一的，对负有责任的领导人员和直接责任人员依法给予处理：（一）未经批准、授权处置问题线索，发现重大案情隐瞒不报，或者私自留存、处理涉案材料的；（二）利用职权或者职务上的影响干预调查工作、以案谋私的；（三）违法窃取、泄露调查工作信息，或者泄露举报事项、举报受理情况以及举报人信息的；（四）对被调查人或者涉案人员逼供、诱供，或者侮辱、打骂、虐待、体罚或者变相体罚的；（五）违反规定处置查封、扣押、冻结的财物的；（六）违反规定发生办案安全事故，或者发生安全事故后隐瞒不报、报告失实、处置不当的；（七）违反规定采取留置措施的；（八）违反规定限制他人出境，或者不按规定解除出境限制的；（九）其他滥用职权、玩忽职守、徇私舞弊的行为。"

机关领导人员与直接负责人员的法律责任，并要求监察机关重新履行留置程序。❶ 因此，为了《监察法》能够在正当程序的轨道上实现有序运行，在日后完善《监察法》的过程中，我们应当对涉嫌职务违法的被调查人的申辩权予以足够的重视。

2. 引入律师辩护权

任何一项改革都不是一蹴而就的，对于《监察法》有所回避的律师介入问题，理论界与实务界均进行了不少探讨。对此，我们应当通过不断的理论研究与实践创新加以完善，以避免留置措施重蹈"双规"的覆辙，导致合法性与正当性不足的问题遗留。❷

从立法体系来看，《监察法》应当与《刑事诉讼法》《中华人民共和国律师法》（以下简称《律师法》）相协调。结合前文中的观点，笔者认为，对于被采取留置措施的被调查人，应当从保障其权利的角度出发，明确留置期间律师可以介入，以保证其在留置期间内的合法权利不遭受侵犯，具体可以设置为：被调查人自第一次被监察机关讯问或者采取留置措施之日起，有权委托律师。鉴于职务犯罪案件性质特殊，往往涉及国家机密，律师介入调查可能会在一定程度上影响调查进程。而对于案件涉及国家机密的，能否允许律师介入调查应当予以慎重考虑，监察机关要对律师以及被调查人的要求进行充分审查。❸ 根据监察体制改革前《刑事诉讼法》对于重大贿赂案件提出的律师会见的要求，可以规定：律师在留置期间会见被调查人的，应当经监察机关许可。同时，根据上文对于留置场所建设的建议，可以考虑在《监察法》日后的修改过程中增加规定，在看守所派驻值班律师，依照《刑事诉讼法》中法律援助的模式在必要时为被调查人提供法律咨询。❹

与此同时，对于律师也应当设定相应的义务，设定义务的方式尽量采取列举式的否定性规定，防止监察机关扩大其使用范围。如应当规定：律师不得代替被调查人回答问题，不得误导被调查人做出虚假陈述，不得干扰监察机关的调查活动，不得帮助被调查人隐匿、毁灭、伪造证据或者串供。考虑到办理案件的特殊性质，出于保护国家机密的角度，律师应当对在案件办理

---

❶ 江国华、王冲：《监察委员会留置措施论析》，载《湖北社会科学》2018年第9期。
❷ 郭华：《监察委员会留置措施的立法思考与建议》，载《法治研究》2017年第6期。
❸ 杨宇冠、高童非：《监察机关留置问题研究》，载《浙江工商大学学报》2018年第5期。
❹ 陈光中、邵俊：《我国监察体制改革若干问题的思考》，载《中国法学》2017年第4期。

中得知的相关证据和事实予以保密，此项规定也与《刑事诉讼法》第48条❶规定的内容相符合。对于律师出现违反法律职业道德或者涉嫌犯罪行为的，应当对律师进行相应的处理与惩罚。同时，为了更好地实现规制律师的违法行为与保障被调查人权利的平衡，可以在重大职务案件中对律师的介入设定一定的条件，具体可以参照《刑事诉讼法》修改前关于特别重大贿赂犯罪中对律师会见权做出的限制规定，保证律师在调查程序终结前最少与被调查人会见过一次，为被调查人保留最基本的获得律师帮助的权利。

另外，在留置过程中，被调查人处于弱势地位，无法与监察机关进行平等对抗，而此时正是案件证据收集的集中阶段，若在此阶段隔绝律师介入可能会产生大量的冤假错案。❷ 律师在场能够遏制刑讯逼供现象的发生，平衡被追诉者的心理状况，解决非法证据排除适用的问题。❸ 由此看来，律师介入留置程序对于保障被调查人的权利与规范留置措施的适用十分必要，是未来《监察法》修改与完善应当给予重视的一环。可以说，律师的参与影响着现代法治的程序法设计，引入律师制度才能在一定程度上弥补监察机关与被调查人两方实力悬殊的现状，增强平等对抗的合理诉讼结构，实现对留置适用过程的动态监督，❹ 为被调查人提供保护。

3. 完善被调查人的救济权

《监察法》第49条规定，监察对象对监察机关处理决定不服的，可以申请复审、复核。但由于监察对象的范围与留置对象的范围并不完全重合，对于并非国家公职人员的人采取留置措施的，也应当赋予其对不服决定申请复审、复核的权利。仅规定监察对象有权申请复审、复核，很可能被视为对公职人员有袒护之虞。对此，《监察法》应当对该项内容进行修改，将可以申请复审、复核的范围扩大至被采取留置措施的非国家公职人员，以此实现对被调查人同等的法律保护。

从矫正正义的角度出发，实现权利救济是《国家赔偿法》的制定目的，也能够将留置措施纳入国家救济的轨道上。当公民的宪法权利受到损害或侵

---

❶ 《中华人民共和国刑事诉讼法》第48条规定："辩护律师对在执业活动中知悉的委托人的有关情况和信息，有权予以保密。但是，辩护律师在执业活动中知悉委托人或者其他人，准备或者正在实施危害国家安全、公共安全以及严重危害他人人身安全的犯罪的，应当及时告知司法机关。"

❷ 包晓彤、黄明涛：《监察委员会留置措施中律师介入问题研究》，载《特区实践与理论》2018年第4期。

❸ 樊崇义：《刑事审前程序改革与展望》，中国人民公安大学出版社2005年版，第367~400页。

❹ 刘艳红：《程序自然法作为规则自治的必要条件——〈监察法〉留置权运作的法治化途径》，载《华东政法大学学报》2018年第3期。

犯时，公民享有救济的权利。❶ 我国《宪法》第 41 条第 3 款❷明确规定，公民有权利向国家申请赔偿，《国家赔偿法》的出台也将公民的这项宪法权利更好地落到实处，同时《监察法》第 67 条❸也规定了公民有权对监察机关申请国家赔偿。然而，目前《监察法》只用一个法条规定关于国家赔偿的事项是远远不够的，应当及时地修改《国家赔偿法》。鉴于《国家赔偿法》已有关于"行政赔偿"和"刑事赔偿"的内容，❹ 对此，有必要增设"监察赔偿"专章，对监察赔偿的赔偿范围、赔偿请求人、赔偿义务机关、赔偿程序作出明确规定，应当明确给予国家赔偿的情形：一是对于涉嫌贪污腐败的被调查人有受到错误的刑事追究的情形的，应当提供国家赔偿；二是对于在留置过程中刑讯逼供、变相体罚的，侵害被调查人的人身权利的，应当给予国家赔偿；三是对于违法延长留置期限，期满不予解除的，应当提供国家赔偿。监察机关在承担国家赔偿责任时，也应当明确以下几个要件：其一，对监察对象的损害必须是由于监察机关违法行使职权所造成的；其二，监察机关损害的是监察对象的合法权益；其三，监察对象所遭受的损害与监察机关的违法行为之间必须具有因果关系。被诉的监察机关负责人应当出庭应诉，并执行法院生效判决，履行国家赔偿义务。对于通过调查最终被认定为无违法犯罪行为的被调查人，应当完善财产返还等救济机制，并依照《监察法》第 65 条对负有责任的领导人员和直接责任人员依法处理；对于公民造成精神损害的，应当在侵权行为影响的范围内为其消除影响、恢复名誉，造成严重后果的，应当依法支付相应的精神损害赔偿金。但应注意的是，只有涉嫌腐败的被调查人因受到错误的刑事追究所造成的对其权利的侵犯才能纳入国家赔偿，单纯的党内处分错误因属于党内自省范畴而不应纳入国家赔偿。❺

另外，仅规定被调查人有权申请国家赔偿是远远不够的，还应赋予其提起司法诉讼的权利，毕竟提起司法诉讼是实现权利救济的最后一道防线。考虑到《监察法》及其他法律中并无赋予被调查人向监察机关提起诉讼的权利，

---

❶ 林来梵：《从宪法规范到规范宪法》，法律出版社 2001 年版，第 229~231 页。

❷ 《中华人民共和国宪法》第 41 条第 3 款规定："由于国家机关和国家工作人员侵犯公民权利而受到损失的人，有依照法律规定取得赔偿的权利。"

❸ 《中华人民共和国监察法》第 67 条规定："监察机关及其工作人员行使职权，侵犯公民、法人和其他组织的合法权益造成损害的，依法给予国家赔偿。"

❹ 江国华、王冲：《监察委员会留置措施论析》，载《湖北社会科学》2018 年第 9 期。

❺ 吴高庆、夏文忠：《监察体制改革背景下留置措施与刑事诉讼制度的衔接》，载《廉政文化研究》2018 年第 1 期。

对此，我们可以参照《行政诉讼法》的相关规定❶，赋予被调查人因错误或超期留置而向监察机关提起诉讼的权利。正如姜明安教授指出：《监察法》应当赋予相对人向法院提起诉讼的权利寻求司法救济。❷ 关于被调查人向监察机关提起诉讼的模式，具体可以参照行政诉讼的有关制度进行。同时，还可以借鉴我国香港地区廉政公署设立投诉委员会的有益经验，在内地设立由律师与法学专家形成的投诉委员会，处理公民对监察机关的投诉问题。或者可以考虑借鉴香港地区的行政申诉专员机制，受理监察申诉案件，切实落实申诉制度的权利救济效用。❸

### （四）加强对监察机关运用留置措施的监督与制约

我国监察机关的权力集中且强大，在世界上都是比较少见的。绝对的权力导致绝对的腐败，监察机关行使监察权也应当有所限制，其中，留置措施一旦缺少有效的制约机制，就有可能超出合法化的边界。❹ 因而，我们必须要加强对监察机关运用留置措施的监督与制约，在这个过程中，既要有监察机关内部的监督，也要有其他国家机关的制约，以打造一支忠诚、干净、担当的监察队伍。

#### 1. 完善内部监督

监督者自身首先要敢于接受监督，从这个意义上来说，监察机关的内部监督机制必不可少。❺ 内部监督相较于外部监督具有常态化、专门化等特性，要防止权力被滥用，首先应当加强自身的监督，具体包括国家监察机关对地方各级监察机关的监督、上级监察机关对下级监察机关的监督、监察机关自身内部工作部门的监督。监察机关应当健全工作运行制度，完善干部管理制度，建立工作人员违纪违法问题查处和情况通报制度。对此，《监察法》第55条明确规定，监察机关通过设立内部专门的监督机构等方式，加强对监察人员执行职务和遵守法律情况的监督。

在监察机关内部，应当完善上级监察机关对下级监察机关的纠错机制。

---

❶ 在《中华人民共和国行政诉讼法》制定以前，公民对于行政机关提起诉讼的相关制度就以《民事诉讼法》为模板而进行借鉴。
❷ 姜明安：《国家监察法立法的若干问题探讨》，载《法学杂志》2017年第3期。
❸ 江国华、王冲：《监察委员会留置措施论析》，载《湖北社会科学》2018年第9期。
❹ 姜明安：《国家监察法立法的若干问题探讨》，载《法学杂志》2017年第3期。
❺ 曹亘平：《对监察委的监督制约严密而有效——多把"连环锁"确保监察权良性运行》，载《人民论坛》2018年第1期。

其中，备案审查制度是留置措施的最后关卡。❶ 上级监察机关对报送的留置案件进行实体与程序的审查，发现被调查人不符合留置措施的适用条件或者留置程序违反规定进行的情况应当及时补救。监察机关采取留置措施后作出不移送决定，在经领导集体讨论决定后，同时应当将不移送决定报告上级监察机关，上级监察机关审查后认为符合移送条件的，应当通知下级监察机关移送。基于上下级监察机关的领导体制，此时下级监察机关应当将案件移送至检察院。

此外，监察机关采取留置措施审批程序的若干细节问题也有待完善。例如，《监察法》第43条❷规定的"领导人员""集体研究决定"的条文内容过于模糊。监察机关对重大事项决策采取集体研究的方式符合其"委员会"的性质。通过参照《监察委员会如何进行议事决策?》❸，笔者认为，在日后对《监察法》进行修改时，对以上内容可以作出如下明确规定：决定采取留置措施的会议应当由监察委员会主任召集主持，由分管执纪监督、审查调查、案件监督管理和案件审理的领导人员集体研究决定，按照多数人的意见做出决定。同时，还必须要解决一个关键问题：参加会议研究的领导是必须全体出席，还是可以设定一个法定人数？鉴于领导人员普遍工作繁忙，因此可以设定一个法定人数。❹ 普通案件要有全体领导半数以上出席，其中半数以上成员同意即可作出留置决定；重大复杂案件要有三分之二以上的领导出席，其中半数以上成员同意才可以决定适用留置措施。❺

对留置措施的审批、备案程序加以规范的同时，也要承袭《中国共产党纪律检查机关监督执纪工作规则（试行）》第35条❻的精神，即要实现对留置措施的全程录音录像，以起到监察机关自我监督的效果。

另外，在监察委员会现有的监督、审查、案管、审理四个部门之外还可

---

❶ 秦前红、叶海波等：《国家监察制度改革研究》，法律出版社2018年版，第179页。

❷ 《中华人民共和国监察法》第43条第1款规定："监察机关采取留置措施，应当由监察机关领导人员集体研究决定。设区的市级以下监察机关采取留置措施，应当报上一级监察机关批准。省级监察机关采取留置措施，应当报国家监察委员会备案。"

❸ 《中央纪委监察部权威答疑：监察委员会如何进行议事决策?》，http://news.timedg.com/2018-01/02/20638897.shtml，访问日期：2019年2月16日。

❹ 杨宇冠、高童非：《监察机关留置问题研究》，载《浙江工商大学学报》2018年第5期。

❺ 监察委员会领导人员决策的机制可以参照合议庭和审判委员会决策的机制，相关研究参见杨宇冠：《论中国刑事诉讼定罪证明标准——以排除合理怀疑为视角》，载《浙江工商大学学报》2017年第5期。

❻ 《中国共产党纪律检查机关监督执纪工作规则（试行）》第35条规定："未经批准并办理相关手续，不得将被审查人或者其他谈话调查对象带离规定的谈话场所，不得在未配置监控设备的场所进行审查谈话或者重要的调查谈话，不得在谈话期间关闭录音录像设备。"

以再增设申诉审查部门，对被调查人及其家属的申诉进行受理，这既是对被调查人救济权利的维护，也是监察机关对自身进行反思纠错的一种途径。但是只有内部监督是不够的，因监察机关办理的案件涉及的绝大多数都是国家秘密而不够公开透明，并且监察机关内部的人情关系复杂，所以必须突破监察机关的自身利益，引入客观、中立的外部监督机制。

2. 加强检察院的监督与制约

检察院作为我国《宪法》明确规定的法律监督机关，在监察机关办理案件的过程中承担着外部监督的角色。但检察院的法律监督职能与对监察机关的制约职能存在一定区别，具体区别为：法律监督的对象为执法人员的活动是否符合法定程序，此项职能不以检察院参与诉讼过程为前提，故监督的结构是单向的；对监察机关进行制约则要求检察院必须以参与诉讼的形式，通过履行诉讼职能实现对监察机关的制约，故制约的结构是双向的。❶

（1）检察院如何实现对监察机关的监督

尽管转隶后检察院的自侦权有所减少，但是并不妨碍检察院对监察机关发挥法律监督的职能。对此，应当对检察院对于监察机关在进行留置活动时监督的具体方向做出探索，以落实检察院的宪法定位功能。具体设置如下：其一，在看守所设置监察留置专区，纳入驻所检察室监督范围，也能够实现检察院法律监督的目的。监察机关决定采取留置措施后，看守所核实被调查人信息，为被调查人安排留置室，被调查人的数据信息在留置专区加密处理完毕后上传至驻所检察室，驻所检察官对被调查人是否与留置措施的适用条件相符以及留置措施的执行程序是否符合法律规定进行监督。❷ 检察院在审查起诉的过程中发现监察机关存在非法取证情形的，应当对收集的证据进行核实，向监察机关调取留置期间的同步录音录像。其二，检察院也可以以事后监督的方式对监察机关进行监督。例如，在诉讼活动中，检察院发现监察机关存在违法情形的，可以参照《刑事诉讼法》第100条的规定，❸ 发出纠正违

---

❶ 王一超：《论〈监察法〉与〈刑事诉讼法〉适用中的程序衔接》，载《法治研究》2018年第6期。

❷ 甘新萍：《监察留置场所法治化建设及规范化运行刍议》，载《北京警察学院学报》2018年第3期。

❸《中华人民共和国刑事诉讼法》第100条规定："人民检察院在审查批准逮捕工作中，如果发现公安机关的侦查活动有违法情况，应当通知公安机关予以纠正，公安机关应当将纠正情况通知人民检察院。"

法通知书；情节严重的，检察院还可以依照《刑事诉讼法》第19条的规定❶对符合立案条件的监察人员进行立案侦查。

（2）检察院如何实现对监察机关的制约

监察机关将调查后的职务犯罪案件移送检察院，检察院在对案件的事实和证据进行审查后决定是否提起公诉，这就要求监察机关在进行案件调查时要以达到检察院的认可为标准。检察院应当对监察机关移送的案件的事实、证据、法律依据等作出全面审查，严格确保公诉质量。检察院在审查起诉过程中发现涉案证据不足的，可以退回补充调查，❷ 该项规定也有利于落实有效证据原则。❸ 补充调查有由监察机关补充调查和检察院自行补充侦查两种方式，对此，考虑到检察院补充侦查存在侦查能力有限、被调查人发生心理状态转变等现实困难，应当将检察院的自行补充侦查权限定在一定范围内，对于监察机关存在违法取证、监察机关不予配合等情形检察院才启动自行补充侦查程序，这有利于整合检察院的侦查资源，在检察院内部实现明确分工，保证检察院更好地发挥对监察机关的制约作用。

根据《刑事诉讼法》的规定，对于监察机关移送的犯罪嫌疑人没有犯罪事实或者具有《刑事诉讼法》第16条❹规定的情形之一的，经检察院审查核实后，检察院应当作出不起诉决定；根据《刑事诉讼法》第177条第2款❺的规定，检察院可以作出不起诉的决定；依据《刑事诉讼法》第175条第4款❻的规定，两次补充侦查（补充调查）后，证据仍然达不到"事实清楚，证据确实充分"的起诉标准的，检察院应当作出证据不足不起诉的决定。另外，监察机关对案件作出不移送决定的，必须经领导集体讨论决定，作出的不移

---

❶ 《中华人民共和国刑事诉讼法》第19条规定："人民检察院在对诉讼活动实行法律监督中发现的司法工作人员利用职权实施的非法拘禁、刑讯逼供、非法搜查等侵犯公民权利、损害司法公正的犯罪，可以由人民检察院立案侦查。"

❷ 《中华人民共和国监察法》第47条第3款规定："人民检察院经审查，认为需要补充核实的，应当退回监察机关补充调查，必要时可以自行补充侦查。对于补充调查的案件，应当在一个月内补充调查完毕。补充调查以二次为限。"

❸ 赵晓光：《规范监察留置程序》，载《中国党政干部论坛》2018年第4期。

❹ 《中华人民共和国刑事诉讼法》第16条规定："有下列情形之一的，不追究刑事责任，已经追究的，应当撤销案件，或者不起诉，或者终止审理，或者宣告无罪：（一）情节显著轻微、危害不大，不认为是犯罪的；（二）犯罪已过追诉时效期限的；（三）经特赦令免除刑罚的；（四）依照刑法告诉才处理的犯罪，没有告诉或者撤回告诉的；（五）犯罪嫌疑人、被告人死亡的；（六）其他法律规定免予追究刑事责任的。"

❺ 《中华人民共和国刑事诉讼法》第177条第2款规定："对于犯罪情节轻微，依照刑法规定不需要判处刑罚或者免除刑罚的，人民检察院可以作出不起诉决定。"

❻ 《中华人民共和国刑事诉讼法》第175条第4款规定："对于二次补充侦查的案件，人民检察院仍然认为证据不足，不符合起诉条件的，应当作出不起诉的决定。"

送决定应当告知检察院。检察院认为需要介入审查的，有权调取案卷材料，检察院认为监察机关应当移送案件的，可以建议监察机关移送。❶ 同时，为了充分保障被调查人的权利，对监察机关的调查结果进行审查更能彰显程序正义和实体正义。❷ 检察院通过这种形式不仅能够实现对案件总体的把握，也能实现两机关之间互相制约的关系，如此一来就能够保证检察院切实履行公诉职能，发挥其作为国家公诉机关的重要作用。

考虑到监察机关的审批权与执行权集中后没有引入外部监督机制，❸ 笔者认为，通过借鉴《刑事诉讼法》中羁押必要性审查的相关制度，可以考虑引入留置必要性审查。新加坡和我国香港地区的廉政公署规定，在采取限制人身自由、财产权利的侦查措施时，一般需要法院予以许可，这形成了外部机关对措施的司法审查。❹ 有学者认为，在我国的监察体制改革中，应当借鉴新加坡和我国香港地区的司法审查制度，❺ 落实"最有效的监督是司法监督"的机制。❻ 考虑到在我国的特定环境下，法院无法参与监察机关的调查活动，所以更难以落实对留置措施的司法审查制度。检察院是进行法律监督的机关，尽管不能实现真正意义上的司法审查制度，但是加强检察院对监察机关的审查，也能够对留置措施的运用起到制约的效果。❼ 检察机关进行审查，对审查的内容应当作出明确规定。通过参照《刑事诉讼法》的相关细则，笔者认为审查内容应当包括以下方面：犯罪事实是否发生、是否由被调查人实施、犯罪证据是否查证属实、被调查人是否有留置的必要。检察院作为中立的"第三方"，可以与监察机关和被调查人形成一个准司法程序的"三角结构"，❽ 有利于实现对监察机关适用留置措施的制衡。

3. 落实法院的制约作用

由于笔者认为监察机关对于涉嫌职务犯罪的调查活动与刑事侦查活动具有同质性，所以法院审查在监察机关留置期间获取的证据也应当与刑事诉讼

---

❶ 叶青：《监察机关调查犯罪程序的流转与衔接》，载《华东政法大学学报》2018年第3期。
❷ 江国华：《中国监察法学》，中国政法大学出版社2018年版，第236页。
❸ 刘艳红：《程序自然法作为规则自治的必要条件——〈监察法〉留置权运作的法治化途径》，载《华东政法大学学报》2018年第3期。
❹ 陈光中、邵俊：《我国监察体制改革若干问题的思考》，载《中国法学》2017年第4期。
❺ 赖建平：《留置批准权限的思考》，载《法制博览》2018年第14期。
❻ 陈越峰：《监察措施的合法性研究》，载《环球法律评论》2017年第2期。
❼ 褚福民：《以审判为中心与国家监察体制改革》，载《比较法研究》2019年第1期。
❽ 周长军：《监察委员会调查职务犯罪的程序构造研究》，载《法学论坛》2018年第3期。

活动紧密衔接。由《监察法》第 33 条第 2 款❶的规定可见，监察机关在证据方面应当遵守以审判为中心的要求。而以审判为中心的基本思路是突出庭审的中心作用，由此倒逼侦查机关与公诉机关遵守证据规则。具体到实际应用的过程中，法院对于监察机关在留置期间获取的言辞证据的采信，一方面应当坚持直接言辞原则，尽量避免传闻证据的使用；另一方面也要坚持以审判为中心，突出庭审在刑事诉讼过程中的作用。❷

对于《监察法》规定的非法证据排除规则，更应该落实到具体实践中。在"以审判为中心"的改革环境下，要弱化调查的地位，明确审判机关有权力对于使用违法手段获取的证据予以排除。❸ 尤其是认识到监察调查程序具有封闭性、欠缺相应的司法审查与公众不便于监督的特点，再加上职务犯罪案件的调查过程本身就高度依赖言辞类证据，法院就应当以非法证据排除规则作为重要手段，以此来制约监察机关不合理的调查取证活动。❹ 由于《监察法》没有对排除非法证据的程序作出明确规定，在具体的排除过程中，法院可以参照《刑事诉讼法》及其司法解释的相关规定对非法证据予以排除。同时，应当落实监察人员出庭作证制度。出庭作证是以审判为中心的诉讼制度改革的重要内容之一，有助于实现庭审实质化、保障当事人的诉讼权利。法院认为监察人员有必要出庭的，应当通知监察人员出庭说明情况；监察人员不出庭说明的，不能排除以非法方法收集证据的，应当依法排除有关证据。这有利于法院在审判过程中判断证据的合法性，公正地排除非法证据。此外，在监察人员出庭作证的制度中，也应当提出监察人员同样享有证人的人身保障权，可能对监察人员或其近亲属的人身造成危险的，可以使用技术处理作证。

---

❶ 《中华人民共和国监察法》第 33 条第 2 款规定："监察机关在收集、固定、审查、运用证据时，应当与刑事审判关于证据的要求和标准相一致。"
❷ 张逸雪：《国家监察委办案程序与检察机关刑事诉讼程序的衔接》，载《法制与社会》2018 年第 35 期。
❸ 卞建林：《监察调查与刑事诉讼的衔接》，载《法商研究》2019 年第 1 期。
❹ 卞建林：《监察调查与刑事诉讼的衔接》，载《法商研究》2019 年第 1 期。

# 第五章
# 政务处分研究

2020年6月20日,第十三届全国人大常委会第十九次会议正式表决通过了《政务处分法》。在深化国家监察体制改革的背景下,政务处分作为监察体制的一个重要的组成部分,其自身的实施细则也应当与时俱进,不断地进行完善。此次立法,对于政务处分改革来说意义非凡,因为这是我们国家首次将政务处分的规范上升到国家法律的高度,这使得政务处分工作的法律依据效力位阶有所提升,为政务处分工作提供了更为有力的规范保障。❶ 由于政务处分是具有中国特色的权力监督和违法惩戒方式,同时,它也是深化监察体制改革的产物,其制度设计必然任重而道远,也不能一蹴而就。因此,我们要对政务处分加以全面深入的整体性把握,促进政务处分改革不断完善,并使得政务处分工作得以科学高效地开展,助力国家监察体制全面深化改革。

## 一、政务处分概述

对于政务处分的研究而言,最为首要也是最基础的问题,就是要对政务处分的概念进行辨析,在此基础之上,进一步对政务处分的性质和特征进行探讨和分析。对这部分的研究,应当结合国家监察体制改革的背景,整体性地理解《监察法》中有关监察机关与监察对象之间法律关系的规定,进而对

---

❶ 在此次《政务处分法》出台之前,有关违法公职人员的政务处分的实施细则,是中纪委、国家监察委于2018年4月印发的《公职人员政务处分暂行规定》(以下简称《暂行规定》)。《暂行规定》虽然是在《监察法》出台之后,配套实行的政务处分实施细则,但在具体的内容规定上,却未能与《监察法》保持高度的契合。这是由于在监察体制确立之前,以往对于公职人员的权力监督和违法惩戒,以党纪处分和行政监察为主,长久以来,这样的权力监督和违法惩戒制度,使得对公职人员的违法行为的处分存在着多种方式,其中包括党组织给予有党员身份的公职人员的党纪处分,也包括组织部门和纪检部门给予公职人员的组织处理,还包括给予《公务员法》当中规定对象的行政处分等。由于权力的主体各不相同,处分对象也因公职人员的身份而存在较大差异,《暂行规定》是以上述几种处分作为综合参考,在监察体制确立伊始便配套《监察法》实施而产生的,因此,与《监察法》是存在较大的差异的。《暂行规定》的存在还是有其现实意义的,那就是使得政务处分在逐步取代"政纪处分"的实务进程当中,有一个合理过渡的阶段,也为《政务处分法》的制定积累了法律基础和实务经验。

本部分内容展开论述。

(一) 政务处分的概念及其辨析

"政务处分"概念是《监察法》创立的新概念，即"监察机关根据监督、调查结果，依法作出如下处置：……对违法的公职人员依照法定程序作出警告、记过、记大过、降级、撤职、开除等政务处分决定"。因而，我们可以将政务处分概念界定为：政务处分是指行使处分权力的主体，对所有公职人员进行法律监督和违法惩戒的一种监察处置措施。

为了更好地理解和认识政务处分这个概念，我们有必要将政务处分与其相似概念如党纪处分、行政处分进行辨析，以正确界定政务处分的内涵与外延。其一，从属性上看，政务处分是一种监察处置措施，党纪处分是一种党内纪律惩戒措施，行政处分则是一种行政内部纪律制裁；其二，从权力主体上看，政务处分的监督、调查、处置的权力由监察机关（《政务处分法》通过之后会变为公职人员的任免机关、单位和监察机关的双重主体）行使，党纪处分的权力是由党组织，一般是党的纪律监督检查机关行使，而行政处分的权力则是由违法公职人员的任免单位或监察机关行使；其三，从对象上看，政务处分针对的是违法的公职人员，实现了对公职人员的全面覆盖，党纪处分针对的是具有党员身份的公职人员，而行政处分针对的则只能是国家机关工作人员或者国家机关任命的人员。

从上述几方面可以看出，政务处分、党纪处分与行政处分三种处分方式，在属性、权力主体上各不相同，但是就处分对象而言，政务处分实现了对公职人员的全面覆盖，而党纪处分和行政处分的处分对象范围都要小于政务处分，可见政务处分较之其他两种处分方式要具有更广泛的适用性。

(二) 政务处分的特征

对于政务处分的特征，应当从政务处分的立法趋势上，对其进行综合性的观察，同时，从深层次的法律原理层面理解立法含义及其制度的运行原理，来把握政务处分所具有的特征。概括起来，政务处分主要具有以下特征。

1. 政务处分具有综合性

《监察法》是在我国深化国家监察体制改革的背景下出台的，其宗旨和内容自然要契合监察体制改革的实践需求，❶故而《监察法》的内容既包括组

---

❶ 秦前红主编：《监察法学教程》，法律出版社2019年版，第40页。

织法方面的规范,又包括监察程序方面的规范,是一部兼具实体法性质、程序法性质以及组织法性质的综合性法律。这也是为了能够使监察制度得到一个较为完整的法律框架,以保障监察机关在开展监察工作中有法可依,使得监察工作能够符合宪法精神,符合全面深化依法治国的要求。因此,综合性是《监察法》所具有的一大特点。

就此次立法而言,以《监察法》为依据,《政务处分法》大体上延续了《监察法》法律框架上的构建,既对政务处分的组织法规范作出了规定,比如第一、二章明确了政务处分的主体以及行为权限等,同时也对政务处分的程序性规范作出了规定,比如第三章对政务处分的种类及适用、第四章对政务处分的具体程序、第五章对政务处分的救济程序作出了详细的规定。由此可见,政务处分的法律规范显然也具有上述综合性的特征。

笔者认为,此次立法虽然是集政务处分之"大成",制定了一部具有综合性特征的法律,但是《政务处分法》也出现了与《监察法》相同的弊病,即立法虽然面面俱到,集实体法、程序法、组织法性质的规定于一身,但有限的条文篇幅却不够详尽和细化,容易导致今后工作的开展缺乏详细的法律依据,出现一定的法律漏洞或空白之处,致使政务处分工作的效率和权威性有所折扣。鉴于此,笔者建议:其一,可以在今后的立法工作中进一步进行政务处分的配套立法工作,出台相应的实施细则予以完善;其二,就实际的政务处分工作而言,对于立法工作尚未能够及时予以补充完善的条文规定,可以由全国人大常委会及时出台有关的法律解释,对政务处分的条文适用及相关规则予以明确的说明和完善。

2. 政务处分的适用对象广泛

《监察法》第3条、第15条对监察对象作出了明确的规定,将所有公职人员都纳入了监察委员会的监察范围。这一规定有效地解决了我国以往反腐体制下,党纪处分、行政处分并存,但是缺乏制度衔接的现象,更为关键的是,有针对性地解决了以往反腐败和纪律监督体系中,监督对象覆盖不全面的问题。[1]例如,在《监察法》出台之前,全国各级政治协商会议及其常委会的工作人员尤其是领导干部,很明显他们的身份是国家机关工作人员,但是一旦这类人员出现了腐败或者其他违纪违法的行为,除了依法要对其进行刑事责任的追究之外,若要对其进行制度上的惩戒,就缺乏对其可以统一适用的较高位阶的法律依据。原因大概如下:由于政协机关内的工作人员缺乏

---

[1] 王庆丽:《论监察法对监察对象的规定及其完善》,载《法制博览》2020年第3期。

中共党员的主体身份，因此对他们违法违规的行为，就无法适用《中国共产党党员纪律处分条例》等一系列党内法规的有关规定，党的各级纪律委员会如若对他们做出相应的处分，则更是缺乏相应的法定授权。于是要对他们进行相应的违法惩戒，只能由政协内部根据《公务员法》或者其他的内部制度规范来进行，这就使得对这一部分具有国家机关工作人员身份的违纪违法分子的惩戒，缺乏了有力的法律依据或者合理有效的制度依据。而《监察法》出台后，对监察对象进行了规范化的划定，将"所有行使公权力的公职人员"都纳进了监察机关的监察对象范围之内，这其中就包括了前文所提到的政协机关的工作人员，同时，监察委员会作为新的权力监督机关，从制度层面上来讲，也顺理成章地对这类人有了处分的权力。再比如，我国特色的基层自治组织并不是一级行政机关，而在这其中，从事管理的工作人员，在之前的法律法规规定当中，只有当他们从事政府派给的或者协助政府工作的时候，才具有国家工作人员的身份。❶ 这就使得这类人员当中不具备党员身份的工作人员的违法乱纪行为难以得到有效制裁，也缺乏合理的法律依据和制度规范，而《监察法》的出台，则有效地解决了这两大难题。

  由这些可以得见，无论从法律依据上，还是从制度规范上，《监察法》都科学、合理地解决了对公职人员在制度惩戒上以往存在的漏洞和缺陷，真正实现了我国权力监督体系下对公职人员的全面覆盖，使得我国的监察体系得以有效运行。同样，在政务处分的概念出现以前，对公职人员的职务违法行为的惩戒，依据其不同的身份而存在着许多不同的惩戒措施，适用的法律依据也各不相同，但是各种法律依据也无法对所有的违法公职人员实现全面覆盖，做不到适用对象广泛这一点。比如，对于公务员的职务违法行为，有《公务员法》作为对其惩戒的法律依据对其进行处分，但是这要求违法的公职人员符合《公务员法》中规定的对象条件，对于一些自治组织当中实际行使公权力的公职人员，则会由于不符合这样的对象条件，而导致无法适用该法对其进行有效处分；再比如，对于具有党员身份的违法公职人员，则可以依据一系列的党内法规对其进行组织处理和党纪处分，如上文所述，对于其他不具备党员身份的公职人员，党组织以及相应的纪律监督部门则因主体失格无法对其实行处分，同时，也因为这类公职人员不具备党员的身份而使得其不能成为此类处分的对象。

  然而，政务处分的出现将所有违法的公职人员全部纳入了处分对象当中。

---

❶ 劳东燕：《论受贿罪中的国家工作人员》，载《东方法学》2020年第1期。

通过观察政务处分的立法趋势，我们可以发现，适用政务处分的对象是在不断扩大的：在《监察法》首次提出政务处分的概念之后，政务处分的适用对象是除去了一部分的公职人员的，这包括基层群众性自治组织、国有企业等单位中从事管理的人员，或者未列入国家机关人员编制的受国家机关依法委托管理公共事务的组织中从事公务的人员、其他依法履行公职的人员。而在此次立法当中，《政务处分法》第 2 条明确规定："……本法所称公职人员，是指《监察法》第 15 条规定的人员。"本条直接援引了《监察法》，与《监察法》第 15 条对"公职人员"的描述保持了高度的一致，❶这使得政务处分实现了对违法公职人员的全面覆盖和统一适用。由此可见，《政务处分法》与《监察法》一样，具有对所有公职人员广泛适用这一特点。

3. 政务处分具有紧密的外部衔接特征

《政务处分法》虽然是依据《监察法》制定的，因此与《监察法》具有了很多的共同特点和相似之处，其中重要的一点就是具有紧密的外部衔接特征，同时这也是《政务处分法》具有的很突出的自身特点。具体而言，《监察法》作为监察制度确立的法律依据，其内容需要开设性地作出对监察机关行使监察权的具体规范，以及对监察机关与其他机关协调开展工作的制度规范，等等。这些赋权性的规范，构建起了监察制度的基本框架，同时这也意味着监察机关在行使监察权时将以《宪法》和《监察法》为法律依据，虽然其与执法部门、检察机关、审判机关在办理职务违法与职务犯罪案件中"互相配合，互相制约"，并且在《监察法》第五章中阐明了监察程序与司法程序的对接问题，但这些规定也只是明确了监察机关与其他国家机关之间的关系，监察机关在行使监察权时并不受其他国家机关的非法干预，这也是监察权独立行使的一个重要标志。

另外，《监察法》第 45 条第 2 款中，提出了要对违法的公职人员作出政务处分的规定。在《监察法》出台之后，由中纪委和国家监察委配套制定并公布了《暂行规定》，而后，又由全国人大常委会拟定了《政务处分法（草案）》，可见有关政务处分的规范将作为《监察法》当中政务处分的实施细

---

❶ 《中华人民共和国监察法》第 15 条规定："监察机关对下列公职人员和有关人员进行监察：（一）中国共产党机关、人民代表大会及其常务委员会机关、人民政府、监察委员会、人民法院、人民检察院、中国人民政治协商会议各级委员会机关、民主党派机关和工商业联合会机关的公务员，以及参照《中华人民共和国公务员法》管理的人员；（二）法律、法规授权或者受国家机关依法委托管理公共事务的组织中从事公务的人员；（三）国有企业管理人员；（四）公办的教育、科研、文化、医疗卫生、体育等单位中从事管理的人员；（五）基层群众性自治组织中从事管理的人员；（六）其他依法履行公职的人员。"

则。然而,具体对违法的公职人员作出何种政务处分,则并非以《政务处分法》作为唯一和封闭的法律依据。这是因为《政务处分法》已经明确规定了,政务处分行为的作出,违法的公职人员应当受到何种政务处分,还要与违法公职人员所受到的其他惩戒相联系,例如党纪处分、组织处理以及刑事处罚,等等。而对于政务处分与其他不同的惩戒方式之间的适用问题,笔者在下文当中会用详细篇幅进行阐述,但至此我们可以得出的结论是,《政务处分法》具有紧密的外部衔接特征。

(三)政务处分的性质

对于政务处分的性质,《监察法》中没有给出明确的说明,目前在学界也没有形成统一的定论。由于政务处分制度是配套我国监察制度的产物,所以对于这个问题,应当从《监察法》的整体制度框架出发,从监察机关与监察对象的关系出发,从以下两方面综合考量,来对政务处分的性质进行定位:一是"内部"说与"外部"说,即从监察机关与监察对象的法律地位出发,"内部"说认为,监察权应当是一种我国权力体制内部的监督,故而政务处分也应当是一种"内部"性质的监察处置措施;"外部"说则认为,监察权应当是与立法权、行政权、司法权并列而独立存在的外部监督,故而政务处分也应当是一种"外部"性质的监察处置措施。二是"法律"说与"纪律"说,即从政务处分本身的法律属性而言,将其归为一种"法律制裁",抑或是一种"纪律惩戒"。就此而言,现有的研究大体存在以下几个方面的观点。

1. 外部法律制裁说

按照徐继敏教授提出的观点:政务处分是一种外部法律制裁,亦即政务处分应当作为一种独立于公职人员自身体制制度之外的国家法律制裁措施,这种制裁措施是"针对公职人员的职务违法行为作出的,并不针对其违纪行为。[1]"因此,这种观点认为政务处分应当作为一种对公职人员职务违法行为的法律制裁措施,而非纪律惩戒措施。在这种观点的视野下,监察机关应当是与行政机关、司法机关以及企、事业单位等其他监察对象并立存在的一个国家机关,监察机关应当独立地行使监察权,"所以,监察机关与其他机关的公务员之间的关系构成一种外部的管理关系。[2]"由此可见,这种观点认为,监察机关行使监察权,对监察对象所采取的监察措施,是一种依据《监察法》而采取的对权力的外部法律制裁措施。

---

[1] 徐继敏:《监察委员会政务处分行为探究》,载《河南社会科学》2018年第10期。
[2] 朱福惠:《论监察法上政务处分之适用及其法理》,载《法学杂志》2019年第9期。

从立法趋势上来看，政务处分制度虽然应当是配套《监察法》应运而生的一套制度，但是从法理上讲，就两部法律所调整的内容而言，《监察法》与《政务处分法》之间的关系是一般法与特别法之间的关系。二者在监察措施实施的过程中，有关政务处分制度方面的相关规定，应当遵循特别法优于一般法的法律原则，优先适用正式出台后的《政务处分法》。就两部法律的效力位阶而言，学界目前存在不同的观点，一种观点认为：出台后的《政务处分法》与《监察法》的法律效力位阶有所区别。具体而言，《监察法》的制定主体是全国人大，而《政务处分法》的制定主体则是全国人大常委会，由于二者的制定主体的立法权力层级有所不同，所以这两部法律的法律效力位阶关系应当是《监察法》优于出台后的《政务处分法》；不过也有另一种观点认为：出台后的《政务处分法》与《监察法》的法律效力位阶并无不同。理由是，全国人大常委会是全国人大的常设机构，履行的也是全国人大的部分立法权，因此，其制定的法律应当与全国人大制定的法律具有相同的法律位阶效力，所以，从制定主体的角度出发，这两部法律的法律位阶效力应当相同。《政务处分法》通过后将与《监察法》具有同样的法律位阶关系，两者都是统一于宪法领导下的国家法律。这种观点契合了我国通过《监察法》来作为监察制度法律依据的实际背景，同时，《监察法》也对监察机关的地位和性质作出了明确的表述。❶ 这就意味着监察措施成为我国一项对权力所进行的外部法律监督，而《政务处分法》作为依据《监察法》配套的产物，并且作为监察措施中对监察对象在政务处分措施部分的实施细则，无论从法理上讲，还是将来的法律实施上来讲，其性质都自然也应当归于一种外部法律制裁措施，这准确体现了《政务处分法》的法律地位，也是从整体的监察制度下对政务处分制度的一种合理、科学的理解。

2. 内部纪律惩戒说

以朱福惠教授为代表的学者认为：政务处分应当作为一种内部纪律惩戒的措施而存在。从这种观点的角度出发，则会有这样的一种结论：监察机关虽然在机构设立上独立于行政机关、司法机关以及企、事业单位等其他监察对象而存在，但是由于监察机关是一个专门行使监察职权的职能机关，"与其监察对象形成的关系并非其他机关之间普遍存在的分工合作或者互相制约的关系，而是一种权力制约与被制约，监督与被监督的关系，而不是平等主体

---

❶ 《中华人民共和国监察法》第 3 条规定："各级监察委员会是行使国家监察职能的专责机关，依照本法对所有行使公权力的公职人员（以下称公职人员）进行监察，调查职务违法和职务犯罪，开展廉政建设和反腐败工作，维护宪法和法律的尊严。"

的权利义务之间的关系"。❶ 在权力监督的层面上，这种制约是单向的，所以这种观点认为，监察制度归根到底还是权力体系内部的监督、纪律惩戒的制度。同时，《政务处分法》是依据《监察法》制定的，也可以说，前者是后者在政务处分方面的实施细则，如上文所述，根据特殊法优于一般法的法律原则，监察措施在政务处分的方面，应当优先适用《政务处分法》。由此可以推导出的是，政务处分作为配套监察制度而产生的惩戒措施，其自然也应当归为一种内部纪律惩戒。

笔者认为，这种观点是有所偏颇的，这种观点本身对《监察法》所赋予的监察机关的法律地位理解有所偏差，监察机关与行政机关、审判机关、检察机关构成了我国全新的"一府一委两院"模式的国家机构，因此，监察机关自身应当作为一个独立的国家机关行使监察权，这种监察权是独立于行政权、审判权以及检察权的，所以，监察机关对监察对象行使监察权，进行权力监督应当是一种来自于外部的监督，而政务处分作为一种重要的监察处置措施，自然应当符合监察权力所具有的特点，将监察权的行使理解成对公权力的一种内部监督显然是错误的，最起码对监察机关的法律地位的理解是错误的。因此，由这种前提推导而来的，将政务处分作为一种内部纪律惩戒措施的说法显然也是不合适的。

3. 外部纪律惩戒说

对于政务处分的性质，秦前红教授是这样认为的：政务处分应当作为一种外部纪律惩戒措施。❷ 这种观点认为，国家成立监察机关，由监察机关独立行使监察权。由此可见，监察机关是与行政机关、司法机关以及企、事业单位等监察对象并立存在的国家机关，缺乏与监察对象的直接隶属或者管理与被管理的关系。❸ 故而监察机关所行使的监察权，对监察对象所采取的监察措施自然属于对权力的外部监督与制约。与此同时，由于政务处分制度是配合监察制度的产物，是监察措施在政务处分方面的实施细则，所以对政务处分性质的判定，也应当定位于对权力的外部惩戒层面。同时，由于《政务处分法》将原有的一些机关、组织内部的行政处分、纪律处分等作出了有所裨益的吸收，同时也与《公务员法》等其他具体的部门法的惩戒措施有机结合与衔接，相得益彰，所以持这种观点的学者就认为，政务处分的效力也应当归

---

❶ 朱福惠：《论监察法上政务处分之适用及其法理》，载《法学杂志》2019年第9期。

❷ 秦前红、刘怡达：《制定〈政务处分法〉应处理好的七对关系》，载《法治现代化研究》2019年第1期。

❸ 刘伟丝：《监察体制改革背景下的我国监察制度研究》，载《法制博览》2020年第5期。

为纪律惩戒措施,进而与其他的纪律惩戒措施形成一个统一的有机整体。故而这种观点将政务处分的性质,定位成一种外部纪律惩戒措施。

笔者认为,这种观点所得出结论,还是有些牵强的。首先,这种观点将监察机关的监察权定性为对权力的一种外部监督,这是符合《监察法》所赋予监察机关的法律地位的,是对监察制度的一种较为合理的阐释。然而,这种观点将《政务处分法》中对原有的一些机关、组织内部的行政处分、纪律处分的吸收以及与其他一些部门法的惩戒措施的有机结合与衔接,归结为政务处分也是纪律惩戒措施,这种说法显然抹杀了《政务处分法》立法的初衷,没有理解到本次立法的用意所在。政务处分制度通过立法层面的举措,将之前的一些零碎的行政处分、纪律处分规范化,用法条赋予其统一的法律效力,使得监察措施在政务处分方面的实施能够有法可依。同时从法理上讲,制定《政务处分法》这样一部相对于《监察法》的特殊法,也能够在实施监察措施时,在政务处分方面理顺法律依据的位阶关系,能够使得原先一些不甚规范或者法律位阶不对称的规范能够行之有效地咬合《监察法》,科学、有效地发挥法律作用,这同样也是新时期深化全面依法治国的必然要求。[1] 所以,将政务处分归结为一种外部纪律惩戒措施的说法,显然是与上述科学理论背道而驰的。

综上所述,笔者认为,应当将政务处分的性质归为外部法律制裁措施,这种观点从规定内容的关系上看,理顺了政务处分的法律规范与其他法律规范,尤其是与《监察法》的对应法律效力关系,即《监察法》与政务处分的法律规范应当是一般法与特别法的关系。同时也能够得出,政务处分作为一种监察处置措施,根据监察权具有的外部法律监督的特征,其性质首先应当归为一种法律制裁措施;从法律效力位阶上看,《政务处分法》出台之后,政务处分的规范将以这部国家法律作为法律依据,无论将《政务处分法》理解成与《监察法》同位阶的一部法律,还是将其理解成为《监察法》的下位法,《政务处分法》的性质是一部正式的国家法律却是毋庸置疑的,因此,政务处分是应当作为一种法律制裁措施而存在的。由此可以得出结论:政务处分的性质应当归结为一种外部法律制裁措施。

## 二、政务处分的主体与对象

政务处分作出的主体与对象的问题,是构成政务处分法律关系的基本要

---

[1] 刘艳红、刘浩:《政务处分法对监察体制改革的法治化推进》,载《南京师大学报》(社会科学版)2020年第1期。

素。有关政务处分的主体，此次《政务处分法》的制定较之《暂行规定》而言，由单一主体变为了双重主体，这是此次立法一个变动较大的地方。然而，此次立法也存在着对于政务处分的案件分管不明确的问题。至于政务处分的对象，《政务处分法》通过之后，将实现对所有违法公职人员全面覆盖，同时，此次立法也对政务处分的对象也存在着一些特殊规定，应当解读其深层次的立法含义。

（一）政务处分作出的主体

对政务处分作出的主体进行探讨的目的，在于能够对作出政务处分的权力归属有正确的理解和把握。我国的国情使得我国确立了较为一元化的监察体制，这也意味着监察权由监察机关集中统一行使。❶ 而政务处分作为《监察法》中明文规定的一项处置措施，其作出的主体则由于几次不同的法律规范变动而有所变化。总的来说，政务处分的主体与一元化的监察体制下的监察主体还是有所区别的。

1. 由单一主体转变为双重主体

在《政务处分法》制定之前，《监察法》当中关于政务处分实施的细则所依据的是《暂行规定》，《暂行规定》当中第6条明确规定了政务处分的主体是监察机关。❷ 由此可见，在《政务处分法》得以通过并正式实施，取代《暂行规定》之前，政务处分作出的主体都只能是单一主体，也就是监察机关。笔者认为，这是由于政务处分是一种极为重要并且适用较为集中的监察处置程序，自然要对政务处分作出相应的细则规定，以使政务处分能够有详细的法律规则作为依据，使监察处置在实务当中能够做到有法可依。而《暂行规定》的产生正是契合了以上背景，作为《监察法》当中政务处分部分的实施细则应运而生。笔者认为，《暂行规定》将监察机关作为政务处分作出的唯一主体，也是为了使得这样的一个实施细则能够高度契合《监察法》中对于监察权由监察机关独立、集中行使的规定，❸ 进而使得作为监察处置程序的政务处分措施能够与监察程序良好地衔接，在法律法规授权的权力的主体上避免冲突。

而新制定的《政务处分法》第3条中规定，政务处分作出的主体应当是

---

❶ 江国华：《中国监察法学》，中国政法大学出版社2018年版，第33页。

❷ 《公职人员政务处分暂行规定》第6条规定："监察机关对违法的公职人员可以依法作出警告、记过、记大过、降级、撤职、开除等政务处分决定。"

❸ 《中华人民共和国监察法》第4条规定："监察委员会依照法律规定独立行使监察权，不受行政机关、社会团体和个人的干涉。"

监察机关或者公职人员的任免机关、单位，[1] 这说明了政务处分作出的主体有所变化，由《暂行规定》确定的单一主体变为了双重主体。笔者认为，从第3条的规定当中可以得出的结论是，正式通过的《政务处分法》较之之前的《政务处分法（草案）》，并没有采取草案当中以公职人员的任免机关、单位为主的主体设置。作出政务处分的首要主体还是监察机关。这是由于政务处分作为一种重要的监察处置措施，其权力的实施主体自然应当与整体的监察案件进行衔接，由监察机关作为政务处分案件的权力主体，可以有效避免草案当中以公职人员的任免机关、单位为主的主体设置所导致的监察案件当中主体变换、案件移交程序烦琐、效率有所降低的问题。同时，在法律实践中，对于需要对违法的公职人员作出政务处分的案件，由于该类案件的重要性和复杂性，当相关公职人员的任免机关、单位监督力度不具有调查取证或者妥善解决的能力之时，监察机关作为行使国家监察职能的专责机关，应当合理运用宪法法律赋予其的监察权限，对这类案件妥当地作出政务处分。

同时，此次立法的一大创新点就是政务处分的权力主体包含了公职人员的任免机关、单位。其主要理由在于，公职人员的任免机关、单位对该违法公职人员的录用以及在岗乃至离退休后的工作、生活状况有着更为直接的了解，对该违法公职人员的违法行为的证据材料更加容易搜集和掌握，因而，从主体资格上来说，由其作出政务处分较为适宜。同时，对于该任免机关、单位来说，拥有作出政务处分的主体资格，能够使得这些机关、单位对其所管理的公职人员进行更为行之有效的权力监督，对违法的公职人员进行及时有效的自我纠错，从制度层面上对这些公职人员进行有效惩戒，对于屡教不改或者严重违法的，依法及时将其清出公职人员队伍，有力打造清正廉洁、职能为民的公职人员队伍，这对于贯彻党执政为民的宗旨，树立坚持为人民服务的政府权威，也有着不可替代的重大意义。

政务处分作出的主体具有双重主体的特性，这虽与《监察法》所规定的监察主体有所出入，但却做到了合理分工、实事求是，科学合理地结合了我国政治制度的实际情况，既以违法公职人员的任免机关、单位"自查纠错"为主，同时也合理地分担了监察机关的案件压力，还体现出了监察体制下的监察机关对权力监督和违法惩戒的有力保障，保证对所有的违法公职人员能

---

[1] 《政务处分法》第3条规定："监察机关应当按照管理权限，加强对公职人员的监督，依法给予违法的公职人员政务处分。公职人员任免机关、单位应当按照管理权限，加强对公职人员的教育、管理、监督，依法给予违法的公职人员处分。监察机关发现公职人员任免机关、单位应当给予处分而未给予，或者给予的处分违法、不当的，应当及时提出监察建议。"

够依法依规作出相应的政务处分，不使这类人当中的任何一分子成为漏网之鱼。这样的双重主体特性，使得政务处分制度当中的主体部分能够内外兼顾，合理分工，真正实现对权力监督的全方位、无死角的覆盖。

2. 禁止重复评价原则

政务处分作出的主体虽然具有双重主体的特征，却不意味着对于同一个公职人员违法而要作出政务处分的案件，这两个主体机关可以同时或者先后对违法的公职人员作出政务处分。这在《政务处分法》第16条当中有明确的规定，即"对公职人员的同一违法行为，监察机关和公职人员任免机关、单位不得重复给予政务处分和处分"。笔者将其归结为禁止重复评价原则，这类似于《刑事诉讼法》上的禁止双重危险原则。❶

政务处分虽然是对违法的公职人员的监督和惩戒，然而作出政务处分本身也是对权力的一种行使，同样也需要加以合理的限制，否则就会导致权力的滥用，损害当事人的合法权益。禁止重复评价的原则，从制度层面上行之有效地保证了作出政务处分的权力能够得以规范行使，配合上文政务处分作出的双重主体的规范，避免在案件管辖和移送衔接的过程当中，出现对违法的公职人员重复评价的现象，这就增强了政务处分作出的效率和准确性，也能够有效地减少"冤假错案"的出现。同时，这也对违法的公职人员的合法权益进行了合理有效的保护，保证了法律的安定性，❷使得整个政务处分过程能够更加注重人权保障，这对社会主义法治建设具有不可或缺的意义。

3. 主体之间存在案件管辖划分问题及对策

虽然《政务处分法》从法律层面上确立了政务处分作出的双重主体，由违法公职人员的任免机关、单位与监察机关分工合作，严密配合，并且明确表明了禁止重复评价的原则，切实保障了被处分人的合法权益不受侵犯，但笔者认为，在案件管辖的主体划分当中，两主体之间的管辖缺乏明确的界限划分。具体而言，《政务处分法》第3条规定了政务处分的双重主体，而对于两主体之间案件管辖的界限划分则缺乏明确的规定。《政务处分法（草案）》当中原先以公职人员的任免机关、单位为主进行主体设置，有过大致的案件管辖划分标准，即"案件重要或者复杂的，可以依法移送监察机关处理"。但是，这样的界限划分显然也是不够清晰的。笔者认为，应当对两主体的案件管辖划分界限进行明确的规定。就具体案件来讲，按照此次的立法当中以监察机关为主的权力主体设置，则可以有一个大致量化的标准来评判该案件应

---

❶ 曹慧霏、刘春松：《监察法与刑事诉讼法衔接探讨》，载《法制博览》2020年第4期。
❷ 孟德斯鸠：《论法的精神》，许明龙译，商务印书馆2009年版，第87页。

当由监察机关或者该公职人员的任免机关、单位进行管辖,如案件达到多么大的涉案金额或者案件在多么大的地区范围之内,有多么大的影响,等等。缺乏具体明确的案件划定标准,将有可能导致案件在主体管辖的界定时会出现冲突的现象。比如,本来案情符合违法的公职人员的任免机关、单位管辖的案件,如果该任免机关、单位认定案件应为监察机关管辖,就可能会导致诸多本该由违法的公职人员的任免机关、单位解决的案件涌至监察机关,导致监察机关业务过于繁忙,降低了监察工作的效率,❶违反了《政务处分法》制定政务处分的双重主体的本意。再比如,本来案情符合监察机关管辖的案件,如果违法的公职人员的任免机关、单位为了降低案件对本机关、单位的消极影响,与监察机关争夺办案权,办"人情案",就可能导致对该违法的公职人员的政务处分有失偏颇,影响整个监察程序的公正性。

笔者建议,对于两主体案件管辖标准的划分,应当通过修改《政务处分法》或者出台相应的法律解释、适用规则等予以充分、清楚地说明,使得两主体之间既得以对接合作,又能够分工明确,对待政务处分的案件能够做到不推诿、不徇私,做到公事公办、公正公开、高效廉洁,使得权力监督的源泉保持纯洁,进而使整个监察程序能够保持权威和公信力,从而进一步推动我国法治建设的进程。

(二)政务处分的对象

《监察法》发布以后弥补了一些对公职人员权力监督和违法惩戒上的缺失,包括非党员公职人员或基层组织当中实际上行使公权力的人员等。❷以往主要依靠党纪处分和组织处理的权力监督体制,并不能够对这些违法的公职人员实施行之有效的权力监督和违法惩戒。❸《监察法》将这几类人员纳入监察对象当中,对这几类违法的公职人员及时有效地采取监察措施,这使得对这几类公职人员违法行为的惩戒真正做到了有法可依,由监察机关对其作出监察行为也做到了主体适格,整个监察程序由于《监察法》在实体和程序上的双重规定而做到了程序合法。《政务处分法》第 2 条当中,对政务处分的对象亦即应当受到政务处分的违法公职人员作出了明确规定,该条规定直接援引了《监察法》第 15 条的规定,保持了与《监察法》关于监察对象规定的高度一致。而《政务处分法》通过之后,会修补之前关于政务处分适用的《暂

---

❶ 冯铁拴:《国家监察立法体系化论析》,载《西南政法大学学报》2019 年第 1 期。
❷ 卫学莉:《基层群众性自治组织职能定位与优化》,载《人民论坛》2015 年第 26 期。
❸ 周长军:《监察委员会调查职务犯罪的程序构造研究》,载《法学论坛》2018 年第 2 期。

行规定》在政务处分对象方面的规定所存在的问题。

1. 政务处分的对象补足

《政务处分法》制定之前，政务处分的有关规定适用的是《暂行规定》，《暂行规定》虽说在《监察法》实施之后，及时地作为有关政务处分的实施细则得以制定并生效实施，对政务处分的对象作出了详细的规定，然而《暂行规定》所确定的政务处分对象，并非与《监察法》的监察对象保持高度一致。笔者认为，就这点来看，《暂行规定》并没有真正实现与《监察法》的"配套实施"，而是为如今的《政务处分法》制定实施留有了一定的过渡空间。基于此，《政务处分法》对政务处分的对象问题进行了补足，具体言之：

首先，根据《暂行规定》第9条，对于以下的一些人员，并未将其纳入政务处分的对象范围，包括：基层群众性自治组织、国有企业等单位中从事管理的人员，或者未列入国家机关人员编制的受国家机关依法委托管理公共事务的组织中从事公务的人员、其他依法履行公职的人员。❶ 而《监察法》所规定的监察对象实现了对所有公职人员的广泛适用，其中自然包括了《暂行规定》排除在外的政务处分的对象，由此可以得出的结论是，《暂行规定》规定的政务处分对象范围是小于《监察法》所规定的监察对象的范围的，也就是说，政务处分的对象并未实现对监察对象的全面覆盖。

对此，有观点认为，《暂行规定》之所以将这几类人员排除出政务处分的对象范围，是因为这几类人员虽说实质上行使着国家公权力，然而并没有国家机关编制或者国家事业单位编制。而不享有国家机关编制或者国家事业单位编制的公职人员，不属于政务处分的对象。❷ 也有观点认为，《暂行规定》对于政务处分对象认定的内在精神，较为契合在《监察法》出台之前，由《公务员法》等一系列法律法规对于公职人员作出纪律处分的身份认定标准。亦即，从法理上讲，这种观点认为，政务处分是作为一种内部的纪律惩戒措施而存在的，故而要对违法的公职人员实施政务处分，前提必须要满足政务处分主体与违法的公职人员之间存在内部的组织和成员之间的关系，也就是

---

❶ 《公职人员政务处分暂行规定》第9条规定："对基层群众性自治组织、国有企业等单位中从事管理的人员，或者未列入国家机关人员编制的受国家机关依法委托管理公共事务的组织中从事公务的人员、其他依法履行公职的人员，监察机关可以依法采取下列处理措施：（一）依据《中华人民共和国监察法》采取谈话提醒、批评教育、责令检查、诫勉；（二）依据本规定第三条有关法规采取警示谈话、通报批评、停职检查、责令辞职。"

❷ 陈阳、闫亚新：《论我国监察体制改革背景下新〈公务员法〉关于处分制度的制定》，载《周口师范学院学报》2019年第6期。

权力内部的监督与被监督的关系。从这种观点出发，笔者具体分析了《暂行规定》第 9 条的规定，进而得出以下结论：在国有企业当中，或者在国有控股或者参股的企业当中，有国家机关编制的人员由于具有了与任命机关之间的组织和成员之间的关系，因而就具备了这种观点所主张的政务处分对象的身份条件。然而，对于其他的管理人员，仅仅由于不具备这种身份条件，也就是国家机关的编制，就不得成为政务处分的对象。同样，在国家事业单位当中，具有事业单位编制的管理人员才属于政务处分的对象，而对于不具备这样的身份条件的其他管理人员，则被排除在政务处分的对象范围之外。同理，这样的观点也适用在了基层自治组织当中实际上行使公权力的人员身上。

然而，仅以身份条件来区分各类人员是否应当成为政务处分的对象，无疑会导致政务处分对象的覆盖不全面，使得一些违法的公职人员仅仅由于不具备这种"身份条件"，而成为政务处分的"漏网之鱼"，这显然是有悖于当前监察体制改革中，实现对所有公职人员使用公权力的监督和违法惩戒的宗旨和愿景的。❶ 当然，从《政务处分法》相关内容来看，其作如此规定，也是为了给各级公职人员的任免单位和权力监督部门在实务当中留有一定过渡余地，即从原有的法律法规所规定的政务处分对象对违法的公职人员的不全面覆盖，到契合监察对象对所有公职人员全面覆盖的政务处分改革趋势，这是我国当前监察体制改革势在必行的一步，也是政务处分改革趋向科学合理的必然要求，并且使得《政务处分法》能够准确有效地作为《监察法》中政务处分的实施细则的表现。

2. 政务处分对象的特殊规定

政务处分有关对象的规定当中有一个特殊之处，那就是《政务处分法》第 27 条。《政务处分法》第 27 条规定："已经退休的公职人员退休前或者退休后有违法行为的，不再给予政务处分，但是可以对其立案调查；依法应当予以降级、撤职、开除的，应当按照规定相应调整其享受的待遇，对其违法取得的财物和用于违法行为的本人财物依照本法第 25 条的规定处理。已经离职或者死亡的公职人员在履职期间有违法行为的，依照前款规定处理。"已经退休的公职人员退休前或者退休后有违法行为的，已经离职或者死亡的公职人员在履职期间有违法行为的，均不再给予政务处分。此规定延续了《行政机关公务员处分条例》第 52 条和《事业单位工作人员处分条例暂行规定》第

---

❶ 朱福惠：《国家监察法对公职人员纪律处分体制的重构》，载《行政法学研究》2018 年第 4 期。

44条规定的大体精神,❶ 并且与《暂行规定》第18条的规定保持了高度一致。❷

笔者认为,作如此规定的主要原因是,违法的公职人员因为各种原因,本人已经从其职位撤退下来并且实质性地退出了公职人员体系,不再拥有公职人员的身份。而政务处分本身的主要目的,就是针对在岗在职的公职人员,对其违法行为采取处分措施,使其承担应有的法律责任,保证其今后在其岗位上能够恪守法律法规,提升其职业道德,对于违法严重,不再适合担任公职人员的,应当及时将其清除出公职人员的队伍。而如果对以上几类公职人员坚持进行政务处分,则起不到对其进行惩戒的作用,也无法起到以观后效的作用,显然是毫无意义的,所以本条规定了以上几类人员不再成为政务处分的对象。

然而,这几类公职人员不再成为政务处分的对象,是否意味着这几类公职人员如若真的有违法行为,便可以逃脱法律制裁,安然享受其违法所得,逍遥法外呢? 答案当然是否定的,本条两款规定的后半段均有所规定,对这几类违法的公职人员,处分决定机关、单位可以对其立案调查,对于退休的公职人员,如果应当依法给予其降级、撤职、开除处分的,则应当按照相应的规定降低或者取消其享受的待遇,其违法取得的财物和用于违法行为的本人财物按照本法第25条的规定处理;❸ 对于政务处分作出以前已经不是公职人员的或者已经死亡的公职人员,也应当将其违法所得的财物和用于违法行为的本人财物按照本法第25条的规定处理。这也就意味着,无论在职还是已经退休,违法的公职人员依靠其违法行为取得违法所得之后,能够"功成身退",正式退休或者离职,退出公职人员行列而逃脱法律的制裁,基本成为不可能的事情。这些都被《政务处分法》第27条的规定打破,使得违法的或者有违法意图的公职人员能够认清反腐败和权力监督的高压态势,不再心存侥

---

❶ 刘冬根、许涛:《论行政检察监督与行政监察监督的分野与调适》,载《五邑大学学报》(社会科学版)2019年第4期。

❷ 《公职人员政务处分暂行规定》第18条规定:"有违法行为应当受到政务处分的公职人员,在监察机关作出处分决定前已退休的,不再给予处分;监察机关可以对其立案调查,依法应当给予降级、撤职、开除处分的,应当按照规定降低或者取消其享受的待遇。有违法行为应当受到政务处分的公职人员,在监察机关作出处分决定前已经辞去公职或者死亡的,不再给予处分,但是监察机关可以立案调查,对其违法取得的财物和用于违法的财物,依照本规定第二十一条处理。"

❸ 《政务处分法》第25条规定:"公职人员违法取得的财物和用于违法行为的本人财物,除依法应当由其他机关没收、追缴或者责令退赔的,由监察机关没收、追缴或者责令退赔;应当退还原所有人或者原持有人的,依法予以退还;属于国家财产或者不应当退还以及无法退还的,上缴国库。公职人员因违法行为获得的职务、职级、衔级、级别、岗位和职员等级、职称、待遇、资格、学历、学位、荣誉、奖励等其他利益,监察机关应当建议有关机关、单位、组织按规定予以纠正。"

幸，试图触碰法律底线。

### 三、政务处分的种类与适用规则

对于不同的公职人员的违法行为，要适用不同种类的政务处分，同时要细化政务处分的适用规则，才能够使得政务处分这种惩戒措施做到罚责相当。随着立法工作的推进，政务处分的种类与适用规则得到了较为详细的规范，对于不同情节的违法行为也作了相应的规定。同时，政务处分与党纪国法的衔接问题在此次立法当中也有了妥善的解决。但是，对于政务处分的"纪法衔接"的问题，相关规定仍然比较笼统，导致政务处分与党纪处分依旧无法实现"无缝对接"。

#### （一）政务处分的种类

从《暂行规定》第6条到《政务处分法》第7条的规定当中，政务处分种类按照由轻到重的顺序列明，都是分为以下6种：警告、记过、记大过、降级、撤职以及开除。

1. 政务处分种类的划分标准

针对不同的违法公职人员，根据他们各不相同的违法行为的性质和严重程度，对政务处分的种类进行了不同的划分，具体言之：

警告，这种处分方式在《公务员法》以及一系列的党内法规中也是常见的。从字面意思理解这种处分方式，乃"警而告知"，具体而言，这种政务处分方式针对的对象是违法行为较轻的公职人员，正因为如此，其违法的主观恶性和严重程度仍在其可以自控的范围之内，故而可以通过这样的处分方式对违法的公职人员提出通知和告诫，以使其能够认识到自身应当承担的责任，警醒自觉，进而使其能够改正掉自己所犯的错误，同时能够增强遵纪守法的意识，警钟长鸣，避免日后重蹈覆辙。❶

记过，指的是通过对违法公职人员的较轻的违法行为，以一定的形式予以记载或登记，以宣示对该违法公职人员的违法行为的惩处。这种处分方式，同样针对的是违法行为较轻的公职人员。❷ 笔者认为，这种较轻的处分方式，对于违法的公职人员而言，并不会由于处分本身而对其自身的实际职权或者合法收入所得造成损失，主要还是通过处分对其造成的政治影响，以及依靠其自身的党员的党性，或者说普遍意义上的职业道德和廉耻心，对其形成较

---

❶ 秦前红主编：《监察法学教程》，法律出版社2019版，第356页。
❷ 江国华：《中国监察法学》，中国政法大学出版社2018版，第219页。

为强烈的道德谴责，使其能够认识到自己所犯的错误，及时改正，并勤以加勉，避免再犯。

记大过，指的是通过对违法公职人员的较重的违法行为，以一定的形式予以记载或登记，以宣示对该违法公职人员的违法行为的严重惩处。❶ 笔者认为，之所以对违法的公职人员给予此种较重的处分方式，是由于该公职人员的违法行为已经给国家和人民的利益带来了一定的损失。此种处分方式虽然与上述记过的处分方式在形式上较为相同，但在实质上却有着很大的差别，最重要的差别在于，记过本身对违法公职人员造成的政治影响较小，而记大过则意味着政务处分主体宣示了违法公职人员犯下了较为严重的错误，对其造成的政治影响自然要远大于记过的处分方式。不过，归根结底，记大过和记过的处分方式存在共同之处，那就是上文叙述过的，对受处分的违法公职人员的实际职权和合法收入所得并不会造成损失，主要还是通过强烈的内在影响使得该公职人员能够改邪归正。

降级，指的是在违法公职人员仍然可以担任公职的前提下，降低其工资和等级的处分方式。与记过和记大过的处分方式相同的是，违法的公职人员被给予降级的政务处分，也是因为其违法行为较为严重，并且给国家和人民的利益带来了一定的损失。而与记过和记大过这两种处分方式不同的地方在于，受降级处分的违法公职人员，其工资和等级会有所下降，这意味着其实际职权和合法收入所得有所削减，这种处分已经触及了违法公职人员的"根本利益"。也是以此种处分为界限，后面两种更为严重的处分种类，则对违法公职人员自身的"实际权益"造成的影响会越来越大。❷ 但是，与后面的开除处分形成对比的是，公职人员受降级处分的，其仍然可以担任公职人员，也就是说其公职人员的身份并没有被剥夺。

撤职，指的是对违法行为严重的公职人员，其已不再适合继续担任现任职务，对其给予撤销其现担任的职务的处分方式。这也是一种较为严重的处分方式，仅次于最为严重的开除处分，针对的对象是违法行为严重的公职人员，尤其是身居领导干部岗位的公职人员，其违法行为严重性对应的后果是其不再适合担任现任职务，其职务将会被依法予以撤销。显然，这种处分方式对违法公职人员的"实际权益"造成的损失也是很大的。

开除，指的是违法的公职人员，由于其违法行为严重，其已丧失了作为公职人员应当满足的基本条件，而被采取的取消其公职人员身份的处分方式。

---

❶ 谢尚果、申君贵主编：《监察法教程》，法律出版社 2019 年版，第 168 页。
❷ 江国华：《中国监察法学》，中国政法大学出版社 2018 年版，第 219 页。

这也是 6 种政务处分方式当中最为严厉的一种。❶ 被采取这种处分方式的公职人员，符合违法行为严重的条件，其行为的严重性对应的后果是，其不再满足继续作为一名公职人员的基本条件，而被取消公职人员的身份。这意味着该违法的公职人员被清除出了公职人员的队伍，因此，不难得出结论，这种处分方式对违法公职人员的"实际权益"造成的损失是最大的。

2. 政务处分种类划分遵循比例原则

《监察法》将政务处分明确列为一项监察处置方式，笔者认为，由于政务处分针对的是"违法的公职人员"，此处的"法"涵盖了诸多的法律法规，典型的比如《监察法》《刑法》《公务员法》等，相比较而言，所涉及的法律法规是远多于其他的监察处置方式的。❷ 所以这意味着监察对象受到的监察处置会较为集中于政务处分这种方式。作为一项重要的监察处置措施，对政务处分种类的划分必须要做到严谨合理，笔者认为，《政务处分法》的规定借鉴了《刑法》上的罪责刑相适应原则，❸ 使得违法的公职人员受到的政务处分与其违法行为的严重程度符合一定的比例，严格遵循合比例的原则，禁止畸轻畸重。具体而言：

第一，不同种类政务处分的期间适用符合比例原则。政务处分的种类分为 6 种，这 6 种处分方式按照由轻到重的顺序排列，根据违法的公职人员违法行为的严重程度进行不同的适用，同时，《政务处分法》第 8 条对不同种类的政务处分方式的期间也作出了明确的规定，其中警告的期间为 6 个月，记过的期间为 12 个月，记大过的期间为 18 个月，降级、撤职的期间为 24 个月。不难看出，对于不同种类的处分方式的期间，按照由轻到重的排列顺序，其期间也是由长到短，可见这样的期间规定符合了"轻行为轻罚，重行为重罚"的原则，使得政务处分行为对违法的公职人员的处分期间做到了合乎比例，轻重合理。

第二，开除的处分种类规定充分体现出政务处分遵循的合比例原则。《政务处分法》第 14 条对应当给予开除处分的情形进行了列举，❹ 笔者发现，此

---

❶ 徐继敏：《监察委员会政务处分行为探究》，载《河南社会科学》2018 年第 10 期。
❷ 陈卫东：《职务犯罪监察调查程序若干问题研究》，载《政治与法律》2018 年第 1 期。
❸ 石经海：《〈监察法〉与〈刑法〉衔接实施的基点、问题与路径》，载《现代法学》2020 年第 1 期。
❹ 《政务处分法》第 14 条规定："公职人员犯罪，有下列情形之一的，予以开除：（一）因故意犯罪被判处管制、拘役或者有期徒刑以上刑罚（含宣告缓刑）的；（二）因过失犯罪被判处有期徒刑，刑期超过三年的；（三）因犯罪被单处或者并处剥夺政治权利的。因过失犯罪被判处管制、拘役或者三年以下有期徒刑的，一般应当予以开除；案件情况特殊，予以撤职更为适当的，可以不予开除，但是应当报请上一级机关批准。公职人员因犯罪被单处罚金，或者犯罪情节轻微，人民检察院依法作出不起诉决定或者人民法院依法免予刑事处罚的，予以撤职；造成不良影响的，予以开除。"

条规定当中，应当受到开除处分的违法公职人员大体上是由于其出现了犯罪行为，具体而言，对于违法的公职人员有故意犯罪的违法行为，无论最终其被判处的刑罚是主刑还是剥夺政治权利，是否宣告缓刑，都不影响其将受到开除——这一最严厉的政务处分（除因犯罪被单处罚金，可被给予撤职或开除处分以外），这也体现出了《政务处分法》在"量刑"上对故意犯罪的违法公职人员的几乎"零容忍"的态度。而对于违法的公职人员因过失犯罪而受到政务处分的，其最终刑罚要达到超过3年有期徒刑标准的，才可以对其适用开除的政务处分，这样的规定则体现出了《政务处分法》人性化的一面。《刑法》上对犯罪分子讲究追究其犯罪的主观恶性，主观恶性大的要加重处罚，相反主观恶性小的则可以从轻或者减轻处罚。对于过失犯罪，主观恶性一般小于故意犯罪，所以类似的犯罪构成当中，过失犯罪的刑罚一般要轻于故意犯罪。❶ 就政务处分中此条规定而言，同样也体现出对过失犯罪宽容的一面，对于主观恶性较小且其过失犯罪的行为所受刑罚未达到3年有期徒刑标准的，违法的公职人员可以免受开除的政务处分。总而言之，对于政务处分当中最为严厉的开除处分，《政务处分法》作出了详尽的规定，轻重兼顾，使得违法的公职人员在面临是否应当受到这一档的处分时能够"各得其所"，这将会有效减少甚至避免日后政务处分实务当中就受这一档处分的"冤假错案"的出现。《刑法》上出罪讲究"举重以明轻"，❷ 在《政务处分法》的本条规定当中，对于开除处分这一最为严厉的政务处分方式既已作出了科学合理的规定，当轻则轻，当重则重，符合了合比例性的原则，那么对于剩下几种较轻的政务处分方式，尤其是规定未尽详细的，则更加应当遵循合比例性的原则，保证该政务处分行为对违法的公职人员的处分严厉程度与其违法行为的严重程度符合比例，禁止随意类推或者加重，损害受政务处分公职人员自身的合法权益。

### （二）政务处分的适用规则

政务处分作为一项极其重要的监察处置方式，《政务处分法》对其适用规则作出了明确的规定。而对于政务处分的适用规则的有关规定，与我国《刑法》总则对罪名和量刑的规定存在相通之处，笔者认为可以运用类比和比较的方法，将两部法律的规定进行对比的思考，相信对我们更好地理解和运用政务处分的适用规则会有所裨益。

---

❶ 张明楷：《犯罪构成体系与构成要件要素》，北京大学出版社2010年版，第75页。
❷ 周光权：《刑法总论（第三版）》，中国人民大学出版社2016年版，第132页。

1. 政务处分适用的期间、情节问题

政务处分适用的期间和情节是政务处分适用规则的基础问题，而有关政务处分的期间问题，笔者在上文已经有所论述，因而在此重点讨论政务处分适用的情节问题。

(1) 数种行为应给予处分的问题

根据《政务处分法》第15条规定，公职人员有两个以上违法行为的，应当分别确定政务处分。应当给予两种以上政务处分的，执行其中最重的政务处分；应当给予撤职以下多个相同政务处分的，可以在一个政务处分期以上、多个政务处分期之和以下确定政务处分期，但是最长不得超过48个月。关于此点规定，可以对照现行的《行政机关公务员处分条例》第10条规定："行政机关公务员同时有两种以上需要给予处分的行为的，应当分别确定其处分。应当给予的处分种类不同的，执行其中最重的处分；应当给予撤职以下多个相同种类处分的，执行该处分，并在一个处分期以上、多个处分期之和以下，决定处分期。"可以看出，《政务处分法》第15条基本上参照了《行政机关公务员处分条例》第10条的规定，实现了两者之间的衔接与协调。但是，笔者认为，"应当给予两种以上政务处分的，执行其中最重的政务处分"的规定显然有遗漏处罚之嫌，使得违法的公职人员所受处分轻于其数个违法行为所应当承担的责任，这不免会使有些懂得钻法律漏洞的违法公职人员，抱有一种侥幸心理，认为其已经犯下了一个严重的违法行为而应当受到一种严重的处分，不如在此严重的处分行为之下，再作出一些违法行为，反正最后的结果就是只对其执行最重的处分。❶ 这样的话，会使得此方面的规定失去对违法公职人员的有效惩戒和震慑，无法达到预防违法的目的。

最后，需要指出的是，根据《政务处分法》第15条前半段的规定，对于违法公职人员的数个违法行为，其中一个能够被给予最为严厉的开除处分的，则应当给予该违法公职人员开除处分。这一点也类似于《刑法》关于数罪并罚当中，有一罪能够达到判处死刑的标准的，则应当判处犯罪嫌疑人死刑。《政务处分法》的这一规定，是考虑到如果公职人员数个违法行为当中有能够被给予开除处分的，已经达到了最为严厉的一档，受到此处分意味着该违法的公职人员会就此丧失公职人员的身份，其他种类的处分则没有必要继续执行了。这相当于刑罚当中给予犯罪嫌疑人死刑，就已经剥夺了该犯罪嫌疑人的生命权这一最根本权利，因而其他的自由刑也就没有再继续执行的必要

---

❶ 宋英辉：《职务犯罪侦查中强制措施的立法完善》，载《中国法学》2007年第5期。

了。❶ 笔者认为，这样的规定，有效地避免了因为该违法公职人员受到了开除的处分，而仍继续对其作出无实质性意义的政务处分，做到了立法全面严谨，处分得当。

（2）共同违法的问题

根据《政务处分法》第9条规定："公职人员二人以上共同违法，根据各自在违法行为中所起的作用和应当承担的法律责任，分别给予政务处分。"本条当中的"二人以上"，是包含本数的，即两名公职人员就可以构成共同违法。《政务处分法》对于共同违法的规定，可以类比刑法理论当中，有关共同犯罪的"二阶层"理论，即"共同违法，分别责任"，具体指的是两个及以上的犯罪嫌疑人实施共同犯罪的，其在违法层面构成共同违法，而在责任层面，则按照其各自满足的条件分别进行定罪量刑。同样地，在政务处分方面，公职人员二人以上共同违法的，应当分别按照其不同的违法情节及应当承担的法律责任，对其分别处以政务处分，而不是一律地按照其中一名或几名情节较重的违法公职人员的违法行为给予处分，避免了一味的"从重主义"或者"平均主义"。❷ 有关这一点，也体现着政务处分所遵循的比例原则，在公职人员共同违法的问题上，做到了以事实为据，以法律为准绳，实事求是，合理准确地对违法公职人员作出政务处分行为。

（3）单位违法的问题

根据《政务处分法》第10规定："有关机关、单位、组织集体作出的决定违法或者实施违法行为的，对负有责任的领导人员和直接责任人员中的公职人员依法给予政务处分。"这一点规定，类似于《刑法》当中的单位犯罪的规定。❸ 对于这种机关、单位、组织领导机构集体违法的，我们通常称为"窝案"，其违法的主要源头来自于该机关、单位、组织负有责任的领导人员以及直接责任人员，他们往往是单位违法行为的直接实施者，因而要受到政务处分，这也有效地避免了该机关、单位、组织当中其他不知情、未参与的人员受到无辜的牵连，形成"连坐"，避免了处分的不公。此外，本条还特别规定，对于上述人员要给予政务处分，其还必须满足公职人员的身份条件。这意味着如果该负有责任的领导人员和直接责任人员不具备公职人员的身份条

---

❶ 周光权：《刑法总论（第三版）》，中国人民大学出版社2016年版，第183页。

❷ 石经海：《〈监察法〉与〈刑法〉衔接实施的基点、问题与路径》，载《现代法学》2020年第1期。

❸ 《刑法》第31条规定："单位犯罪的，对单位判处罚金，并对其直接负责的主管人员和其他直接责任人员判处刑罚。本法分则和其他法律另有规定的，依照规定。"

件，比如国有企业和基层自治组织当中从事公务但并不是从事管理的人员，其便从根本上无法成为政务处分的对象。可以说，本条对机关、单位、组织中的人员加以区分，根据其是否具备公职人员的身份条件判定其可否成为政务处分的对象，体现出了立法谨遵主体适格的原则，禁止肆意作出扩张或者类推解释。

2. 政务处分与其他惩戒方式的衔接

虽然较之《政务处分法（草案）》，正式通过的《政务处分法》有关"纪法衔接"的规定有所减少，但是笔者坚持认为，在今后的立法完善和法律解释过程当中，应当重新加入并完善"纪法衔接"的有关规定，因为此环节是政务处分与党纪处分、组织处理等衔接的关键，也是监察权的行使与其他惩戒方式有机衔接的重要一环，确有必要对此进行明确的细化规范。

（1）政务处分与党纪处分之间的关系

随着《监察法》的施行，我国监察体制改革也在逐步深入，监察体制得以确立并日趋完善的一个重要意义，就在于其一改以往以党纪处分和行政监察为主的权力监督与违法惩戒体系，将零碎的权力监督与违法惩戒的法律法规规范进行有机整合，❶ 将所有的违法公职人员纳入一个统一化的权力监督与惩戒体系当中来，对这些违法的公职人员实现在国家法律的层面上，依据一个统一的法律规范标准，对其进行权力监督和违法惩戒。同时《监察法》也将所有公职人员都纳入了监察对象范围，以往以党的纪律检查部门为反腐败的权力主体转换成了国家各级监察委员会，对不具有党员身份的公职人员进行监察措施不再会出现主体失格的问题。

此次《政务处分法》的制定，虽说以《监察法》为依据，保持政务处分的对象与监察对象基本一致，实现了对违法的公职人员的全面覆盖，但对于具有党员身份的违法公职人员，则既会有党组织对其作出党纪处分❷，又会有政务处分主体对其作出政务处分，那么对二者关系应当如何处理呢？对此，《政务处分法》并无明确规定。而之前的《政务处分法（草案）》第 13 条却对此作了明确规定，即"给予有中国共产党党员身份的公职人员政务处分，一般应当与党纪处分相匹配。有中国共产党党员身份的公职人员受到撤销党内职务、留党察看或者开除党籍处分的，应当依法给予撤职或者开除处分。

---

❶ 朱福惠：《国家监察法对公职人员纪律处分体制的重构》，载《行政法学研究》2018 年第 4 期。

❷ 党纪处分属于纪律处分，是党组织针基于对"党员"这一身份标准的考察，对违法的公职人员进行的具有身份性的惩治措施，是对这类违法的公职人员进行的"人格性"的惩戒。

公职人员有违法行为的，有关机关可以依照规定给予诫勉等组织处理。政务处分和组织处理可以单独适用，也可以同时适用。公职人员同时受到政务处分和党纪处分、组织处理的，按照最长的期限执行"❶。根据该规定，有中国共产党党员身份的公职人员有职务违法行为时，既要给予其政务处分，也要给予其党纪处分，并要使两者相匹配。如果有中国共产党党员身份的公职人员受到撤销党内职务、留党察看或者开除党籍处分的，就应当同时依法给予其撤职或者开除的政务处分，以使两者相匹配。另外，如果有中国共产党党员身份的公职人员同时受到政务处分和党纪处分的，就按照最长的期限执行。应该说，《政务处分法（草案）》的上述规定妥善解决了政务处分与党纪处分之间的关系，实现了两者的衔接与匹配。但不知为何，在正式通过的《政务处分法》中却删除了上述内容，使得政务处分与党纪处分的衔接问题缺乏了规范依据，容易导致在实践中无所遵从。因而，我们建议在将来修改《政务处分法》时，应恢复《政务处分法（草案）》第13条的相关内容，为正确处理政务处分与党纪处分之间的关系提供明确规范依据。

（2）政务处分与组织处理之间的关系

根据《政务处分法》第17条规定，公职人员有违法行为，有关机关依照规定给予组织处理的，监察机关可以同时给予政务处分。其中，组织处理则是由组织部门和纪检部门对于违法的公职人员，针对其违法行为，对其党内职务、工作事务的具体训导和惩戒，这是具有"实务性"的。❷ 具体的适用规则是，政务处分和组织处理二者可以"单独适用，也可以同时适用"。这点说明了政务处分和组织处理是可以并行不悖的，并且有关机关在作出组织处理时可以以该违法的公职人员所受到的政务处分为依据，这一点也是对上文《政务处分法》广泛的外部衔接特征的具体体现。但是，由于政务处分与组织处理方式、期限等有所不同，如果公职人员同时受到政务处分和组织处理的，期限如何执行呢？对此，《政务处分法》并无明确规定，而《政务处分法（草案）》第13条第3款对此却做了明确规定，即"公职人员同时受到政务处分和党纪处分、组织处理的，按照最长的期限执行"。应该说，这一规定有效地解决了政务处分与组织处理在适用时的期间问题，使得政务处分与组织处理的对接做到了全方位、立体化，完善了应有的适用规则，同时适用最长期

---

❶ 《政务处分法（草案）》第13条之所以这样规定，笔者认为，是由于政务处分几种处分方式的期间和党纪处分、组织处理的期间不尽相同，例如政务处分当中"警告"这一处分的期限是6个月，而党纪处分当中的"警告"处分的期限则是一年，《政务处分法（草案）》第13条的前两款很好地解决了政务处分与党纪处分、组织处理之间的有机衔接问题，确定各种处分的方式适用问题。

❷ 朱福惠：《论监察法上政务处分之适用及其法理》，载《法学杂志》2019年第9期。

间的规定，也体现出了国家立法对公职人员违法行为的惩戒从严执行的态度，对反腐倡廉，构建一支廉洁奉公的公职人员队伍的决心。但是，最终通过的《政务处分法》删除了上述规定，不利于实现政务处分与组织处理之间的衔接与协调。因而，我们建议在将来修改《政务处分法》时恢复《政务处分法（草案）》第13条的相关内容，为我们正确处理政务处分与组织处理之间的关系提供明确法律依据。

3. 政务处分与党纪处分衔接不紧密的问题及对策

如前所述，由于《政务处分法》对政务处分与党纪处分的衔接问题没有作出明确规定，导致政务处分与党纪处分难以实现有效衔接与匹配，出现了一系列问题。例如，党纪处分的种类有5种：警告、严重警告、撤销党内职务、留党察看和开除党籍；政务处分的种类则有6种：警告、记过、记大过、降级、撤职和开除。那么，如何实现这两者的衔接与匹配呢？目前的立法对上述几种党纪处分和政务处分没有进行分类别地逐一对应，这就使得在很多情况下，"受到的党纪处分一般应当与政务处分相匹配"就会落空。由于缺乏全面的对接，具有中国共产党党员身份的公职人员在受到党纪处分的情况下，就无法实现与政务处分的匹配，最终导致政务处分与党纪处分无法有效衔接。

基于以上问题，笔者认为，可以根据党纪处分和政务处分的性质和严重程度进行划分，并以此为标准将几类党纪处分和政务处分进行合理对应，从而使得具有中国共产党党员身份的公职人员在受到党纪处分的时候，能够受到相应的政务处分，实现两者的有效匹配和衔接。这一点我们可以借鉴《政务处分法（草案）》的相关规定。《政务处分法（草案）》对于政务处分与党纪处分的衔接问题，规定了政务处分一般应当与党纪处分相匹配，并且将具有党员身份的公职人员受到撤销党内职务、留党察看或者开除党籍的处分，与政务处分当中的撤职或者开除处分相匹配，这意味着将这三种党纪处分的严重程度与后两种政务处分进行了对应，使得对具有党员身份的公职人员进行党纪处分时，能够依据此款规定准确地选择其应当受到的政务处分的种类。对于其他的几类党纪处分和政务处分，我们也可以采取类似方法进行一一对比，使两者有效匹配和衔接起来。例如，党纪处分中的警告可以与政务处分中的警告进行匹配适用；党纪处分中的严重警告可以视公职人员违法行为的严重程度分别给予其记过或者记大过的政务处分。如此一来，将党纪处分与政务处分进行详细的种类对应，就可以保障政务处分与党纪处分两种不同的惩戒方式之间真正实现有机衔接。

**四、政务处分的原则与程序**

从抽象的角度而言,政务处分的原则集中体现着政务处分的立法精神,对政务处分工作具有指导性意义。从具体的角度而言,政务处分的程序是政务处分工作的框架所在,所有环节的工作都要在此框架内展开,此次立法专门用第四章的篇幅对政务处分的程序进行了规范,内容较为详尽,但是笔者认为在政务处分的审批、决定的环节,仍然存在规定不尽详细的漏洞,这可能导致这两个环节的权力归属不明确的问题。

(一) 政务处分的原则

《政务处分法》第 4 条对政务处分所要遵守的原则进行了规定,即"给予公职人员政务处分,坚持党管干部原则,集体讨论决定;坚持法律面前一律平等,以事实为根据,以法律为准绳,给予的政务处分与违法行为的性质、情节、危害程度相当;坚持惩戒与教育相结合,宽严相济"。作为总领本法的宗旨性的条文,其背后的立法深意都浓缩其中,这五项原则作为政务处分工作的指导思想,对政务处分的全过程都起着引领性的作用。

1. 党管干部原则

无论从宏观上来看,要实现中华民族的伟大复兴的伟业,加快建设法治社会,还是从微观上来看,要切实落实好我国的宪法实施,深化监察体制改革,以及作为这其中有机组成部分的政务处分制度改革,我们都要坚持党的领导。[1] 我们国家在第十三届全国人大一次会议上通过了《监察法》,就此正式以国家法律的形式确立了新的监察体制,而后围绕着法治社会建设、深化监察体制改革的帷幕也随之拉开,《政务处分法》正是在我国深化监察体制改革的背景下配套《监察法》而制定的,这是我国实现治理体系和治理能力现代化的一个重要课题。[2] 如上文所述,中国共产党是我们国家的领导核心,因而我们国家的公职人员队伍当中,具有党员身份的公职人员是一支规模相当大的队伍,对于这类公职人员的权力监督和违法惩戒自然成了重中之重,所以,《政务处分法》将"党管干部"这一原则列在首位,突出了党在政务处分当中的核心领导地位,整个政务处分工作都要将党的领导始终贯穿其中,保证党组织对作为国家机器组成人员的公职人员队伍能够做到严格要求,指

---

[1] 刘艳红、刘浩:《政务处分法对监察体制改革的法治化推进》,载《南京师大学报》(社会科学版) 2020 年第 1 期。

[2] 刘素梅:《国家监察权的监督制约体制研究》,载《学术界》2019 年第 1 期。

导有关机关、单位或者监察机关进行有效的权力监督和违法惩戒。

2. 依法依规原则

作为一种重要的监察处置方式，在《政务处分法》制定之前，政务处分是以《暂行规定》作为实施细则的，而本次《政务处分法》在经过科学考量、综合研究之后，以《监察法》为依据，正式将这样的实施细则上升到国家法律的高度，使得政务处分工作能够有更有力和更直接的法律依据，真正做到有法可依，有法必依，这是当前我们国家全面推进依法治国的必然要求，也是加快建设社会主义法治国家的必经之路。同时，政务处分具有广泛的外部衔接特征，所以笔者认为，本条原则中除了明确政务处分工作要做到依法开展之外，还要严格遵守以相关的党内法规为处分依据的规定，做好与党纪处分相匹配的有机衔接工作。只有这样才能做到政务处分工作的主体适格，程序合法，法律依据充分合理，真正将本条原则当中的"依法依规"落到实处。

3. 实事求是原则

对于实事求是的原则，要严格遵循《政务处分法》第 4 条的规定："……坚持法律面前一律平等，以事实为根据，以法律为准绳，给予的政务处分与违法行为的性质、情节、危害程度相当……"这也就是说，《政务处分法》用第二章和第三章的篇幅，对各种政务处分的方式以及不同的违法公职人员所应当适用不同的适用规则进行了详细的规定，对违法的公职人员不同的违法情形所应当受到的处分进行了详尽的划分，做到了处分合理适度，符合上文所提的合比例原则。同时，实事求是的原则也要求政务处分工作要坚持一个大的法律原则，那就是"以事实为依据，以法律为准绳"，对于所有要处分的公职人员的违法行为，都要讲求证据确实充分，做到违法事实清楚，不能在证据不足、违法事实调查不清楚的情况下，就对案件处理作出决定，这显然是不符合实事求是的原则的。

4. 民主集中制原则

民主集中制历来是我们的制度优势，之所以要在政务处分工作当中坚持民主集中制原则，笔者认为主要有以下两方面的原因：其一，民主集中制的议事和决策机制，能够最大限度地发扬民主，集思广益，使得政务处分的决定和实施过程能够得以做到民主、科学以及合理合法，提高政务处分工作的质量；其二，坚持民主集中制原则，能够有效避免政务处分的权力被某机关、单位或者组织的领导或者个人非合理地把持，作出政务处分的权力沦为私人的权力工具，导致政务处分权力的滥用，作出的政务处分行为有失公正甚至是违法违规的，这样的情形会严重损害受处分公职人员的合法权益，进而使得政务处分的权威性受到破坏。

5. 惩前毖后、治病救人原则

《监察法》不仅确立了一系列的监察惩处措施，而且对于违法行为较为轻微的公职人员，还规定了批评教育、诫勉等众多带有教育性质的较为轻微的措施，这体现出《监察法》树立了教育与惩处相结合的原则，如前文所述，政务处分的概念是在《监察法》通过之后作为一种监察处置措施而出现的。因而《政务处分法》第4条"……坚持惩戒与教育相结合，宽严相济"的规定，确立了具有惩戒与教育相结合特点的这一原则。笔者认为，这样的原则能够做到双管齐下，既"治标"又"治本"：一是"治标"，通过政务处分的惩戒行为对违法公职人员作出相应的惩戒，同时对于其他公职人员能够起到警示作用，确保警钟长鸣，有效减少违法公职人员的出现，使得政务处分工作能够起到"惩前毖后"的作用，进而达到政务处分对于惩戒贪腐的现实目的；二是"治本"，对于违法行为较为轻微的公职人员，其造成的损害和危害程度并不是很严重，对于这类公职人员，则应当以"治病救人"的心态，以开展批评和教育为主，使其深刻认识到自己的违法行为，能够正确面对并且改正，在今后的工作当中能够回归遵纪守法、克己奉公的正途，从而使得政务处分工作对于打造廉洁的公职人员队伍发挥应有的作用，从根本上助推监察工作的进展，进而实现廉政的长久目标。

(二) 政务处分的程序

要遵循依法依规的原则，其中一个重要的环节就是要做到程序合法，为此，《政务处分法》以第四章的篇幅对政务处分的程序进行了规范，从而为政务处分工作提供了明确的程序法依据。笔者认为，本部分的内容可以从政务处分的前提条件和具体程序两个方面入手，加以探讨。

1. 政务处分的前提条件

政务处分的法律地位，笔者已在文章当中多次提及，即政务处分是监察处置方式中的一种，因此要对违法的公职人员处以政务处分，则代表着该案件在监察程序中相对应地进入了监察处置阶段，监察调查已经终结。《政务处分法》第5条规定："给予公职人员政务处分，应当事实清楚、证据确凿、定性准确、处理恰当、程序合法、手续完备。"本条规定对此进行了具体的规范，据此，笔者认为，要想开始政务处分程序，则必须要满足该案件在监察程序当中的监察调查终结，而只有具备了以下几个条件，才能宣告监察调查

的终结,这也意味着以下几个条件是开始政务处分程序的前提条件。❶

(1) 违法事实调查清楚

在监察案件中,监察调查所要起的作用,就是将违法的公职人员的违法事实进行调查,弄清其违法的事实是否存在,以及存在的违法事实的性质如何等。以上事实是要经过法定的调查程序才能够得以确定的。❷ 笔者认为,监察调查的结果无外乎三种情况:其一,案件中所涉及的该违法公职人员的违法行为,经监察调查后,有证据表明该行为不存在或者能够证明该行为的证据不充分。对于这种情况,应当及时终结监察案件的调查程序;其二,对于公职人员的违法行为,有充分证据能够证明该行为确实存在,并且该行为并不构成犯罪的,此时应当终结监察调查程序,对该行为进行应有的监察处置,其中对于符合应当给予政务处分的违法公职人员,则应当依法进入政务处分的程序;其三,对于违法公职人员的违法行为严重,证据确实充分,能够证明其行为已经构成犯罪的,则应当依法将监察案件移送检察机关进行审查起诉。

(2) 证据确实充分

在监察案件当中,要讲究实事求是,尊重事实,而做到这一点的前提就是要讲证据,以证据证明存在事实,对公职人员的违法行为要用证据加以证明,以期监察案件最后的处置结果能够客观真实、合理合法。笔者认为,对于证据而言,要满足以下三个方面的内容:其一,对于要认定的违法公职人员的违法行为的事实,能够有证据加以证明;其二,用于认定违法行为事实的证据均已查证属实;其三,对于全案而言,已查证属实的证据可以构成完整的证据链条,足以证实该违法行为的存在,符合客观真实的证据要求。也有学者认为,此处的证据证明力应当达到排除合理怀疑的标准❸,即对于要认定的违法行为,经证据证明后,不再存有对其合理的怀疑,笔者对这种证据证明力要达到的标准较为赞同。

(3) 法律手续完备

对于监察调查程序终结的案件,应当按照法律法规的规定,及时办理相应的法律手续。对于不存在违法行为或现有证据无法证明该违法行为的情形,要出具相应的证明手续,并予以公告,从而还该公职人员的清白,为其消除

---

❶ 谢尚果、申君贵:《监察法教程》,法律出版社 2019 年版,第 167 页。
❷ 梁坤:《论监察案件证明标准的三大特征》,载《地方立法研究》2020 年第 1 期。
❸ 范广馨、曹雪飞:《论监察证据在刑事诉讼中的使用》,载《四川警察学院学报》2020 年第 1 期。

影响；而对于公职人员的违法行为确实存在的情形，则应当依据是否构成犯罪的区分标准，对其采取进一步的处置措施，同时也应当向其出具相应的有关法律文件和手续，❶做到有头有尾，使得监察调查程序能够"善始善终"，保证程序的合法性。

2. 政务处分的具体程序

无论要对违法的公职人员作出何种处分决定，程序合法是必须要做到的，这也是《政务处分法》当中"依法依规"原则的要求，要遵循法定程序。政务处分的具体程序主要包括两方面的内容，即决定审批和执行操作两大步骤。

（1）决定审批

从决定审批的层面来看，主要存在以下三个方面的程序：其一，在《暂行规定》当中，由于政务处分的作出主体是监察机关，所以对应的决定审批也应当是由监察机关自身来完成的。然而如上文所述，在《政务处分法》当中，政务处分的作出主体变为双重主体，所以对应的决定审批的规定也变为"按照处分决定权限"来由相应的机关、单位或者是监察机关来办理。在决定审批的工作当中，要坚持上文中的民主集中制的原则，充分发扬民主，由具有处分权限的机关、单位或者监察机关集体讨论才能够决定。其二，前置程序。有学者将政务处分的撤职和开除两种处分划分为重处分，其余四种处分方式为轻处分。❷这样划分的目的是为了引出我们将要讨论的前置程序。无论是《暂行规定》还是《政务处分法》都有如此规定，对于由人大、政协来选举或者任命的公职人员，如果受到上述两种重处分，需要先由人大、政协来履行罢免、撤销或者免去其职务的程序。其三，通报程序。对于违法的公职人员是人大代表或者政协委员的，无论其要受到轻处分还是重处分，都要由其所在的人大常委会或者政协常委会履行应尽的通报手续。❸

（2）执行操作

从执行操作的层面来看，《政务处分法》第四章的内容作出了详细规定，依照法条顺序，笔者总结如下：其一，前期程序，包括告知程序、听取陈述

---

❶ 江国华：《中国监察法学》，中国政法大学出版社 2018 年版，第 220 页。

❷ 秦前红主编：《监察法学教程》，法律出版社 2019 年版，第 356 页。

❸ 《政务处分法》第 50 条规定："监察机关对经各级人民代表大会、县级以上各级人民代表大会常务委员会选举或者决定任命的公职人员予以撤职、开除的，应当先依法罢免、撤销或者免去其职务，再依法作出政务处分决定。监察机关对经中国人民政治协商会议各级委员会全体会议或者其常务委员会选举或者决定任命的公职人员予以撤职、开除的，应当先依章程免去其职务，再依法作出政务处分决定。监察机关对各级人民代表大会代表、中国人民政治协商会议各级委员会委员给予政务处分的，应当向有关的人民代表大会常务委员会，乡、民族乡、镇的人民代表大会主席团或者中国人民政治协商会议委员会常务委员会通报。"

和申辩以及核实记录的程序、送达及宣布程序；其二，调查和处分程序，包括调查取证程序、回避程序；政务处分与其他惩戒方式相衔接的程序；其三，事后程序，包括函告程序、给予特定公职人员政务处分的前置程序、案件管辖及移交程序、相应的手续办理及档案转递管理程序。

3. 政务处分实施细则的授权问题及对策

《政务处分法》虽然就政务处分的程序作出了详细的规范，但是作为一项重要的监察处置措施，还并不能保证在不同身份的公职人员、不同的行使政务处分权力主体的情形下，将政务处分的实施细则规定得面面俱到。对此，笔者认为，应当在《政务处分法》的统领之下，授权不同类别的权力主体能够依据其权力运行与监督以及开展政务处分，制定更为细化的政务处分的实施细则，使得政务处分工作能够有更加详尽的法律依据；这样一来，能够使得政务处分工作更加做到实事求是，防止出现因为政务处分立法将政务处分的程序规定统一化，就认为政务处分的程序性操作就应当一刀切的想法。比如，为了保障审判权和检察权的独立行使，可以授权法院和检察院系统，制定其对审判人员和检察人员的政务处分的实施细则，由审判委员会和检察委员会来认定和评判以上两类人员，讨论如何对违法的公职人员作出政务处分的决定，这样显然更加实际，也更加发挥出其自身的制度优势。再比如，对于高校内部的公职人员，因为考试诚信问题应当受到政务处分的，则可以授权高校制定实施细则，由其内部专业机构来评判该违法公职人员违法行为的性质，并作出其应受政务处分的意见，最终由权力的主体来对该违法公职人员作出政务处分。

**五、政务处分的救济与监督**

政务处分是作为一种监察处置措施而存在的，对于这样的一种针对权力进行监督和违法惩戒而存在的公权力，就更加需要对其自身进行严格的监督，同时，对被给予政务处分的违法公职人员，要保证其享有充分、有效的救济途径，避免政务处分适用错误或者不当，进而避免政务处分的权力被滥用。❶

**（一）政务处分的救济**

在《政务处分法》制定之前，学界根据《监察法》和《暂行规定》的内容对政务处分的救济作出过探讨。然而，由于《暂行规定》并未进行明确的

---

❶ 李少文：《国家监察体制改革的宪法控制》，载《当代法学》2019 年第 3 期。

章节划分,而救济在一般的程序法当中是作为收尾的程序而存在的,故应当将政务处分的救济这一部分的内容归于政务处分的程序部分。笔者认为,在《政务处分法》当中,用第一章第2条以及第五章的篇幅专门对政务处分的救济进行了明文规定,可见此次立法对于政务处分的规范化以及对处分对象的权利保障方面是极其重视的。因此对于政务处分的救济,应当从政务处分的程序当中分离出来,作为对整个政务处分的一种事后保障和补全措施进行探讨。笔者将从以下四个方面来探讨政务处分的救济。

1. 救济途径

根据《政务处分法》第2条:"……处分的程序、申诉等适用其他法律、行政法规、国务院部门规章和国家有关规定。"第55条:"公职人员对监察机关作出的涉及本人的政务处分决定不服的,可以依法向作出决定的监察机关申请复审;公职人员对复审决定仍不服的,可以向上一级监察机关申请复核。"可知,受到政务处分的违法公职人员有三种救济途径,分别是申请复审、申请复核以及申诉。那么,受到政务处分的违法公职人员应选择哪一途径进行救济呢?这要根据政务处分的作出主体来决定,政务处分的作出主体不同,其相应的救济途径自然就不同。如果作出政务处分的主体是监察机关,则受处分的违法的公职人员可以依照《监察法》的有关规定申请复审、复核;如果政务处分的作出主体是违法公职人员的任免机关、单位的,则其应当依据有关规定进行申诉,由于不同的公职人员所在机关、单位及其所具有的身份是不同的,所以具体的复审、复核和申诉流程应当依据对应的法律法规等相关规定,遵循相应的流程。笔者认为,上述规定并未另行对违法公职人员的具体救济途径以及程序规范作出规定,而是根据不同的政务处分作出主体,将此方面的规定衔接到了《监察法》或者"有关规定",这也是上文中所提到的《政务处分法》具有广泛的外部衔接特征的具体体现。

2. 申请救济不停止执行原则

根据《政务处分法》第56条第1款规定:"复审、复核期间,不停止原政务处分决定的执行。"笔者将其归结为申请救济不停止执行原则,之所以有这样的规定,笔者认为主要有两方面的原因:其一,政务处分的救济本身是保障被处分的违法公职人员合法权益的一种途径,而如果仅仅因为被处分对象的申请救济,就停止了原处分的执行,虽说对于确实处分有失公正的公职人员而言能够免受或者少受损失,但是此类人员确是少数,这样做反而容易使得一部分本来处分无误的公职人员滥用权利,利用法律规定的空白,恶意申请救济,从而达到迟缓对其处分的目的;其二,在当今监察体制深化改革的背景下,《政务处分法》通过之后,必然会有相当数量的违法公职人员要适用政务处分制度,如果立法规定受处分对象申请救济后可以停止执行原处分,那么就有可能造成大量的政务处分在受处分对象申请救济之后无法及时结案,以致案件长期处于悬而未决的状态,造成案件的积压,同时受处分对象也变相地免予处分,降低了政务处分工作的效率,进而影响整个监察案件的进展,这显然有悖于我国监察体制改革当中"权威高效"的宗旨。

3. 申请救济不加重处分原则

根据《政务处分法》第56条第2款规定:"公职人员不因提出复审、复核而被加重政务处分。"笔者认为,此款规定类似于我国《刑事诉讼法》当中的"上诉不加刑"原则❶,这样的原则有效地保护了上诉人的合法权益,打消了其因上诉而受到加重处罚的顾虑,有助于上诉人更好地行使其救济的权利。同样地,在本款规定当中也体现出了这样的精神,受到政务处分的违法公职人员在认为其处分有误或者不当时,不应当因为其申请救济反而受到加重的处罚,这样会打击受处分对象行使申请救济的积极性,至少会使得他们有所顾忌,而这种顾虑就可能导致受到的处分确实有误或者不当的公职人员在权衡利弊之后,放弃行使申请救济的权利,造成"冤假错案"的出现,这有损政务处分案件乃至整个监察案件的准确性和权威性。而有了申请救济不加重处分的原则,就可以有效地避免实务当中出现这样的失误。

4. 对救济申请的处理问题

《政务处分法》第57、58条对受处分对象的救济申请的处理措施作出了详细的规定,笔者将这两条的内容归纳为严重错误和轻微错误两类。❷ 其中,《政务处分法》第57条规定的是严重错误方面的内容,包括证据不足、程序严重违法、主体滥用或者超越职权这几类情况,属于作出的政务处分严重错误,继续执行会严重侵害被处分公职人员的合法权益,造成"冤假错案",需要对该处分决定予以撤销或者重作;第58条所规定的内容是轻微错误方面的,包括了适用法律法规错误、对违法行为的情节认定有错、处分不当的,对于这几类情况,处分的错误情况较为轻微,不至于对受处分公职人员的合

---

❶ 苏亚南:《论监察法与刑事诉讼法适用的衔接和协调》,载《法制博览》2020年第3期。
❷ 《政务处分法》第57条规定:"有下列情形之一的,复审、复核机关应当撤销原政务处分决定,重新作出决定或者责令原作出决定的监察机关重新作出决定:(一)政务处分所依据的违法事实不清或者证据不足的;(二)违反法定程序,影响案件公正处理的;(三)超越职权或者滥用职权作出政务处分决定的。"第58条规定:"有下列情形之一的,复审、复核机关应当变更原政务处分决定,或者责令原作出决定的监察机关予以变更:(一)适用法律、法规确有错误的;(二)对违法行为的情节认定确有错误的;(三)政务处分不当的。"

法权益造成严重损害，可以对处分决定加以变更，继续执行。

同时，《政务处分法》第 60 条也规定了对于申请救济成立的公职人员，应当相应地对其作出撤销处分以及恢复级别、薪酬待遇、职务、职级及其名誉等，对处分变更其所受薪酬待遇的损失，应当予以补偿❶。此次立法专门作出这样的规定，体现出对违法公职人员自身合法权益保护的重视，保证政务处分案件乃至整个监察案件的合法性和规范性，给予违法公职人员政务处分的同时，更加注重对其的人权保障，这是符合当下依宪治国的大背景下我国《宪法》越发注重人权保障的原则和宗旨的，同样也契合了《监察法》当中确立的人权保障原则。❷

（二）政务处分的监督

《监察法》第七章专门规定了对于监察机关以及监察人员的监督，虽然《政务处分法》是以《监察法》为依据制定的，但是并没有效仿《监察法》用专门的章节来对政务处分的监督作出规定，笔者认为，这并不影响我们从理论层面探讨对政务处分的监督，而且对于政务处分进行行之有效的监督也是十分必要的。笔者认为对于政务处分的监督，应当从内部监督和外部监督两个层面进行探讨。

1. 政务处分监督的立法规定

《政务处分法》以第六章的内容进行了法律责任的规定，笔者认为，这是对政务处分的内部监督进行了规定，主要包括：其一，对于不接受监察建议的有关机关、单位的处理；其二，对于违法公职人员及其所在机关、单位或者组织违法违规对待政务处分的处理；其三，对于作出政务处分决定的机关、单位及其人员违法违规行使政务处分权力的处理。

《政务处分法》对于政务处分的外部监督并没有进行特别明确的规定，但是笔者认为，既然其以《监察法》作为立法依据，那么也应当参照《监察法》的相关规定，在后续的立法以及法律修改完善的过程中对政务处分的外部监督部分加以明确的规定。

2. 加强政务处分监督的建议

尽管政务处分的法律规范当中对政务处分监督的规定仍然空缺，但对于政务处分的监督却是十分必要的。对此，笔者认为，应充分发挥人大及其常委会对政务处分权力主体的监督作用，避免政务处分的滥用。正如秦前红教

---

❶ 杨杰、胡郑生：《政务处分之纠错程序完善研究》，载《重庆行政》2019 年第 3 期。
❷ 韩大元：《宪法学基础理论》，中国政法大学出版社 2008 年版，第 54 页。

授指出，政务处分的权力主体要受到人大及其常委会的监督。❶ 但笔者认为，为保证监督机制的内在统一性，应当由政务处分作出主体的上级人大及其常委会进行监督，而不应当由政务处分作出主体的同级人大及其常委会进行监督，因为由同级人大及其常委会监督会产生一个矛盾的问题，就是在某些情况之下，公职人员的任免机关就是同级人大及其常委会，在这种情形下，就可能会出现由政务处分的作出主体对自身作出的政务处分进行监督，这显然是不合理的。所以，当人大及其常委会进行政务处分监督时，应当由政务处分作出主体的上一级人大及其常委会来进行。

另外，结合我国的国家机构设置，尤其是监察体制的结构特点，笔者认为，除了由人大及其常委会监督外，还应由政务处分作出主体的上级机关、单位或者上级监察机关来对政务处分作出主体进行监督。具体而言，就是当政务处分的作出主体是违法公职人员的任免机关、单位时，就由该机关、单位的上一级机关、单位进行监督；当政务处分的作出主体是监察机关时，则由上一级监察机关进行监督。❷ 其理论依据在于：高度相似甚至一致的机构设置和职能作用，使得上级监督能够充分发挥上级机关、单位或者上级监察机关的领导或者指导作用，这是对我国国家机构设置的充分理解和合理运用，这样的监督方式能够最大限度地发挥对政务处分监督的权威性和有效性，切实保障政务处分行为能够符合最广大人民群众的根本利益。

---

❶ 秦前红：《人大监督监察委员会的主要方式与途径——以国家监督体系现代化为视角》，载《法律科学》（西北政法大学学报）2020年第2期。

❷ 蔡静：《监察委的权力运作与宪法规制》，载《南方论刊》2019年第2期。

# 第六章
# 监察建议研究

监察建议是一种形式为"柔",而实质为"刚"的"刚柔并济"型监察处置措施。这种监察处置措施对于督促相关单位完善制度、健全机制,从根本上预防职务违法和职务犯罪,进而实现"标本兼治"的监察工作目标发挥着重要作用。但是,我国目前以《监察法》和《政务处分法》为基础的监察建议体制机制尚不健全,监察建议制度存在不全面、不系统、不明确、不具体以及法治化程度不高等问题,妨碍了监察建议功能与作用的充分、有效发挥。十九届中央纪委四次全会工作报告强调,"用好纪检监察建议有力武器,以纪法刚性约束推动问题一项一项整改到位"[1]。为构建我国系统、完善的监察建议制度,保障监察机关用好监察建议这一有力武器,本章拟重点围绕监察建议的适用范围、主体、对象、程序、内容、形式、监督以及救济等问题进行探讨。

## 一、监察建议的基础性问题

在对监察建议制度展开具体分析前,有必要对监察建议的含义、特征、类型、功能、现状等基础性问题进行讨论。

### (一)监察建议的含义

监察,即监督、察视;"建议",即提出意见或者主张。从构词角度而言,监察建议是指具有监察权的主体对监察事项的处置所提出的意见。[2]但是,监察建议的内涵并非如此简单。无论理论上还是实践中,都存在对监察建议的不同理解。以下结合相关观点和有关法律规定,对监察建议的内涵进行分析。

---

[1] 赵乐际:《坚持和完善党和国家监督体系 为全面建成小康社会提供坚强保障——在中国共产党第十九届中央纪律检查委员会第四次全体会议上的工作报告》(2020年1月13日),http://dangjian.people.com.cn/n1/2020/0225/c117092-31602758.html,访问日期:2020年8月20日。

[2] 钱小平、陈波:《监察建议从"软权力"到"硬权力"的嬗变》,载《中国纪检监察》2019年第21期。

1. 相关观点

监察建议是《监察法》赋予监察机关的一项重要处置权。由于《监察法》对监察建议的规定比较简略，相关配套制度不完善，学界对究竟何谓监察建议尚未形成一致意见。

有学者认为，监察建议是指监察机关依法根据监督、调查结果，针对监察对象所在单位廉政建设和履行职责存在的问题等，向相关单位和人员就其职责范围内的事项提出的具有一定法律效力的建议。❶ 有学者则认为，监察建议是监察机关根据监督、调查结果，在监察职权范围内向有关单位提出的一种无正当理由必须履行其内容，否则即须承担相应法律责任的建议性的职权措施。❷ 还有学者主张，监察建议是指监察机关根据监督和调查结果，依处置职能向有权作出问责决定的机关提出的问责建议和向监察对象所在单位提出的问题建议。❸ 另有学者主张，监察建议是监察机关在监督、调查案件过程中，发现监察对象所在单位廉政建设和履行职责存在的问题作出的处置。❹

比较上述观点可以发现，学者们均认同监察建议的提出主体是监察机关，监察建议具有法律效力，监察建议所针对的是廉政建设和履行职责方面存在的问题。但是，上述观点在监察建议的适用对象是否包括个人、监察建议是否涵盖问责建议等方面存在不同认识。

2. 本书主张

对监察建议的界定必须以现行法律规定为基础。为准确界定监察建议，有必要全面梳理《监察法》《政务处分法》等❺有关"建议"的规定：其一，《监察法》第 11 条规定，监察委员会依法履行向监察对象所在单位提出监察建议的职责。其二，《监察法》第 13 条规定，派驻或者派出的监察机构、监察专员根据授权，按照管理权限依法对公职人员进行监督，提出监察建议。其三，《监察法》第 31 条规定，涉嫌职务犯罪的被调查人主动认罪认罚的，监察机关可以在移送人民检察院时提出从宽处罚的建议。其四，《监察法》第

---

❶ 马怀德主编：《监察法学》，人民出版社 2019 年版，第 185 页。

❷ 秦前红、石泽华：《基于监察机关法定职权的监察建议：功能、定位及其法治化》，载《行政法学研究》2019 年第 2 期。

❸ 谭家超：《〈监察法〉实施过程中监察建议的制度建构》，载《法学》2019 年第 7 期。

❹ 吴建雄主编：《读懂〈监察法〉》，人民出版社 2018 年版，第 229 页。

❺ 《公职人员政务处分暂行规定》（国监发〔2018〕2 号）第 9 条第 2 款规定："对前款人员，监察机关可以依法向有关机关、单位提出下列监察建议：（一）取消当选资格或者担任相应职务资格；（二）调离岗位、降职、免职、罢免。"第 11 条规定："对基层群众性自治组织中从事管理的人员给予责令辞职等处理，由县级监察机关向其所在的基层群众性自治组织及上级管理单位（机构）提出建议。"随着《公职人员政务处分法》的颁布实施，该暂行规定已被废止。

38条规定，需要采取初步核实方式处置问题线索的，监察机关应当成立核查组。初步核实工作结束后，核查组应当撰写初步核实情况报告，提出处理建议。其五，《监察法》第45条第1款第3项规定，对不履行或者不正确履行职责负有责任的领导人员，监察机关按照管理权限对其直接作出问责决定，或者向有权作出问责决定的机关提出问责建议。其六，《监察法》第45条第1款第5项规定，监察机关可以依法对监察对象所在单位廉政建设和履行职责存在的问题等提出监察建议。其七，《监察法》第62条规定，有关单位无正当理由拒不采纳监察建议的，由其主管部门、上级机关责令改正，对单位给予通报批评；对负有责任的领导人员和直接责任人员依法给予处理。其八，《政务处分法》第3条第3款规定，监察机关发现公职人员任免机关、单位应当给予处分而未给予，或者给予的处分违法、不当的，应当及时提出监察建议。其九，《政务处分法》第23条规定，《监察法》第15条第6项规定的人员有违法行为的，监察机关可以予以警告、记过、记大过。情节严重的，由所在单位直接给予或者监察机关建议有关机关、单位给予降低薪酬待遇、调离岗位、解除人事关系或者劳动关系等处理。其十，《政务处分法》第25条第2款规定，公职人员因违法行为获得的职务、职级、衔级、级别、岗位和职员等级、职称、待遇、资格、学历、学位、荣誉、奖励等其他利益，监察机关应当建议有关机关、单位、组织按规定予以纠正。其十一，《公职人员政务处分法》第61条规定，有关机关、单位无正当理由拒不采纳监察建议的，由其上级机关、主管部门责令改正，对该机关、单位给予通报批评，对负有责任的领导人员和直接责任人员依法给予处理。其十二，《中国共产党纪律检查机关监督执纪工作规则》第19条规定，纪检监察机关对监督中发现的突出问题，应当向有关党组织或者单位提出纪律检查建议或者监察建议。

上述12个条款中的"建议"都与监察工作有关。但是，"监察建议"具有特定的内涵，是一个专门的法律用语。上述规定中的"建议"有的属于监察建议，有的则并非监察建议。

第一，《监察法》第31条所规定的"从宽处罚的建议"不是监察建议。监察建议是监察机关就廉政建设和履行职责等存在的问题，向相关单位提出的。监察机关将案件移送人民检察院时所提出的从宽处罚建议，并非针对上述问题提出。这种建议反映的是监察机关与检察机关在办理案件时的相互配合、相互制约的关系，而不是监督与被监督的关系。这种建议虽然是由监察机关提出的，但不属于监察建议。

第二，《监察法》第38条所规定的"建议"也不是监察建议。监察建议是监察机关对监察对象所在单位提出的,反映的是两个独立的法律主体之间的关系。简言之,监察建议具有"外部性"。《监察法》第38条所规定的"建议"是监察机关成立的核查组向案件的承办部门提出的,具有明显的"内部性",不属于监察建议。

第三,《监察法》的其他条款、《政务处分法》的相关条款以及《中国共产党纪律检查机关监督执纪工作规则》第19条所规定的监察机关所提出的"建议"均属于监察建议。

综上所述,监察建议是指监察机关根据监督、调查结果,向监察对象所在单位提出的加强廉政制度建设、对有关人员进行处理等具有法律效力的意见。

### (二) 监察建议的特征

监察建议是一种极富特色的监察行为。与监察机关作出的其他行为相比,监察建议具有如下鲜明特征。

第一,监察建议在性质上属于监察处置措施。《监察法》赋予了监察机关监督、调查、处置三项职责。而监察建议是监察机关根据监督、调查结果,对相关单位廉政建设和履行职责存在的问题等提出的建议,属于监察处置措施的范畴。这种措施是监察机关对案件最终的、实体性处理,不同于检查、调查、留置等中间性、程序性行为。

第二,监察建议是以单位为对象的处置措施。批评教育、诫勉、政务处分等监察处置措施所针对的对象是个人,即公职人员本人;监察建议所针对的对象则是公职人员所在单位。

第三,监察建议是"需配合"的处置措施。批评教育、诫勉、政务处分等监察处置措施,一经作出即能实现其目标;监察建议的实施则需要相关单位的配合,即只有相关单位采纳了监察建议,建立健全了相关制度,或者对公职人员等进行了处理,其目标才能实现。

第四,监察建议是"刚柔并济"型处置措施。一方面,监察建议在形式上具有柔性,是监察机关向相关单位提出的建议,而非发出的命令;另一方面,监察建议在实质上具有刚性,相关单位无正当理由拒不采纳监察建议的,由其主管部门、上级机关责令改正,对单位给予通报批评;对负有责任的领导人员和直接责任人员依法给予处理。

### (三) 监察建议与相关概念的区别

为进一步明晰监察建议的内涵,有必要将之与监察决定、监察工作建议、纪律检查建议以及行政监察建议等相关概念加以区别。

1. 监察建议与监察决定

监察决定是监察机关在案件调查、审查过程中以及调查审查结束后，对监察对象作出的处理决定。如，采取留置措施的决定、查封扣押财物的决定、政务处分决定等。监察决定与监察建议的主体都是监察机关，二者均属于监察机关履行监察职责的重要手段。但是，二者存在以下明显区别。

第一，对象不同。监察建议所针对的是公职人员所在单位，而监察决定所针对的则是公职人员本人。

第二，效力不同。根据《监察法》第62条的规定，对于监察机关所作出的处理决定，有关单位必须执行；对于监察机关所提出的监察建议，有关单位存在"正当理由"的，可以不予采纳。可见，相对于监察决定，监察建议的效力相对柔和。

第三，内容不同。监察建议可以围绕"人"和"事"提出，既可以建议相关单位对公职人员进行处理，也可以建议相关单位加强廉政制度建设；监察决定则只能围绕"人"，即针对公职人员作出。

实践中，有的监察机关混淆了监察建议与监察决定。如，青岛市市南区纪委监察委针对市南区法院副庭长李某某的严重违纪违法行为，"决定给予李某某开除党籍处分，责成有关部门按规定程序免去其副庭长、审判员职务，并给予其开除公职处分"。这里的"责成"实际上是命令，按相关组织法，监察机关无权直接命令有关部门罢免工作人员，只能以建议的方式表达意见。[1]

2. 监察建议与监察工作建议

监察工作建议是监察机关对相关单位提出的履行职责、加强管理等方面的意见。通俗而言，监察建议也属于监察工作建议。但是，在《监察法》的制度背景下，应当对监察建议和监察工作建议加以区分。

监察建议与监察工作建议的主要区别在于法律效力之不同。监察建议具有惩治性后果[2]，监察对象所在单位无正当理由拒不采纳监察建议的，要追究该单位及其负有责任的领导人员、直接责任人员的责任。然而，一般意义上的监察工作建议仅具有参考价值，有关单位可以采纳，也可以不采纳。不采纳监察工作建议的，不会被追责问责。对于监察建议，《监察法》以及《政务处分法》作出了明确规定；对于监察工作建议，《监察法》以及《政务处分法》没有明确规定。依据职权法定原则，监察机关应当慎用监察工作建议。

---

[1] 谭家超：《〈监察法〉实施过程中监察建议的制度建构》，载《法学》2019年第7期。
[2] 马怀德主编：《监察法学》，人民出版社2019年版，第177页。

### 3. 监察建议与纪律检查建议

纪律检查建议是指党的纪律检查机关根据监督检查发现的问题，就所涉及的人员或组织，依据党章党规党纪向有关党组织提出的处理建议。由于我国的纪律检查机关与监察机关合署办公，实践中，这两种建议可能单独使用，也可能被合并使用。这两种建议存在如下区别：

第一，提出主体和适用对象不同。纪律检查建议是党的纪律检查机关向有关党组织提出的处理建议，更多针对的是违纪党员；❶ 监察建议则是由监察机关向被监察对象所在单位提出的，更多是要求单位本身进行整改或者完善有关制度。

第二，依据不同。提出纪律检查建议的依据是党章党规党纪，主要包括《中国共产党纪律检查机关监督执纪工作规则》《中国共产党纪律检查机关案件检查工作条例》《中国共产党纪律检查机关案件检查工作条例实施细则》等；提出监察建议的依据主要是法律，包括《监察法》《政务处分法》等。

第三，适用情形不同。《中国共产党纪律检查机关监督执纪工作规则》第19条规定："纪检监察机关对监督中发现的突出问题，应当向有关党组织或者单位提出纪律检查建议或者监察建议。"可见，纪律检查建议和监察建议都适用于"监督中发现的突出问题"。但是，由于纪律检查机关和监察机关的职能定位、监督对象、监督重点、追责处理的方式不同，"监督中发现的突出问题"也会存在差异。在实践中，纪检监察机关应综合考虑监督对象的身份、失职失责情形、问题性质、追责效果等方面的情况，决定提出纪律检查建议还是监察建议。❷

### 4. 监察建议与行政监察建议

《行政监察法》《行政监察法实施条例》对行政监察建议制度作了较为系统的规定。《监察法》实施后，《行政监察法》《行政监察法实施条例》被废止，行政监察建议制度已经失去了法律基础。但是，行政监察建议制度在我国实施时间较长，加之《监察法》有关监察建议的规定比较粗略，实践中，不少监察机关习惯于比照行政监察建议提出监察建议。实际上，二者存在明显区别。

第一，提出主体不同。监察建议的提出主体不仅包括各级监察委员会，还包括经授权的派驻或者派出的监察机构等；行政监察建议则只能以行政监

---

❶ 郭珉：《做实做细监督首责 促进监督提质增效》，载《中国纪检监察》2020年第3期。
❷ 陈建南：《用好纪律检查建议和监察建议的思考》，载《中国纪检监察报》2020年6月17日，第8版。

察机关的名义提出。

第二，性质不同。监察建议是监察机关对其他单位进行监督的一种重要方式，这种监督属于外部监督；行政监察建议则是行政监察机关对其他行政机关进行监督的重要手段，这种监督属于行政系统的内部监督。

第三，监督的广度和强度不同。监察建议属于外部监督，外部监督需要遵守权力相互制约的原则，其监督的广度和强度必须有所限制，以免过度干预其他公权力的行使；行政监察建议则属于行政系统的内部监督，其监督范围更广、强度更大。

第四，救济机制不同。根据《行政监察法》《行政监察法实施条例》的有关规定，对于行政监察机关提出的建议，相关单位和人员有权提出异议。然而，《监察法》以及《政务处分法》均未明确赋予相关单位和人员对监察建议提出异议的权利。❶

（四）监察建议的类型与功能

对监察建议进行类型化分析是深入理解监察建议内涵，把握监察建议规律，准确适用监察建议的必由之路。不同类型的监察建议，具有不同的目标、遵循不同的程序和要求，发挥着不同的功能与作用。

监察建议究竟有哪些类型？理论上存在不同认识。有学者认为，监察建议分为问责型监察建议和问题型监察建议。前者是监察机关针对公职单位履职问题提出的制裁建议，后者是针对公职单位直接实施的整改意见。❷另有学者认为，监察建议可以划分为督促型监察建议、纠错型监察建议、整改型监察建议。督促型监察建议是对监察决定无法触及的内容予以补充；纠错型监察建议是对内部处置明显失当的内容予以纠正；整改型监察建议是对个案暴露的廉政制度缺陷予以优化。❸还有学者认为，监察建议可以分为内部惩戒建议、纠正建议及整改建议。内部惩戒建议是由监察对象的所在单位对其作出内部惩戒措施；纠正建议是对单位履行内部监察职责有关问题要求其纠正错误；整改建议是对单位内部廉政建设有关问题要求其整改优化。❹

我们认为，按照不同的标准，可以对监察建议进行不同的分类。但是，

---

❶ 高伟：《监察建议运用研究》，载《中国纪检监察报》2018年5月23日，第8版。
❷ 谭家超：《〈监察法〉实施过程中监察建议的制度建构》，载《法学》2019年第7期。
❸ 秦前红、石泽华：《基于监察机关法定职权的监察建议：功能、定位及其法治化》，载《行政法学研究》2019年第2期。
❹ 秦前红主编：《监察法学教程》，法律出版社2019年版，第364~366页。

最具实践意义的分类应当是根据监察建议的指向及其所发挥的功能不同,将之区分为个人处理型建议与单位整改型建议。

1. 个人处理型建议

这种类型的监察建议是监察机关要求相关单位对违法的公职人员进行处理。显然,这种建议不仅涉及相关单位,而且涉及相关公职人员。此类建议"对人不对事",其功能在于对公职人员进行责任追究和惩戒处置。

根据这种建议所涉及的公职人员之不同,又可以具体区分为两类:第一,对违纪违法公职人员的惩戒建议。其规范依据主要包括:《政务处分法》第3条第3款"监察机关发现公职人员任免机关、单位应当给予处分而未给予,或者给予的处分违法、不当的,应当及时提出监察建议"。《政务处分法》第23条"监察机关建议有关机关、单位给予降低薪酬待遇、调离岗位、解除人事关系或者劳动关系等处理"。《政务处分法》第25条"公职人员因违法行为获得的职务、职级、衔级、级别、岗位和职员等级、职称、待遇、资格、学历、学位、荣誉、奖励等其他利益,监察机关应当建议有关机关、单位、组织按规定予以纠正"。第二,对负有责任的领导人员的问责建议。其规范依据是《监察法》第45条第1款第3项规定,即监察机关对不履行或者不正确履行职责负有责任的领导人员,向有权作出问责决定的机关提出问责建议。上述两种监察建议的主要区别在于:一是指向不同。前者指向的是公职人员,后者指向的"对公职人员不履行或者不正确履行职责负有管理责任的领导人员";二是起因不同。前者是因为公职人员违纪违法,后者的起因则是领导人员对公职人员的违纪违法负有领导责任。

2. 单位整改型建议

这种类型的建议直接针对相关单位作出,并不涉及公职人员个人。换言之,此类建议"对事不对人",其规范依据主要是《监察法》第45条第1款第5项所规定的"监察机关可以依法对监察对象所在单位廉政建设和履行职责存在的问题等提出监察建议"。

根据上述规定,监察机关通过监督、检查,发现相关单位存在廉政风险、短板或者漏洞的,有权建议其进行整改,完善相关制度、机制,以防范廉政风险、补齐短板、堵塞漏洞。可见,单位整改型建议的功能在于"标本兼治、综合治理",构建"不敢腐、不能腐、不想腐"的长效机制。

(五)监察建议的现状

监察建议作为监察机关行使处置权的重要形式,对督促相关单位完善制度机制,深入开展廉政建设和反腐败工作发挥了重要而积极的作用。实践中,各级监察机关广泛采用监察建议,取得了积极成效。如,2019年以来,新疆维吾尔自治区各级监察机关针对扶贫、低保、林草、统计等领域存在的突出问题向有关部门、单位制发监察建议书1156份,起到了监督保障执行、促进完善发展的良好效果。❶ 2018年1~11月,重庆市监察机关根据监督、调查结果,提出监察建议227份,深化了标本兼治、综合治理。❷ 但是,我国的监察建议制度体系目前处于初步形成阶段,还存在多方面的问题。

第一,监察建议的适用范围不明确。《监察法》有关监察建议适用范围的规定很笼统,实践中,既存在不当缩小监察建议适用范围的问题,同时也存在过度扩张监察建议适用范围的问题。

第二,监察建议的主体与对象不清晰。谁有权提出监察建议?可以对谁提出监察建议?监察建议是否涉及第三人?对这些问题,《监察法》的规定不明晰,导致实践中出现了监察建议的提出主体不合法、针对对象不适当以及对第三方的权益保障不充分等问题。

第三,监察建议的制发程序不健全。《监察法》缺乏有关制发监察建议的步骤、顺序等程序的明确规定,导致实践中出现了监察建议的提出比较随意、前后环节衔接不畅等问题。

第四,监察建议的内容与形式不规范。《监察法》对监察建议的形式和内容也没有作出明确规定。实践中,有的监察建议以口头形式提出,有的监察建议内容过于笼统,缺乏针对性和可操作性,严重影响了监察建议的权威性、实效性。

第五,监察建议的监督与救济机制不完善。《监察法》没有设立监察建议的监督与救济机制。这两种机制的缺失可能导致监察机关滥用监察建议,侵犯相关单位及其公职人员合法权益的问题。

以下拟对上述问题逐一进行探讨并提出对策,以构建我国系统、完善的监察建议法律制度体系。

## 二、合理框定监察建议的适用范围

监察建议究竟可以适用于什么情形?这是监察建议研究的核心问题之一。监察建议的适用范围实际是监察机关提出建议的职权范围。在此范围之内,

---

❶ 李娜娜:《用好纪检监察建议有力武器》,载《中国纪检监察报》2020年2月23日,第3版。
❷ 乔子轩:《从三份监察建议书看怎样推进标本兼治——重庆各级监察机关贯彻落实监察法有关要求掠影》,载《中国纪检监察报》2019年1月2日,第5版。

监察机关不仅有权，而且有责任和义务提出监察建议；在此范围之外，监察机关可以依法作出其他行为，但不得提出监察建议，否则，构成越权之违法。上文已述，监察建议可以分为个人处理型建议和单位整改型建议，个人处理型建议又可以分为公职人员惩戒类建议与领导人员问责类建议。以下围绕这三种监察建议，对其各自的适用情形进行分析。

（一）适当拓宽惩戒型建议的适用范围

《政务处分法》第3条第3款、第23条以及第25条对此类建议的适用情形作出了相对较为明确的规定，上文已述及。这里需要讨论的问题是，《监察法》并未规定此类监察建议。《监察法》是全国人大制定的，《政务处分法》是全国人大常委会制定的，而且《政务处分法》第1条规定："根据《中华人民共和国监察法》，制定本法。"那么，《政务处分法》有关此类监察建议的规定是否违反了《监察法》？

我们认为，上述规定并不违反《监察法》。理由如下：第一，《监察法》第45条第1款第5项概括授予了监察机关提出监察建议的权力；第二，授予监察机关对公职人员进行惩戒的建议权是合理的。惩戒决定既可以由监察机关作出，也可以由公职人员所在单位作出。有的情况下，监察机关无权直接对公职人员进行惩戒或者由公职人员所在单位进行惩戒更合适的，监察机关可以提出惩戒建议。如果不允许监察机关提出惩戒建议，将严重限制监察职能的发挥，不利于监察机关根据具体情况作出适宜的处理；第三，《监察法》授权监察机关对相关领导人员提出问责建议，相应地，也应当允许监察机关对公职人员提出惩戒建议。除所针对的具体对象有差异外，这两者并无本质区别。当然，为了明确起见，有必要对《监察法》进行修改，增加监察机关提出惩戒建议的职权。

另外，需要注意的是，《政务处分法》第23条第1款规定："《中华人民共和国监察法》第15条第6项规定的人员有违法行为的，监察机关可以予以警告、记过、记大过。情节严重的，由所在单位直接给予或者监察机关建议有关机关、单位给予降低薪酬待遇、调离岗位、解除人事关系或者劳动关系等处理。"《监察法》第15条规定："监察机关对下列公职人员和有关人员进行监察：（一）中国共产党机关、人民代表大会及其常务委员会机关、人民政府、监察委员会、人民法院、人民检察院、中国人民政治协商会议各级委员会机关、民主党派机关和工商业联合会机关的公务员，以及参照《中华人民共和国公务员法》管理的人员；（二）法律、法规授权或者受国家机关依法委托管理公共事务的组织中从事公务的人员；（三）国有企业管理人员；（四）公办的教育、科研、文化、医疗卫生、体育等单位中从事管理的人员；（五）基层群众性自治组织中从事管理的人员；（六）其他依法履行公职的人员。"我们认为，《政务处分法》第 23 条将监察建议的适用范围限定于《监察法》第 15 条第 6 项是值得商榷的。第 15 条第 6 项所称的"其他依法履行公职的人员"可以适用监察建议，第 15 条前五项所规定的人员实际上也可以适用监察建议。否则，将不合理限制监察建议的适用范围。

（二）明确问责型建议的适用范围

依据《监察法》第 45 条第 1 款第 3 项的规定，问责型监察建议适用于对不履行或者不正确履行职责负有责任的领导人员。但是，何谓"负有责任"？《监察法》并未作出明确规定，《政务处分法》也没有相关规定。

我们认为，有下列情形之一的，监察机关可以认定相关领导人员"负有责任"：第一，对本单位公职人员的严重职务违法以及犯罪问题该发现而没有发现；第二，发现本单位公职人员存在职务违法犯罪问题，没有及时报告和进行处理；第三，推进廉政建设和反腐败工作不坚决，本单位腐败问题多发、突出；❶ 第四，本单位出现重大职务违法犯罪案件，造成重大损失；第五，对贪腐问题处置失当，致使时态恶化，造成恶劣社会影响的。❷

（三）科学划定整改型建议的适用范围

根据《监察法》第 45 条第 1 款第 5 项之规定，单位整改型建议适用于"对监察对象所在单位廉政建设和履行职责存在的问题等"。然而，"廉政建设问题""履行职责问题"都是高度不确定法律概念。如何把握这些概念，从而科学划定此类建议的适用范围，是一个需要重点加以研究的问题。综合分析相关理论观点和实践中的做法，可以发现，对于单位整改型建议的适用同时存在两种倾向：一是不当缩小适用范围；二是过度扩张适用范围。要科学划定整改型建议的适用范围，必须避免这两种倾向。

---

❶ 中共中央纪律检查委员会、中华人民共和国国家监察委员会法规室编写：《〈中华人民共和国监察法〉释义》，中国方正出版社 2018 年版，第 206 页。
❷ 马怀德主编：《中华人民共和国监察法理解与适用》，中国法制出版社 2018 年版，第 175 页。

1. 避免不当缩小适用范围的倾向

有学者认为,"监察建议作为处置权范畴之监察措施,仍应以直接功能为主、以间接功能为辅,即主要针对个案,重在督促被监察单位对某个具体监察对象作出政纪处分决定或者纠正其错误,至于整改型监察建议则宜少用"❶。对此,我们认为,上述观点把握住了监察建议的处置性特征,有助于防范监察机关滥用监察建议权。但是,就目前而言,整改型监察建议不是用多了,而是用少了。原因在于:其一,整改型建议实际是制度建设类建议。公职人员之所以出现贪腐,很重要的原因就是其所在单位的制度不健全,存在漏洞。开展廉政建设和反腐败的关键是建立健全相关制度,做好每一个单位的"顶层设计",从根本上反腐败。监察机关通过提出监察建议,督促相关单位健全制度,这项工作不能被削弱,而应当加强;其二,依据《监察法》第45条的规定,监察机关可以根据"监督、调查"结果,依法提出监察建议。这里的"监督、调查"不仅包括对某一公职人员的监督、调查,还包括对某一类型的公职人员的普遍性监督、调查;其三,监察建议是一种"处置"措施。但是,不宜将"处置"限定于对个案的处理,还应当包括制度建设方面的意见。另外,监察机关具有丰富的反腐经验和知识,有能力为相关单位的制度建设提出合理化建议。

2. 避免过度扩张适用范围的倾向

有一种被广泛认可的观点认为,在遇到下列情形时,监察机关可以提出监察建议:拒不执行法律、法规或者违反法律、法规,应当予以纠正的;有关单位作出的决定、命令、指示违反法律、法规或者国家政策,应当予以纠正或者撤销的;给国家利益、集体利益和公民合法权益造成损害,需要采取补救措施的;录用、任免、奖惩决定明显不适当,应当予以纠正的;依照有关法律、法规的规定,应当给予处罚的;需要完善廉政建设制度的。❷

上述观点对监察建议的适用情形进行了具体化,具有较强的可操作性。但是,我们认为,这种观点不当扩张了监察的适用范围,过度延伸了监察机关的"手臂",值得商榷。主要理由有:其一,忽视了监察建议与行政监察建

---

❶ 秦前红、石泽华:《基于监察机关法定职权的监察建议:功能、定位及其法治化》,载《行政法学研究》2019年第2期。

❷ 中共中央纪律检查委员会、中华人民共和国国家监察委员会法规室编写:《〈中华人民共和国监察法〉释义》,中国方正出版社2018年版,第208页;罗淦、宋甜甜、李琳:《监察机关是如何提出监察建议的》,载《中国纪检监察》2018年第12期。

议的本质区别。上述观点主要是参考了《行政监察法》第 23 条。❶ 然而，《监察法》所规定的监察建议与《行政监察法》所规定的行政监察建议存在本质区别，不宜将《行政监察法》中有关行政监察建议的规定直接适用于监察建议。如上文已述，行政监察本质上是行政系统内部的监督，其监督范围可以较为广泛和深入，而监察监督本质上是一种外部监督，监督范围和力度需要有所限制。相应地，监察建议的适用范围也应当受到限制；其二，极易造成监察监督与其他形式监督之间的交叉、重叠。上述观点所提出的各种情形，大多可以通过其他方式予以监督。如果上述情形发生在行政机关，至少有以下监督方式可以发挥作用：行政机关的内部监督、行政诉讼监督以及检察机关的法律监督等。❷ 如果上述情形发生在法院，二审程序、审判监督程序可以发挥监督作用，检察机关可以通过提出抗诉进行监督。可见，将监察建议与行政监察建议的适用范围相等同，必然导致监察建议这种监督方式与行政监督、检察监督、司法监督等监督方式交叉、重叠，造成各国家机关之间的职责不清、权责不明。

我们认为，要有效解决上述两种倾向，就必须由行政视角转变为监察视角，从监察法的宗旨、目标出发，科学划定监察建议的适用范围。监察法的根本宗旨与核心目标是反腐败，相应地，监察建议也必须围绕反腐败这一目标而展开。据此，相关单位存在下列问题的，监察机关有权提出整改型建议：其一，未根据本单位特点建立专门的反腐倡廉制度的；其二，本单位的反腐倡廉制度存在重大漏洞的；其三，本单位的反腐倡廉制度在实施方面存在明显问题的；第四，未根据本单位所出现的突出问题及时修改完善反腐倡廉制度的。

另外，需要注意的是，监察建议具有一定的强制性，属于相对正式的监

---

❶ 《行政监察法》第 23 条："监察机关根据检查、调查结果，遇有下列情形之一的，可以提出监察建议：（一）拒不执行法律、法规或者违反法律、法规以及人民政府的决定、命令，应予以纠正的；（二）本级人民政府所属部门和下级人民政府作出的决定、命令、指示违反法律、法规或者国家政策，应当予以纠正或者撤销的；（三）给国家利益、集体利益和公民合法权益造成损害，需要采取补救措施的；（四）录用、任免、奖惩决定明显不适当，应当予以纠正的；（五）依照有关法律、法规的规定，应当给予行政处罚的；（六）需要给予责令公开道歉、停职检查、引咎辞职、责令辞职、免职等问责处理的；（七）需要完善廉政、勤政制度的；（八）其他需要提出监察建议的。"

❷ 例如，江西省萍乡市湘东区纪委监委向湘东镇人民政府下发监察建议书，要求加大打击非法开采力度，遏制非法开采行为的发生。参见杨海龙：《各地纪委监委用好纪检监察建议 精准把脉督整改》，《中国纪检监察报》2020 年 6 月 26 日。实际上，不仅上级政府可以责令湘东镇人民政府采取措施，而且当地人民检察院也可以通过提出检察建议、提起行政公益诉讼等方式督促湘东镇人民政府采取相关措施。

察处置措施，应当适用于相关单位在反腐败制度建设方面存在比较严重问题的情况。对于一般的或相对不严重的问题，监察机关可以根据《监察法》第19条、第45条第1款规定的谈话、要求说明情况、提醒谈话、批评教育、责令检查、诫勉等方式进行处理。❶

### 三、准确把握监察建议的主体与对象

监察建议的主体和对象是指在监察建议法律关系中享有权力（权利），同时承担责任（义务）的机关、单位或者个人。其中，监察建议的主体是监察机关，监察建议的对象包括监察建议的相对方和第三方。

#### （一）监察建议的主体

监察建议主体是监察建议法律关系中的主导者。根据《监察法》规定，监察主体包括有管理权限的监察机关、经授权的派驻或者派出的监察机构。

第一，监察建议的提出主体必须是监察机关（机构）。其他任何组织或者个人均无权提出监察建议。党的纪律检查机关可以提出纪律建议，但不得提出监察建议。监察机关的内部组织，如案件的具体承办机构，不得以自己的名义对外发出监察建议。另外，监察专员也不得以个人名义提出监察建议。

第二，监察建议的提出主体必须具有相应的事务管辖权。"谁管辖，谁提出"是提出监察建议应当遵循的基本原则。监察机关只能对自己管辖范围内的事项向有关单位提出监察建议。派驻或者派出的监察机构只能根据授权，按照管理权限提出监察建议。

第三，监察建议的提出主体必须具有相应的级别管辖权。在级别管辖方面，一般应遵循"同级提出"的基本原则，即提出建议的监察机关与相关单位在行政级别上应保持一致。这里需要讨论的是与级别管辖相关的指定管辖问题。关于指定管辖，《监察法》第17条第1款规定："上级监察机关可以将其所管辖的监察事项指定下级监察机关管辖，也可以将下级监察机关有管辖权的监察事项指定给其他监察机关管辖。"针对此条款，出现了两种不同的观点。第一种观点认为，对于指定管辖的案件，具体承办的监察机关不能向案发单位提出监察建议，而应该由本来具有管辖权的监察机关提出监察建议。❷第二种观点认为，应区别对待。对于上级监察机关将其所管辖的监察事项指定下级管辖的，监察建议的提出权限不应随着监察案件管辖权的转移而转移，

---

❶ 谭家超：《监察建议职权的内在机理与外在标准》，载《天津行政学院学报》2020年第2期。
❷ 高伟：《监察建议运用研究》，载《中国纪检监察报》2018年5月23日，第8版。

而应继续由上级监察机关行使;对于其他指定管辖的情况,可以由具体承办的监察机关提出建议。❶

我们认为,上述两种观点都值得商榷。《监察法》第17条第1款所规定的指定管辖,类似于行政诉讼中管辖权的移转。❷ 无论是上级监察机关将其所管辖的监察事项指定下级监察机关管辖,还是将下级监察机关有管辖权的监察事项指定给其他监察机关管辖,都意味着监察权限在级别上已经进行了调整。原来具有管辖权的监察机关,包括上级机关已不再具有管辖权。被指定管辖的监察机关具有对案件的完全管辖权,包括提出监察建议的权力。将监察调查权、决定权与监察建议权归属于不同的监察机关,不利于案件的统一处理,会造成职权的重叠、交叉、衔接不畅,降低案件的处理效率。监察建议须根据调查的结果提出,被指定管辖的监察机关经过对案件的调查,已经充分掌握了案件的具体情况。因此,由被指定的监察机关一体行使监察调查权和监察建议权是可行的。

(二) 监察建议的对象

1. 监察建议的相对方

监察建议的相对方是指与提出建议的监察机关相对应的另外一方。《监察法》第11条规定,监察委员会履行依法向监察对象所在单位提出监察建议的职责。《监察法》第45条第1款第5项规定,监察机关对监察对象所在单位廉政建设和履行职责存在的问题等提出监察建议。应当注意的是:

第一,监察建议只能针对公职人员所在单位提出,而不能对公职人员个人提出。单位整改型建议所针对的是单位本身廉政制度建设方面存在的问题,当然只能向单位提出,而不能向包括该单位的领导人员在内的个人提出。个人处理型建议虽然涉及公职人员或者领导人员,但是,这种建议也只能向其所在单位提出。否则,构成适用对象之错误。

第二,监察建议所针对的单位必须具有独立的主体资格。也就是说,相关单位必须是能够以自己的名义作出法律行为,并能独立承担相应法律后果的组织。如,某县人民政府办公室、某区人民法院的民事审判庭等都不具有

---

❶ 谭家超:《〈监察法〉实施过程中监察建议的制度建构》,载《法学》2019年第7期。

❷ 《行政诉讼法》第24条:"上级人民法院有权审理下级人民法院管辖的第一审行政案件。下级人民法院对其管辖的第一审行政案件,认为需要由上级人民法院审理或者指定管辖的,可以报请上级人民法院决定。"第23条:"有管辖权的人民法院由于特殊原因不能行使管辖权的,由上级人民法院指定管辖。人民法院对管辖权发生争议,由争议双方协商解决。协商不成的,报它们的共同上级人民法院指定管辖。"这里的指定管辖实际上相当于《监察法》第16条第3款所规定的"确定管辖"。

独立的主体资格，不能成为监察建议所针对的对象。监察建议必须向具有主体资格的某县人民政府、某区人民法院提出。

另外，需要注意的是，监察建议只能在监督、调查结束后提出，而不能在监督、调查尚未进行或正在进行时提出。在监督、调查过程中，监察机关对公职人员进行提醒、谈话等也包含建议的因素。但是，提醒、谈话等属于监督、调查措施，而非监察建议。监察建议是一种处置措施，监察机关只能根据监督、调查的结果，在案件处理的最后阶段向相关单位提出。

2. 监察建议的第三方

法律关系的第三方是指权利义务受到法律行为间接影响的公民、法人或者其他组织。在个人处理型监察建议中，会出现第三方。对于个人处理型监察建议，相关单位无正当理由，必须采纳，即按照监察建议的要求，对公职人员或者领导人员进行处理。可见，个人处理型监察建议直接针对的是单位，但间接影响了相关人员的权利义务。因此，相关人员构成监察建议法律关系的第三方。

第三方的权利也应当受到法律的保护。监察机关在向相关单位提出个人处理型监察建议之前，不仅应当听取相关单位的意见，还应当注意听取公职人员或者领导人员的意见。公职人员或者领导人员有权向监察机关提供证据，进行陈述和申辩。

### 四、严格规范监察建议的制发程序

监察建议的制发程序是指监察机关制定和发出监察建议的顺序、步骤、时限等。严格的制发程序是监察建议合法性、适当性以及高效率的重要保障。

《监察法》对监察建议的制发程序没有作出明确规定。实践中，有的监察机关在制发建议时比较随意，往往根据主要领导意见，没有经过必要的集体研究程序而直接发出建议，导致监察建议质量不高、效果不佳。[1] 有的监察机关出台了相关规定，对监察建议的制发程序加以规范。如，重庆市明确规定监察建议必须经过严格的审批程序，由承办部门起草文稿，报协管领导、分管领导、主要负责人审签后，印发相关单位并抄送相关单位主管部门。[2] 云南省出台的《规范运用纪检监察建议工作办法（试行）》规定，各级纪检监察

---

[1] 江苏省宿迁市纪委监委课题组：《关于运用监察建议推动标本兼治的调研》，载《中国纪检监察报》2019年11月21日，第8版。

[2] 毛翔：《监察建议书的"正确打开方式"》，载《中国纪检监察报》2018年10月14日，第1版。

机关监督检查、审查调查等部门及派驻机构监督执纪执法中发现需要提出纪检监察建议的，应当进行集体研究，形成具体意见后，按照相关规定程序报批和制发。❶ 但是，这些文件所规定的是一种监察机关内部的审批签发程序，具有较为浓厚的行政色彩，其规范性、参与性、公开性明显不足。我们认为，应当进一步细化监察建议的制发程序，同时将参与、公开等程序法治的基本要求贯穿于监察建议的制发程序之中。

（一）动议及初审

动议是制发监察建议的首要环节。应当遵循"谁办理，谁动议"的原则，由具体承办部门提出制发监察建议的动议。监督、审查结束后，监督检查、审查调查等部门或派驻纪检监察组等具体承办部门认为相关单位存在廉政制度建设等方面的问题，有必要提出监察建议的，应当在初核报告、审查调查报告或专项检查、监督的工作报告中提出制发监察建议的动议，并附监察建议文稿。主管领导和监察机关主要负责人认为动议合法合理的，初步核准监察建议。

（二）听取意见

听取受到不利影响的组织或者个人的意见，是程序正义的基本要求。❷ 监察建议不是一般意义上的建议，而是对相关单位和个人具有负面法律效果的处置措施。因此，监察建议经过主要负责人初步核准后，监察机关应当通过听证会、座谈会等方式，听取相关单位和个人的意见。❸ 听取意见是保证监察建议的合法性、适当性的重要程序环节。在这个环节，需要注意以下几个问题：

第一，不能以异议程序代替听取意见程序。提出异议是监察建议正式送达相关单位之后的程序，而听取意见则是监察建议正式发出之前的程序。二者具有不同的功能与作用，不能相互替代。

第二，听取相关单位的意见。监察建议是向公职人员所在单位提出的，对相关单位产生直接影响。因此，监察机关应当注意听取单位的意见。听取

---

❶ 云南省纪委监委：《云南出台办法 确保纪检监察建议权威高效》，http://www.ccdi.gov.cn/yaowen/202006/t20200604_219492.html，访问日期：2020年8月20日。

❷ 周佑勇：《行政法基本原则研究》，武汉大学出版社2005年版，第259页。

❸ 例如，湖北省恩施州纪委监委在向某信用担保公司的行政主管部门、行业管理部门提出监察建议前，专门到被建议单位沟通听取意见。参见鄂恩法：《运用监察建议做好案件调查"后半篇文章"》，《中国纪检监察》2018年第19期。

单位意见的过程,是监察机关与相关单位进行沟通、交流与协调的过程,这不仅有利于提高监察建议的合法性、合理性,而且也有利于相关单位自愿、主动接受或采纳监察建议。

第三,听取相关人员的意见。这里的相关人员是指监察建议法律关系的第三方,即个人处理类建议中的公职人员。在个人处理类建议中,监察建议是向单位提出的,但是,公职人员本人的权利受到监察建议的实质性影响。根据程序正当原则,监察机关应当听取公职人员的陈述或申辩。当然,最终对公职人员进行处理的,是公职人员所在单位,而非监察机关。但是,监察建议不是一般意义上的工作建议,而是具有法律效力的监察处置措施。绝大多数情况下,相关单位会采纳监察建议。即使允许公职人员在本单位对其进行处理时提出意见,被追责问责的结果很可能已无法改变。为了充分保障公职人员的权利,监察机关在正式发出监察建议前,有必要听取公职人员的意见。

第四,被听取意见是相关单位和公职人员的权利。权利是法律所保障的利益或者赋予的资格。监察机关不得因相关单位、公职人员提出不同意见,而加重对相关单位、公职人员的处理。这与《政务处分法》第43条即"不得因被调查人的申辩而加重政务处分"所遵循的基本原理是一致的。

### (三) 法制审核

法制审核是保证监察建议合法性的重要程序环节。目前,我国在行政执法领域已经建立了较为完善的法制审核制度。可以借鉴行政执法决定法制审核制度,❶ 结合监察建议的特点,从以下几方面入手建立监察建议法制审核制度。

第一,明确审核机构。各级监察机关要明确负责本单位监察建议法制审核的工作机构,确保法制审核工作有机构承担、有专人负责。将政治素质高、业务能力强、具有法律专业背景的人员调整充实到法制审核岗位。同时,要注意发挥法律顾问、公职律师在法制审核工作中的作用。

第二,明确审核内容。法制审核机构要严格审核监察建议的主体是否合法,建议程序是否合法;相关事实是否清楚,证据是否合法充分;适用法律、法规、规章是否准确;监察建议是否超越监察机关法定权限;监察建议文书是否完备、规范。法制审核机构完成审核后,要根据不同情形,提出同意或

---

❶ 《国务院办公厅关于全面推行行政执法公示制度执法全过程记录制度重大执法决定法制审核制度的指导意见》(国办发〔2018〕118号)。

者存在问题的书面审核意见。监察建议承办机构要对法制审核机构提出的存在问题的审核意见进行研究，作出相应处理后再次报送进行法制审核。

第三，明确审核责任。监察机关主要负责人是推动落实本机关监察建议法制审核制度的第一责任人，对本机关作出的监察建议负责。监察建议承办机构对送审材料的真实性、准确性、完整性，以及相关事实、证据、法律适用、程序的合法性负责。法制审核机构对监察建议的法制审核意见负责。因承办机构的承办人员、负责法制审核的人员和审批监察建议书的负责人滥用职权、玩忽职守、徇私枉法等，导致监察建议错误的，应当依纪依法追究相关人员的责任。

### （四）集体研究

《监察法》规定，监察机关提出从宽处罚建议的、调查过程中涉及重要事项的以及采取留置措施的，应当由监察机关领导人员集体研究决定。❶但是，对于提出的监察建议是否需要监察机关领导人员集体研究，《监察法》没有作出明确规定。

实践中，一些地方的监察机关将监察建议纳入了领导人员集体研究范围，如，云南省《规范运用纪检监察建议工作办法（试行）》规定，各级纪检监察机关监督检查、审查调查等部门及派驻机构监督执纪执法中发现需要提出纪检监察建议的应当进行集体研究。❷浙江省平湖市《监察建议书制发工作程序规定（试行）》规定，在市监委委务会议涉及相关案件审议时，须将是否需要针对案件发现的问题发出监察建议，列入审议内容。❸

我们认为，监察建议具有法律效力，直接影响相关单位以及公职人员的权利义务，监察机关不宜一概采取由主要负责人签发的形式提出监察建议。在决定提出重要的监察建议前，应当由领导人员集体研究。重要的监察建议包括：对公职人员给予较重处分的建议；对领导人员的问责建议；认定单位存在严重制度漏洞的建议；可能造成重大社会影响或引发社会风险的建议；案件情况疑难复杂、涉及多个法律关系的建议等。

监察机关的领导人员集体研究监察建议时，会议组成人员应当充分发表意见，监察机关首长最后发表意见。监察机关首长拟作出的决定与会议组成

---

❶ 参见《监察法》第31条、第32条、第41条、第42条。
❷ 云南省纪委监委：《云南出台办法 确保纪检监察建议权威高效》，http://www.ccdi.gov.cn/yaowen/202006/t20200604_219492.html，访问日期：2020年8月19日。
❸ 杨茜、李昊：《平湖用好监察建议为基层查漏补缺》，载《嘉兴日报》2019年1月30日，第5版。

人员多数人的意见不一致的，应当在会上说明理由。集体讨论情况应当如实记录，不同意见应当如实载明。❶

（五）送达

送达是监察建议产生法律效力的标志，是制发监察建议的重要程序环节。相关单位以收到监察建议书为采纳监察建议的时间起点以及提出异议的时间起点。《监察法》以及《公职人员政务处分法》均未对监察建议的送达作出规定。我们认为，可以借鉴《民事诉讼法》有关送达的规定，并结合监察实践，确立监察建议的下列送达方式：

第一，直接送达。这是主要的送达方式。直接送达监察建议书时必须有送达回证，由受送达单位在送达回证上记明收到日期，签名或者盖章。受送达单位在送达回证上的签收日期为送达日期。送达监察建议书时，应当由单位的法定代表人、主要负责人或者办公室、收发室、值班室等负责收件的人签收或者盖章，拒绝签收或者盖章的，适用留置送达。

第二，留置送达。受送达单位拒绝接监察建议书的，可以将监察建议书留在受送达单位办公地，并采用拍照、录像等方式记录送达过程，即视为送达。

第三，电子送达。经受送达单位同意，监察机关可以采用传真、电子邮件、移动通信等能够确认其收悉的方式送达监察建议书。这种情况下，以传真、电子邮件等到达受送达人特定系统的日期为送达日期。

第四，委托送达与邮寄送达。直接送达监察建议书有困难的，可以委托其他监察机关代为送达或者邮寄送达。委托其他监察机关代为送达的，委托机关应当出具委托函，并附需要送达的监察建议书和送达回证，以受送达人在送达回证上签收的日期为送达日期。邮寄送达的，以回执上注明的收件日期为送达日期。

（六）抄送

实践中，有的监察机关在将监察建议书送达被建议单位的同时，分别抄送该单位监察机构、派驻监察组和主管单位。❷ 我们认为，这是一项有益的探索，抄送监察建议书，有利于各监督主体同向、同步跟进，多维度、多层面

---

❶ 参考《重大行政决策程序暂行条例》第三章第二节。
❷ 梁有祥、宋潇纶：《用好纪检监察建议有力武器》，载《中国纪检监察报》2020年4月13日，第8版。

促进监察建议的落实。对社会影响大、群众关注度高、违法情形具有典型性的事项,监察机关在向被建议单位送达监察建议的同时,可以抄送其上级主管部门;发现地区、行业管理制度上存在普遍性问题的,在向涉案单位制发监察建议的同时,可以抄送行政主管部门以及行业自律组织等。❶

### (七) 公开

公开是满足公众知情权,提高监察工作透明度,方便公众参与和监督监察工作,确保监察权在阳光下运行的必然要求。《监察法》第 54 条规定:"监察机关应当依法公开监察工作信息,接受民主监督、社会监督、舆论监督。"监察建议属于重要的监察工作信息,依法应予公开。

监察建议的公开包括依据的公开、过程的公开以及结果的公开。首先,监察机关应当公开提出监察建议的法律依据、政策依据,包括本机关制定的有关监察建议的规范性文件;其次,监察机关所组织的听证会、座谈会等,除涉及国家秘密、商业秘密和个人隐私之外,应当公开举行。另外,监察机关制发的监察建议,尤其是单位整改型建议应当通过网站、报刊、展览等方式向社会公开。❷

### 五、明确监察建议的内容与形式要求

监察建议内容是监察建议的"最终产品",监察建议的形式是这一"产品"的外在表现形态,这两者的重要性不言而喻。但是,《监察法》未对监察建议的形式作出要求,也未规定监察建议的具体内容。这种制度供给的不足,导致监察建议普遍存在形式比较随意、内容不规范的问题。为保证监察建议的严肃性、权威性,迫切需要对监察建议的形式和内容进行规范。

### (一) 监察建议的形式要求

第一,采用书面形式。在实际监察工作中,有的监察机关以口头的方式提出监察建议。我们认为,监察建议是监察机关行使处置权的重要方式,为保证监察建议的权威性、规范性、明确性,监察建议应当采用书面形式,不

---

❶ 陈瑜:《关于提高纪检监察建议质量的思考》,载《中国纪检监察报》2020 年 3 月 4 日,第 8 版。

❷ 例如,中央纪委国家监委驻交通运输部纪检监察组向中国交通通信信息中心提出的《监察建议书》在"伟大历程 辉煌成就——庆祝中华人民共和国成立 70 周年大型成就展"展出,起到了良好的宣传效果。参见李灵娜:《新中国成立 70 周年成就展一件展品的背后—— 一份监察建议书促五项制度修订》,载《中国纪检监察报》2019 年 10 月 21 日,第 1 版。

得以口头形式代替。监察机关以口头方式提出的建议,只能视为参考意见,不产生强制性法律效果。

第二,遵循统一格式。监察建议的格式应当符合《党政机关公文格式》以及《党政机关公文处理工作条例》的相关要求。尤其应当注意,监察建议书的标题不得使用"问责情况建议函""监督建议函""监督建议书""处理意见函""整改函""督办函""提示函"等不规范名称,而应当使用"监察建议书"这一规范名称。另外,应当统一监察建议书的文号,并加盖监察机关公章。

第三,使用建议性语言。一方面,监察建议具有法律效力,不同于一般的建议。另一方面,监察建议毕竟是建议,不同于政务处分等监察决定。因此,监察建议书在行文时应当使用建议性语言,而不应当使用"责令""勒令""责成""必须"等命令式语言,否则将混淆监察建议与监察决定。

(二)监察建议的内容要求

第一,合法性。在内容上,监察建议首先要满足合法性要求。监察机关不得超出法定权限提出建议;不得要求相关单位越权对公职人员进行处理;不得违反法定程序提出监察建议;所提出的监察建议不得违法相关法律、行政法规、地方性法规等。

第二,针对性。目前,监察建议普遍存在过于概括、笼统、原则以及针对性不强等问题。为了提高监察建议的针对性,监察机关在制发监察建议时,应当结合监督、调查结果,认真研究涉案单位业务职能特点、廉政风险点以及问题成因,具体问题具体分析,特别问题特殊对策,以帮助相关单位真正解决问题。[1]

第三,可行性。监察建议必须实事求是,不应当向相关单位设定无法达到的目标。设定的目标过高,容易导致相关单位弄虚作假或者"走过场"。要保证监察建议的可行性,监察机关就必须对相关单位所存在问题的严重程度、解决问题所需条件、组织和人员素质等情况进行综合评估,在此基础上科学合理地设定整改目标以及达成目标的期限。

第四,充分性。实践中,监察建议书不同程度地存在理由阐述过于简略,无法对具体建议形成有力支撑,不能得到相关单位真正认同的问题。为解决此问题,监察建议书应当满足以下要求:事实清楚、证据确凿,详细说明证

---

[1] 薛娜、芮城县:《开"纪检监察建议"良方 治共性突出问题病根》,载《支部建设》2019年第27期。

据的来源、收集方式以及证据的合法性、关联性，并附有证据目录；全面、准确列举所适用的法律和政策，并具体到某一条款；事实证据、法律和政策依据与具体建议之间存在内在的、紧密的逻辑关系。

第五，完整性。一份完整的监察建议书应当包括下列内容：①首部。包括标题、编号；被建议单位的名称、地址、法定代表人；②正文。包括监督调查所认定的事实、证据、法律依据；具体建议；③尾部。包括相关单位无正当理由拒绝采纳建议所应承担的法律责任；不采纳建议时提出异议的期限、方式；采纳建议时回复落实情况的期限、方式；监察机关的名称、加盖公章以及发出监察建议书的时间。

**六、构建监察建议救济与落实机制**

《监察法》未对监察建议的救济与落实机制作出规定，这构成监察建议制度的重大漏洞。为维护相关单位和公职人员的合法权益，保证监察建议发挥实效，必须构建系统、完善的救济与落实机制。

**（一）建立监察建议的救济机制**

《监察法》第62条规定，有关单位拒不执行监察机关作出的处理决定，或者无正当理由拒不采纳监察建议的，由其主管部门、上级机关责令改正，对单位给予通报批评；对负有责任的领导人员和直接责任人员依法给予处理。可见，提出监察建议不是"温情提示"，而是一种具有强制性后果的法律行为。任何法律行为均存在违法或者不当的可能，监察建议也不例外。因此，必须建立监察建议的救济机制，以纠正违法或者不当的监察建议，维护相关单位以及第三人的合法权益。

根据《监察法》上述规定，有关单位无正当理由拒不采纳监察建议的，要进行追责问责。从反面解释，如果有关单位具备正当理由的，可以不采纳监察建议。但是，《监察法》并未对有关单位通过什么样的方式、途径提出不同意见，以及正当理由的衡量标准等作出具体规定。我们认为，应当根据有关法律救济的基本原理，从以下几方面入手，建立监察建议的救济机制：

第一，异议与复审。有关单位收到监察建议书后，认为监察建议存在问题的，可以向提出建议的监察机关提出异议。异议只能在监察建议书所要求的时间内，以书面形式提出。异议书应当说明异议的对象（全部监察建议、部分监察建议）、具体的请求（全部撤销、部分撤销、变更等）、理由和依据（监察建议不合法、不合理；事实根据、法律依据）。接到异议书之后，监察机关应当及时召开会议进行复审,相关负责人、监察建议的承办机构、法制审核机构人员出席,必要时可以通知提出异议的单位参加,当面听取其意见。经讨论认为异议理由成立的,撤销或者变更监察建议;认为异议理由不成立的,驳回异议请求,维持原监察建议。复审决定作出后,监察机关应当将复审决定书送达提出异议的单位。

第二,申诉与复核。异议请求被驳回,相关单位仍不服的,可以向上一级监察机关提出申诉。上一级监察机关接到申诉书后,应当及时进行复核。复核过程中,可以视情况要求下级监察机关和相关单位说明理由。经复核认为申诉理由成立的,撤销或者变更监察建议,或者责令下级监察机关撤销或者变更监察建议;认为申诉理由不成立的,维持原监察建议。复核决定一经作出,即发生法律效力,提出监察建议的监察机关和相关单位必须执行。

第三,追究责任。"有权必有责,有责要担当,失责必追究",相关单位提出的异议、申诉理由正当,监察建议被撤销或者变更的,监察机关应当根据情况追究案件承办机构工作人员、法制审核机构工作人员以及主要负责人等的法律责任。

第四,明确正当理由的判断标准。相关单位所提出理由是否"正当"直接关系到其异议、申诉能否得到支持以及相关工作人员是否被追究责任。我们认为,以下理由构成"正当"的理由:第一,提出建议的监察机关不具有管辖权;第二,监察建议内容或者程序违法;第三,监察建议明显不合理,如,整改时间太短、整改要求过高,不具有可操作性等。如,某省监察委员会对某市政府发出了加强自然保护区内生态环境保护的监察建议书,该市政府领导提出自身不了解监察建议的效力,所以未予以采纳。显然,这一理由非属正当理由。[1]

总之,应当建立起针对监察建议的"异议—复审—申诉—复核—问责"救济机制,以监督监察建议权的行使,维护相关单位以及公职人员的合法权益。

## (二) 完善监察建议的落实机制

将监察建议落到实处是保障监察建议权威性、严肃性、实效性,发挥其功能与作用的必然要求。然而,大多数监察机关尚未建立监察建议的落实工作机制,"一发了之""不报不问""报来即结"的现象普遍存在。有的被建

---

[1] 本书编写组:《〈中国华人民共和国监察法〉案例解读》,中国方正出版社2018年版,第526页。

议单位认为监察建议只是一般性工作建议,没有法律效力,执行不积极、不认真,甚至打折扣、搞变通。❶ 有的被建议单位未按照建议内容逐项整改,只是选择性整改;有的被建议单位以整改报告代替整改落实,整改停留在文件上和会议中。❷ 为了解决这些问题,做好监察建议的"后半篇"文章,迫切需要完善监察建议的落实机制,具体言之:

第一,限期回复。监察机关在建议书中应当明确要求相关单位在一定期限内书面回复落实建议的情况。书面回复的内容应当包括落实建议的组织机构、落实的措施、落实的过程、落实的结果及相关证明材料等。

第二,跟踪核查。监察机关应当建立监察建议书清单制度,对发出的建议书全程跟踪督办,实行销号管理。为防止相关单位弄虚作假、阳奉阴违、敷衍塞责、整改表面化,监察机关要对照书面回复,通过现场检查、座谈询问、电话调查等方式,核实相关单位的落实情况是否与书面回复一致。不但要核查"做了没有",还要核查"有没有做到位",督促被建议单位真接受、真整改,避免监察建议沦为"一纸空文"。❸

第三,约谈督办。跟踪核查过程中,发现相关单位未按期回复、弄虚作假或者未真正落实监察建议的,监察机关可以约谈该单位的主要负责人,要求其说明情况,督促其按期进行整改落实。另外,约谈无效果,或者经多次催告,相关单位仍未采纳落实监察建议的,监察机关可以向其主管部门、上级机关进行反映,由主管部门、上级机关进行督办。

第四,追责问责。对无正当理由拒不采纳监察建议,不按时反馈落实情况或落实不到位的单位,监察机关应当根据《监察法》第62条的规定进行追责问责。需要注意的是,这里的追责问责采取的是"双罚制",即既要追究单位的责任,又要追究个人的责任。❹ 对单位,由其主管部门、上级机关责令改正,给予通报批评;对负有责任的领导人员和直接责任人员依法给予政务处分、组织处理,或者向有权作出问责决定的机关提出问责建议。构成犯罪的,依法追究刑事责任。

第五,考核评价。监察建议及整改落实情况应当纳入被建议单位年度党

---

❶ 例如,近五年来,天津市纪检监察机关发出的纪检监察建议书,只有13%收到反馈意见,且其中很多答复敷衍应付。参见天津市纪委监委调研组:《这份"建议"不容轻视——天津市推进纪检监察建议工作的实践与思考》,载《中国纪检监察报》2018年10月18日,第7版。

❷ 王天明:《河北香河调研纪检监察建议落实情况》,载《中国纪检监察报》2019年6月6日,第8版。

❸ 陈立烽、俞薇:《"四早"强化监察建议功能》,《人民法院报》2019年8月8日,第8版。

❹ 江国华:《中国监察法学》,中国政法大学出版社2018年版,第323页。

风廉政建设责任制检查考核、巡视巡察和监督检查内容，作为评价相关单位政治生态的重要内容，切实增强监察建议书的严肃性和权威性。❶

总之，要建立"限期回复—跟踪核查—约谈督办—追责问责—考核评价"的全流程控制机制，对监察建议实行闭环管理，保证监察建议落到实处。

综上所述，监察建议是一种极富特色的"刚柔并济"型监察处置措施，在督促有关单位完善廉政制度、从根本上预防腐败等方面发挥着重要的作用。但是，《监察法》对监察建议的规定非常简略，有关监察建议的配套制度尚未建立，而既有的制度也存在规范化程度不高、系统性不足、法治化水平有待提升等问题。只有结合监察建议的功能定位、性质及特点，合理框定其适用范围，明确其主体与对象，严格其制发程序，明确其内容与形式要求，建立健全救济与落实机制，才能构建起具有中国特色的监察建议制度体系，真正发挥监察建议这一有力武器的功能与作用！

---

❶ 李志祥、夏昀：《德宏用好纪检监察建议书》，《德宏团结报》2020年5月30日，第2版。

# 参考文献

## 一、中文著作

[1] 周叶中. 宪法（第三版）[M]. 北京：高等教育出版社，2011.

[2] 马怀德.《中华人民共和国监察法》理解与适用 [M]. 北京：中国法制出版社，2018.

[3] 刘艳红. 中国反腐败立法研究 [M]. 北京：中国法制出版社，2016.

[4] 胡锦光，韩大元. 中国宪法（第二版）[M]. 北京：法律出版社，2007.

[5] 张文显. 法理学 [M]. 北京：高等教育出版社，2011.

[6] 谭世贵. 中国司法改革研究 [M]. 北京：法律出版社，2000.

[7] 季卫东. 法律程序的意义 [M]. 北京：中国法制出版社，2012.

[8] 左连璧. 中国监察制度研究 [M]. 北京：人民出版社，2004.

[9] 江国华. 国家监察立法研究 [M]. 北京：中国政法大学出版社，2018.

[10] 沈岿. 公法变迁与合法性 [M]. 北京：法律出版社，2010.

[11] 江国华. 中国监察法学 [M]. 北京：中国政法大学出版社，2018.

[12] 陈端洪. 宪治与主权 [M]. 北京：法律出版社，2007.

[13] 蔡定剑. 中国人民代表大会制度 [M]. 北京：法律出版社，2003.

[14] 何华辉. 人民代表大会制度的理论与实践 [M]. 武汉：武汉大学出版社，1992.

[15] 秦前红，叶海波. 国家监察制度改革研究 [M]. 北京：法律出版社，2018.

[16] 中共中央关于全面推进依法治国若干重大问题的决定 [M]. 北京：人民出版社，2014.

[17] 林来梵. 从宪法规范到规范宪法 [M]. 北京：法律出版社，2001.

[18] 季卫东. 大变局下的中国法治 [M]. 北京：北京大学出版社，2013.

[19] 王利明. 物权法研究（下）[M]. 北京：中国人民大学出版社，2013.

[20] 杨建华. 民事诉讼法要论 [M]. 北京：北京大学出版社，2013.

[21] 陈光中. 刑事诉讼法 [M]. 北京：北京大学出版社，2016.

［22］樊崇义．刑事审前程序改革与展望［M］．北京：中国人民公安大学出版社，2005．

［23］余凌云．行政法讲义［M］．北京：清华大学出版社，2014．

［24］江必新．《最高人民法院刑事诉讼法司法解释》理解与适用［M］．北京：人民法院出版社，2015．

［25］马怀德．监察法学［M］．北京：人民出版社，2019．

［26］秦前红．监察法学教程［M］．北京：法律出版社，2019．

［27］吴建雄．读懂《监察法》［M］．北京：人民出版社，2018．

［28］周佑勇．行政法基本原则研究［M］．武汉：武汉大学出版社，2005．

［29］中共中央纪律检查委员会，中华人民共和国国家监察委员会法规室．《中华人民共和国监察法》释义［M］．北京：中国方正出版社，2018．

［30］本书编写组．《中华人民共和国监察法》案例解读［M］．北京：中国方正出版社，2018．

［31］韩大元．宪法学基础理论［M］．北京：中国政法大学出版社，2008．

［32］谢尚果，申君贵．监察法教程［M］．北京：法律出版社，2019．

［33］吴鹏．行政法攻略［M］．北京：中国财政经济出版社，2014．

［34］周光权．刑法总论（第三版）［M］．北京：中国人民大学出版社，2016．

［35］张明楷．犯罪构成体系与构成要件要素［M］．北京：北京大学出版社，2010．

［36］陈光中．刑事诉讼法［M］．北京：北京大学出版社，高等教育出版社，2012．

［37］中央纪委案件审理室．纪律审查证据收集与运用——以新制定的《中国共产党纪律处分条例》为视角［M］．北京：中国方正出版社，2018．

## 二、中文译著

［1］孟德斯鸠．论法的精神［M］．张雁深，译．北京：商务印书馆，1984．

［2］丹宁．法律的训诫［M］．杨百揆，等译．北京：法律出版社，1999．

［3］阿克顿．自由与权力——阿克顿勋爵论说文集［M］．侯健，范亚峰，译．北京：商务印书馆，2001．

［4］奥托·迈耶．德国行政法［M］．刘飞，译．北京：商务印书馆，2002．

［5］田口守一．刑事诉讼法［M］．刘迪，等译．北京：法律出版社，2000．

［6］汉密尔顿，杰伊，麦迪逊．联邦党人文集［M］．程逢如，等译．北京：

商务印书馆, 1980.

[7] 卢梭. 社会契约论 [M]. 何兆武, 译. 北京: 商务印书馆, 2003.

[8] 芦部信喜, 高桥和之. 宪法 [M]. 林来梵等, 译. 北京: 北京大学出版社, 2006.

[9] 密尔. 代议制政府 [M]. 汪瑄, 译. 北京: 商务印书馆, 1982.

[10] 美浓部达吉. 议会制度论 [M]. 邹敬芳, 译. 北京: 中国政法大学出版社, 2005.

[11] 威廉·韦德. 行政法 [M]. 楚建, 译. 北京: 中国大百科全书出版社, 1997.

## 三、期刊论文类

[1] 秦前红. 人大代表能否成为监察对象 [J]. 武汉大学学报（哲学社会科学版）, 2018 (6).

[2] 秦前红. 困境、改革与出路：从"三驾马车"到国家监察——我国监察体系的宪政思考 [J]. 中国法律评论, 2017 (1).

[3] 秦前红. 全国人大常委会授权与全国人大授权之关系探讨 [J]. 中国法律评论, 2017 (2).

[4] 秦前红, 石泽华. 论监察权的独立行使及其外部衔接 [J]. 法治现代化研究, 2017 (6).

[5] 秦前红, 石泽华. 《监察法》派驻条款之合理解释 [J]. 法学, 2018 (12).

[6] 秦前红, 石泽华. 基于监察机关法定职权的监察建议：功能、定位及其法治化 [J]. 行政法学研究, 2019 (2).

[7] 秦前红. 国家监察体制改革宪法设计中的若干问题思考 [J]. 探索, 2017 (6).

[8] 秦前红. 我国监察机关的宪法定位——以国家机关互相间的关系为中心 [J]. 中外法学, 2018 (3).

[9] 秦前红. 监察机关依法开展自我监督之路径研究 [J]. 深圳社会科学, 2018 (1).

[10] 刘素梅. 国家监察权的监督制约体制研究 [J]. 学术界, 2019 (1).

[11] 秦前红. 监察体制改革的逻辑与方法 [J]. 环球法律评论, 2017 (2).

[12] 秦前红. 人大监督监察委员会的主要方式和途径——以国家监督体系现代化为视角 [J]. 法律科学（西北政法大学学报）, 2020 (2).

[13] 杨杰,胡郑生.政务处分之纠错程序完善研究[J].重庆行政,2019(3).

[14] 宋英辉.职务犯罪侦查中强制措施的立法完善[J].中国法学,2007(5).

[15] 卫学莉.基层群众性自治组织职能定位与优化[J].人民论坛,2015(26).

[16] 马怀德.再论国家监察立法的主要问题[J].行政法学研究,2018(1).

[17] 周叶中,莫广明.论反腐败制度建设与公民权利保障[J].学习与实践,2017(3).

[18] 姜明安.国家监察立法的几个重要问题[J].中国法律评论,2017(2).

[19] 韩大元.论国家监察体制改革中的若干宪法问题[J].法学评论,2017(3).

[20] 周佑勇.监察委员会权力配置的模式选择与边界[J].政治与法律,2017(11).

[21] 马岭.监察委员会的设立与人大制度的完善及宪法修改[J].苏州大学学报》(法学版),2017(4).

[22] 马岭.监察委员会与其他国家机关的关系[J].法律科学,2017(6).

[23] 马岭.关于监察制度立法问题的探讨[J].法学评论,2017(3).

[24] 陈光中.关于我国监察体制改革的几点看法[J].环球法律评论,2017(2).

[25] 陈光中,邵俊.我国监察体制改革若干问题的思考[J].中国法学,2017(4).

[26] 陈光中.监察法是党规转向国法的重要变化[J].中国新闻周刊,2018(11).

[27] 陈光中,兰哲.监察制度改革的重大成就与完善期待[J].行政法学研究,2018(4).

[28] 秦前红,刘怡达.制定《政务处分法》应处理好的七对关系[J].法治现代化研究,2019(1).

[29] 童之伟.国家监察立法预案仍需着力完善[J].中国检察官,2018(3).

[30] 童之伟.将监察体制改革全程纳入法治轨道之方略[J].法学,

2016（12）.

[31] 朱福惠. 国家监察法对公职人员纪律处分体制的重构［J］. 行政法学研究，2018（4）.

[32] 童之伟. 对监察委员会自身的监督制约何以强化［J］. 法学评论，2017（1）.

[33] 李洪雷. 论我国监察机关的名与实［J］. 当代法学，2018（1）.

[34] 王旭. 监察机构设置的宪法学思考［J］. 中国政法大学学报，2017（5）.

[35] 李靮. 深化"三转"更好服务监督执纪问责——党的十八大以来纪检监察信访举报工作综述［J］. 中国纪检监察，2017（10）.

[36] 王旭. 监察委员会的留置措施论要［J］. 北京联合大学学报（人文社会科学版），2017（2）.

[37] 龙宗智. 监察与司法协调衔接的法规范分析［J］. 政治与法律，2018（1）.

[38] 段鸿斌. 监察委员会专项工作报告监督程序之构建［J］. 人大研究，2019（2）.

[39] 吴建雄. 监察委员会的职能定位和实现途径［J］. 中国党政干部论坛，2017（1）.

[40] 吴建雄. 监察体制改革试点视域下监察委员会职权的配置与运行规范［J］. 新疆师范大学学报（哲学社会科学版），2018（5）.

[41] 吴健雄. 论监察委员会政治属性与职责定位［J］. 高端论坛，2018（6）.

[42] 吴建雄. 国家监察体制改革背景下职务犯罪检察职能定位与机构设置［J］. 国家行政学院学报，2018（1）.

[43] 吴建雄. 试点地区用留置取代"两规"措施的实践探索［J］. 新疆大学学报（哲学社会科学版），2018（1）.

[44] 魏琼. 我国监察机关的法理解读［J］. 山东社会科学，2018（7）.

[45] 洪浩. 刑事诉讼视域下的国家监察机关：定位、性质及其权力配置［J］. 法学论坛，2019（1）.

[46] 陈瑞华. 论监察委员会的调查权［J］. 中国人民大学学报，2018（4）.

[47] 陈瑞华. 论国家监察权的性质［J］. 比较法研究，2019（1）.

[48] 郑智超. 国家监察委自身监督与制约的内外途径——兼论香港廉政公署的自身监察与制衡机制［J］. 广东开放大学学报，2018（2）.

[49] 周智博. 模式创新：如何监督制约监察委员会——基于传统与新型监督模式对比的视角 [J]. 廉政文化研究, 2018 (1).

[50] 雷思远. 如何理解监委依法独立行使监察权——准确把握依法、独立、配合、制约四个关键词 [J]. 中国纪检监察, 2018 (9).

[51] 陈辉, 汪进元. 论"监、检、审"三机关间的分工、配合与制约关系 [J]. 南京社会科学, 2018 (5).

[52] 余哲西. 对纪委的监督首先来自党委 [J]. 中国纪检监察杂志, 2017 (5).

[53] 任建明, 杨梦婕. 国家监察体制改革：总体方案、分析评论与对策建议 [J]. 河南社会科学, 2017 (6).

[54] 刘艳红. 监察法与其他规范衔接的基本问题研究 [J]. 法学论坛, 2019 (1).

[55] 刘艳红. 程序自然法作为规则自洽的必要条件——《监察法》留置权运作的法治化路径 [J]. 华东政法大学学报, 2018 (3).

[56] 黄健达. 双重属性视角下监察委员会与人民代表大会的关系 [J]. 北京社会科学, 2019 (2).

[57] 靳海婷. 论人大监督权与监察委监察权之关系、界限与衔接 [J]. 华侨大学学报（哲学社会科学版）, 2018 (5).

[58] 齐小力, 陆冬华. 论公安机关和监察机关互相配合、互相制约 [J]. 中国人民公安大学学报（社会科学版）, 2018 (3).

[59] 郭华. 监察委员会与司法机关的衔接协调机制探索——兼论刑事诉讼法的修改 [J]. 贵州民族大学学报（哲学社会科学版）, 2017 (2).

[60] 杨宇冠, 高童非. 论监察机关与审判机关、检察机关、执法部门的互相配合和制约 [J]. 新疆社会科学, 2018 (3).

[61] 刘靖子. 国家监察体制改革与民主监督问题——探析监督的"一元多体"思考 [J]. 天津市社会主义学院学报, 2017 (4).

[62] 李红勃. 迈向监察委员会：权力监督中国模式的法治化转型 [J]. 法学评论, 2017 (3).

[63] 贺卫. 监察体制改革背景下的"检——监"衔接机制构建 [J]. 犯罪研究. 2018 (6).

[64] 朱孝清. 国家监察体制改革后检察制度的巩固与发展 [J]. 法学研究, 2018 (4).

[65] 蒋来用. 国家监察体制改革的史鉴与对策 [J]. 国家行政学院学报,

2017（2）.

[66] 张建明. 国家监察体制改革中民主监督制度设计探讨［J］. 统一战线学研究, 2017（6）.

[67] 段博今. 国家监察体制改革与监察权力制约［J］. 社会治理法治前沿年刊, 2017（1）.

[68] 陈卫东. 职务犯罪调查程序若干问题研究［J］. 政治与法律, 2018（1）.

[69] 陈卫东. 人民监督员制度应退出司法舞台吗？［J］. 人民论坛, 2019（3）.

[70] 支振锋. 人民监督员制度面临哪些亟待解决的时代课题［J］. 人民论坛, 2019（3）.

[71] 江国华, 王冲. 监察委员会留置措施论析［J］. 湖北社会科学, 2018（9）.

[72] 张建伟. 法律正当程序视野下的新监察制度［J］. 环球法律评论, 2017（2）.

[73] 张翔, 赖伟能. 基本权利作为国家权力配置的消极规范——以监察制度改革试点中的留置措施为例［J］. 法律科学, 2017（6）.

[74] 卞建林. 监察调查与刑事诉讼的衔接［J］. 法商研究, 2019（1）.

[75] 叶青. 监察机关调查犯罪程序的流转与衔接［J］. 华东政法大学学报, 2018（3）.

[76] 陈越峰. 监察措施的合法性研究［J］. 环球法律评论, 2017（2）.

[77] 杨宇冠, 高童非. 监察机关留置问题研究［J］. 浙江工商大学学报, 2018（5）.

[78] 王飞跃. 监察留置适用中的程序问题［J］. 法学杂志, 2018（5）.

[79] 王晓. 监察委员会的留置措施论要［J］. 北京联合大学学报（社会科学版）, 2017（4）.

[80] 吴高庆, 夏文忠. 监察体制改革背景下留置措施与刑事诉讼制度的衔接［J］. 廉政文化研究, 2018（1）.

[81] 屈超立, 慈海威. 留置措施的法治化研究［J］. 理论探索, 2018（6）.

[82] 焦叙成, 鞠亚群, 杨平平. 纪检监察制度改革：从"两规"到留置［J］. 镇江高专学报, 2018（2）.

[83] 包晓彤, 黄明涛. 监察委员会留置措施中律师介入问题研究［J］. 特区实践与理论, 2018（4）.

[84] 马俊军,江怡.从"两规"到"留置"——宪法视域中的国家监察法留置制度探析[J].广东行政学院学报,2018(6).

[85] 姚建龙,张丹.监察委员会留置措施适用疑难问题辨析[J].法治社会,2018(5).

[86] 张昪,李戈.论留置措施的规范运用——以《国家监察法》为视角[J].江苏警官学院学报,2018(3).

[87] 谭世贵.监察体制改革中的留置措施:由来、性质及完善[J].甘肃社会科学,2018(2).

[88] 张中.论监察案件的证据标准——以刑事诉讼证据为参照[J].甘肃社会科学,2018(2).

[89] 熊秋红.监察体制改革中职务犯罪侦查权比较研究[J].环球法律评论,2017(2).

[90] 褚福民.以审判为中心与国家监察体制改革[J].比较法研究,2019(1).

[91] 兰跃军.论监察证据在刑事诉讼中使用[J].证据科学,2018(6).

[92] 高峰.刑事监察与审查起诉工作衔接问题探析[J].中国刑警学院学报,2019(1).

[93] 马海舰.重新计算侦查羁押期限法律适用研究[J].人民检察,2003(1).

[94] 朱福惠.论检察机关对监察机关职务犯罪调查的制约[J].法学评论,2018(3).

[95] 纵博.监察体制改革中的证据制度问题探讨[J].法学,2018(2).

[96] 郭华.监察委员会留置措施的立法思考与建议[J].法治研究,2017(6).

[97] 曹亘平.对监察委的监督制约严密而有效——多把"连环锁"确保监察权良性运行[J].人民论坛,2018(1).

[98] 周长军.监察委员会调查职务犯罪的程序构造研究[J].法学论坛,2018(3).

[99] 魏昌东.国家监察委员会方案之辨正:属性、职能与职责定位[J].法学,2017(3).

[100] 施鹏鹏.国家监察委员会的侦查权及其限制[J].中国法律评论,2017(2).

[101] 孙煜华.构建与监察改革相适应的职务犯罪侦查法治模式[J].法学,

2017（7）.

[102] 汪海燕．监察制度与《刑事诉讼法》的衔接［J］．政法论坛，2017（6）.

[103] 任进．宪法视域下的监察体制改革［J］．行政管理改革，2017（3）.

[104] 刘忠．读解双规侦查技术视域内的反贪非正式程序［J］．中外法学，2014（4）.

[105] 艾明．刑事诉讼法中的侦查概括条款［J］．法学研究，2017（4）.

[106] 尹维达．留置措施初探［J］．太原理工大学学报（社会科学版），2017（2）.

[107] 李国华．指定居所监视居住制度的整体性检视——兼论指定居所监视居住与监察留置之关系［J］．北京警察学院学报，2018（3）.

[108] 梁三利．留置取代"两规"措施的法治化路径［J］．天津行政学院学报，2018（1）.

[109] 甘新萍．监察留置场所法治化建设及规范化运行刍议［J］．北京警察学院学报，2018（3）.

[110] 柳发进，滕修福．浅谈监察机关行使留置权的法定性［J］．人大建设，2018（7）.

[111] 赵晓光．规范监察留置程序［J］．中国党政干部论坛，2018（4）.

[112] 赵伟．权力的新生：论监察留置权的制度面相与规范化运行［J］．广西政法管理干部学院学报，2018（3）.

[113] 唐晨．论我国监察体制改革中的留置措施［J］．淮海工学院学报（人文社会科学版），2018（1）.

[114] 王一超．论《监察法》与《刑事诉讼法》适用中的程序衔接［J］．法治研究，2018（6）.

[115] 陈华．宪法原理视域下留置措施正当性探析［J］．山东警察学院学报，2018（5）.

[116] 郑刚．论公职人员人权克减之理据［J］．云南行政学院学报，2012（3）.

[117] 王梦瑶．三权合一：论监察委员会留置权的性质定位［J］．福建警察学院学报，2018（3）.

[118] 杨霜依．《监察法》中留置措施适用条件探析［J］．山东行政学院学报，2018（5）.

[119] 郑康．国外廉政监督机制建设经验对我国的启示［J］．党政视野，

2016 (5).

[120] 倪慧. 新加坡廉政文化建设的启迪 [J]. 知与行, 2018 (6).

[121] 赵江风. 行政处罚听取陈述及申辩程序的司法审查——基于裁判文书的实证分析 [J]. 山东审判, 2017 (1).

[122] 李健. 听取陈述和申辩制度研究 [J]. 改革与开放, 2013 (11).

[123] 杨临萍, 杨磊. "无救济既无权利"论国家赔偿法的首要宗旨及其适用 [J]. 中国审判, 2012 (12).

[124] 高一飞. 国家监察体制改革背景下人民监督员制度的出路 [J]. 中州学刊, 2018 (2).

[125] 黄文瀚. 论监察留置措施的合宪性规制 [J]. 重庆理工大学学报, 2020 (3).

[126] 邵俊. 监察留置问题探讨 [J]. 犯罪研究, 2019 (3).

[127] 徐继敏, 张洪亮. 论监察留置裁量及其有效规制 [J]. 法学论坛, 2019 (4).

[128] 杜茜. 监察留置程序"二阶分法"监督机制的构建 [J]. 山东法官培训学院学报, 2019 (4).

[129] 胡铭. 职务犯罪留置措施衔接刑事诉讼的基本逻辑 [J]. 北方法学, 2019 (4).

[130] 妥占荣. 监察留置中被留置人员权利保障问题研究 [J]. 辽宁公安司法管理干部学院学报, 2019 (3).

[131] 王梦. 论留置措施的司法审查及其构建 [J]. 六盘水师范学院学报, 2019 (4).

[132] 张昇, 沈阳阳. 论监察法留置措施的比例原则契合 [J]. 贵州警官职业学院学报, 2019 (5).

[133] 于宏, 李萘通. 监察留置: 功能、构造与规范 [J]. 山东警察学院学报. 2019 (5).

[134] 赵菁. 监察留置的衔接问题研究——以律师介入为视角 [J]. 胜利油田党校学报, 2019 (5).

[135] 游晓宇, 张富利. 监察体制改革中的监察留置措施问题探讨 [J]. 四川警察学院学报, 2019 (5).

[136] 师索. 监察体制改革设立"留置"措施的结构性解读 [J]. 河南警察学院学报, 2020 (1).

[137] 马柳颖, 黄小龙. 监察留置措施的立法隙缺及其消解机制 [J]. 山东

警察学院学报，2019（3）.

[138] 丁文俊. 监察权行使"留置措施"及其要素合理性分析［J］. 南海法学，2019（5）.

[139] 谭家超.《监察法》实施过程中监察建议的制度建构［J］. 法学，2019（7）.

[140] 谭家超. 监察建议职权的内在机理与外在标准［J］. 天津行政学院学报，2020（2）.

[141] 郭珉. 做实做细监督首责促进监督提质增效［J］. 中国纪检监察，2020（3）.

[142] 钱小平，陈波. 监察建议从"软权力"到"硬权力"的嬗变［J］. 中国纪检监察，2019（21）.

[143] 鄂恩法. 运用监察建议做好案件调查"后半篇文章"［J］. 中国纪检监察，2018（19）.

[144] 罗淦，宋甜甜，李琳. 监察机关是如何提出监察建议的［J］. 中国纪检监察，2018（12）.

[145] 李少文. 国家监察体制改革的宪法控制［J］. 当代法学，2019（3）.

[146] 张云霄. 国家监察体制改革法治化进程初探［J］. 法学杂志，2018（5）.

[147] 周长军. 监察委员会调查职务犯罪的程序构造研究［J］. 法学论坛，2018（2）.

[148] 陈卫东. 职务犯罪监察调查程序若干问题研究［J］. 政治与法律，2018（1）.

[149] 朱福惠. 论监察法上政务处分之适用及其法理［J］. 法学杂志，2019（9）.

[150] 冯铁拴. 国家监察立法体系化论析［J］. 西南政法大学学报，2019（1）.

[151] 蔡静. 监察委的权力运作与宪法规制［J］. 南方论刊，2019（2）.

[152] 梅丽红. 国家监察体制改革的进程及意义［J］. 党政论坛，2019（1）.

[153] 夏伟. 监察体制改革"纪法衔接"的法理阐释及实现路径［J］. 南京师大学报（社会科学版），2020（1）.

[154] 劳东燕. 论受贿罪中的国家工作人员［J］. 东方法学，2020（1）.

[155] 石经海.《监察法》与《刑法》衔接实施的基点、问题与路径［J］. 现代法学，2020（1）.

［156］范广馨，曹雪飞．论监察证据在刑事诉讼中的使用［J］．四川警察学院学报，2020（1）．

［157］梁坤．论监察案件证明标准的三大特征［J］．地方立法研究，2020（1）．

［158］刘艳红，刘浩．政务处分法对监察体制改革的法治化推进［J］．南京师大学报（社会科学版），2020（1）．

［159］徐继敏．监察委员会政务处分行为探究［J］．河南社会科学，2018（10）．

［160］刘冬根，许涛．论行政检察监督与行政监察监督的分野与调适［J］．五邑大学学报（社会科学版），2019（4）．

［161］陈阳，闫亚新．论我国监察体制改革背景下新《公务员法》关于处分制度的制定［J］．周口师范学院学报，2019（6）．

［162］唐杰．监察委员会权力运行规范性研究［D］．郑州：郑州大学，2018．

［163］杜威．国家监察体制改革的宪法学研究［D］．青岛：青岛大学，2018．

［164］乔虹．纪检监察机关内部权力监督问题研究［D］．西安：西北大学，2018．

［165］陈峰．论国家监察制度中的留置措施［D］．开封：河南大学，2018．

［166］吴凡．监察留置措施研究［D］．徐州：江苏师范大学，2018．

## 四、报纸、网络类

［1］张磊．改革，不止于挂牌——浙江开展国家监察体制改革试点工作纪实（下）［N］．中国纪检监察报，2017-06-14．

［2］张磊．做好深度融合大文章——山西开展国家监察体制改革试点工作纪实（下）［N］．中国纪检监察报，2017-06-08．

［3］朱金刚．正确理解监察对象与留置对象的关系［N］．中国纪检监察报，2018-09-26．

［4］王岐山．推动全面从严治党向纵深发展以优异成绩迎接党的十九大召开——在中国共产党第十八届中央纪律检查委员会第七次全体会议上的工作报告（2017年6月1日）［N］．人民日报，2017-1-20．

［5］人民日报评论员．构建权威高效的国家监察体系［N］．人民日报，2016-12-5．

［6］张顺生．陈述申辩不走形式［N］．医药经济报，2013-12-16．

［7］高伟．监察建议运用研究［N］．中国纪检监察报，2018-05-23．

[8] 李娜娜. 用好纪检监察建议有力武器 [N]. 中国纪检监察报, 2020-02-23.

[9] 陈建南. 用好纪律检查建议和监察建议的思考 [N]. 中国纪检监察报, 2020-06-17.

[10] 乔子轩. 从三份监察建议书看怎样推进标本兼治——重庆各级监察机关贯彻落实监察法有关要求掠影 [N]. 中国纪检监察报, 2019-01-02.

[11] 毛翔. 监察建议书的"正确打开方式" [N]. 中国纪检监察报, 2018-10-14.

[12] 梁有祥, 宋潇纶. 用好纪检监察建议有力武器 [N]. 中国纪检监察报, 2020-04-13.

[13] 陈瑜. 关于提高纪检监察建议质量的思考 [N]. 中国纪检监察报, 2020-03-04.

[14] 李灵娜. 新中国成立70周年成就展一件展品的背后———份监察建议书促五项制度修订 [N]. 中国纪检监察报, 2019-10-21.

[15] 王天明. 河北香河调研纪检监察建议落实情况 [N]. 中国纪检监察报, 2019-06-06.

[16] 陈立烽, 俞薇. "四早"强化监察建议功能 [N]. 人民法院报, 2019-08-08.

[17] 杨茜, 李昊. 平湖用好监察建议为基层查漏补缺 [N]. 嘉兴日报, 2019-01-30.

[18] 李志祥, 夏昀. 德宏用好纪检监察建议书 [N]. 德宏团结报, 2020-05-30.

[19] 天津市纪委监委调研组. 这份"建议"不容轻视——天津市推进纪检监察建议工作的实践与思考 [N]. 中国纪检监察报, 2018-10-18.

[20] 江苏省宿迁市纪委监委课题组. 关于运用监察建议推动标本兼治的调研 [N]. 中国纪检监察报, 2019-11-21.

[21] 王少伟. 中华人民共和国国家监察委员会产生纪实：纪检监察史上的新里程碑 [EB/OL]. (2018-03-25) [2020-07-21]. http://news.sina.com.cn/o/2018-03-25/doc-ifysqqch4265219.shtml.

[22] 全国人民代表大会常务委员会关于在北京市、山西省、浙江省开展国家监察体制改革试点工作的决定 [EB/OL]. (2016-12-25) [2020-07-20]. http://www.gov.cn/xinwen/2016-12-25/content_5152757.htm.

[23] 领导干部比例降低！一图看懂全国人大代表构成 [EB/OL]. (2018-

03-04）［2020-07-22］. http://baijiahao. baidu. com/s? id = 159399 70815427 80053&wfr = spider&for = pc.

[24] 罗忠敏. 保持党的纯洁性——十八大以来我党反腐败斗争取得重大成效 [EB/OL]. （2016-06-29）［2020-06-19］. http://cpc. people. com. cn/n1/2016/0629/c404684-28509611. html.

[25] 中纪委副书记杨晓渡就全面从严治党相关情况等答记者问 [EB/OL]. （2017-10-19）［2020-06-18］. http://www. 12371. cn/2017/10/19/ARTI1508406057370176. shtml.

[26] 纪轩闻. 以确立监察委员会宪法地位为契机 健全党和国家监督体系 [EB/OL]. （2018-03-12）［2020-06-19］. http://www. ccdi. gov. cn/toutiao/201803/t20180312_166069. html.

[27] 中共中央纪律检查委员会中华人民共和国国家监察委员会组织机构. [EB/OL].(2019-01-24)[2020-6-16]. http://www. ccdi. gov. cn/xxgk/zzjg/201901/t20190124_187625. html.

[28] 监察改革谁来监督纪委监委？北京市监委主任这样说 [EB/OL]. （2018-02-28）［2020-6-16］. http://bj. sina. com. cn/news/2018-02-28/detail-ifyrwsqk1786841. shtml.

[29] 刘嫚. 反腐学者姜明安：建议监察委"应"定期向人大作报告 [EB/OL]. （2017-11-12）［2020-07-01］. http://m. mp. oeeee. com/a/BAAFRD000020171112 57810. html.

[30] 中共中央关于全面深化改革若干重大问题的决定 [EB/OL]. （2013-11-15）［2020-05-23］. http://cpc. people. com. cn/n/2013/1115/c64 094-23559163. html.

[31] 监委为什么向人大常委会作专项工作报告 [EB/OL]. （2018-04-13）［2020-07-21］. http://hbrb. hebnews. cn/pc/paper/c/201804/13/c63207. html.

[32] 中共中央印发《深化党和国家机构改革方案》 [EB/OL]. （2018-03-21）［2020-05-06］. http://www. gov. cn/zhengce/2018-03/21/content_5276191. htm#1.

[33] 靳昊. 切实助力经济社会发展和改革攻坚——全国人大相关负责人就人大监督工作答记者问 [EB/OL].（2019-03-11）［2020-06-15］. http://www. gov. cn/xinwen/2019-03/11/content_5372747. htm.

[34] 马森述. 怎么改，改成什么样？中央纪委国家监委法规室主任解读深化

监察体制改革［EB/OL］.（2019-03-14）[2020-05-17］. http://news. cnr. cn/native/gd/20190314/t20190314_524543402. shtml.

［35］全国人民代表大会常务委员会关于国家监察委员会制定监察法规的决定［EB/OL］.（2019-10-26）[2020-05-19］. http://www. npc. gov. cn/npc/c30834/201910/911aed040a7948a3b2679568d6216140. shtml.

［36］瞿芃. 政务处分法解读之一：为什么要制定公职人员政务处分法［EB/OL］.（2020-06-20）[2020-07-19］. https://baijiahao. baidu. com/s?id=1670021941326862173&wfr=spider&for=pc.

［37］李福森. 王岐山两会上说的这三句话值得细思量［EB/OL］.（2017-03-07）[2020-07-12］. http://www. china. com. cn/lianghui/news/2017-03/07/content_40421382_2. htm.

［38］习近平. 决胜全面建成小康社会 夺取新时代中国特色社会主义伟大胜利——在中国共产党第十九次全国代表大会上的报告［EB/OL］.（2017-10-27）[2020-08-20］. http://www. xinhuanet. com/2017-10/27/c_1121867529. htm.

［39］段相宇. 快查快结 留置不是突破案件必需手段［EB/OL］.（2018-05-29）[2020-07-21］. http://www. ccdi. gov. cn/yaowen/201805/t20180530_172791. html?from=groupmessage.

［40］积极探索实践形成宝贵经验国家监察体制改革试点取得实效——国家监察体制改革试点工作综述［EB/OL］.（2017-11-05）[2020-08-01］. http://www. ccdi. gov. cn/toutiao/201711/t20171105_126202. html.

［41］赵萌. 刘建超详谈留置细节［EB/OL］.（2018-03-15）[2020-07-23］. https://www. sohu. com/a/225577596_137462.

［42］中央纪委监察部权威答疑：监察委员会如何进行议事决策［EB/OL］.（2017-12-26）[2020-8-03］. http://www. ccdi. gov. cn/hdjl/hfxd/201712/t20171229_159689. html.

# 后 记

　　国家监察体制改革是我国重大的政治体制改革,是中国特色社会主义制度的自我革新与重大革命,其目的是加强党对反腐败工作的统一领导,实现党内监督和国家监督、党的纪律检查与国家监察的有机统一,推进国家治理体系和治理能力现代化。但是,我们国家的监察体制改革,是一件前无古人的伟大创举,没有现成的道路可走,没有现成的模式可以借鉴,没有现成的理论可以指导,因而,其困难之大超出想象,我们只能在坚持从中国实际出发的基础上,围绕国家监察体制改革中的理论和实践问题,不断探索并形成国家监察体制改革的中国道路、中国理论、中国模式,为我们全面推进国家监察体制改革提供根本遵循,最终建成中国特色的国家监察体制,实现国家监察体制改革的目标。这就要求我们在国家监察体制改革的过程中,必须从中国的实际出发,认清国家监察体制改革之中国国情,探究国家监察体制改革之中国理论,探索国家监察体制改革之中国道路,构建国家监察体制改革之中国模式,解决国家监察体制改革之中国问题。唯有如此,我们才能穷国家监察体制改革之理,探国家监察体制改革之道。基于此,我们选取了国家监察体制改革中的若干重要问题,开展了专题研究,具体分工如下:引言和第一章(伊士国)、第二章(刘丙翱)、第三章(张聪聪)、第四章(刘玥彤)、第五章(张浩楠)、第六章(尚海龙),希望能够为国家监察体制改革贡献我们的绵薄之力。当然,由于我们的水平有限,书中的错误在所难免,恳请读者批评指正,以使我们能够不断学习进步!

　　最后,要感谢河北大学法学院孟庆瑜教授、陈玉忠教授以及其他领导、同事、朋友对我们的长期关照和支持!感谢河北大学燕赵文化高等研究院学科建设经费对本书出版的资助。感谢知识产权出版社韩婷婷编辑对本书出版的大力支持,感谢其他编辑对本书的问世付出的辛勤劳动!我的学生李璐琳、师美玉、郑洁仪、张悦、赵昕、徐龙飞、冯石磊、吉利等承担了资料收集、整理及文字校对工作,在此一并致谢!